专家学者对"阳光家庭综合服务中心"服务项目的评价

"阳光家庭综合服务中心"是理论与实践的结合,通过深入社区,真正服务老百姓,成为一个可以提供高水平服务的模式。

——香港理工大学协理副校长及应用社会科学系主任 阮曾媛琪

家庭服务为社工的最基本服务,深圳市妇联的"阳光家庭综合服务中心"开创了中国家庭服务的新天地,成为社工服务的新闪亮点。

——香港大学社会工作及社会行政学系教授 梁祖彬

深圳市妇联开展的"阳光家庭综合服务中心"立足于社区,非常具有中国特色,探索了怎么样在原有的社会体制里面,依靠行政力量,嵌入社会工作的路径,成功地坚持了专业化的方向,避免了行政工作代替专业工作,这对全国妇女社会工作的开展具有示范效应,对中国大陆如何发展社会工作提供了理论和实践相结合的借鉴,也将对中国的社会工作产生深远影响。

——北京大学社会学系副教授 马凤芝

深圳市妇联通过"阳光家庭综合服务中心"服务项目引入专业社会工作手法,始终坚持专业化方向发展。这为大陆的社会工作发展提供了强大推动力,对中国社会工作的职业化、专业化的推进功不可没。

——南开大学周恩来政府管理学院社会工作与社会政策系教授 陈钟林

阳光家庭
实务手册
Sunny Family

深圳市妇女联合会 / 编

社会科学文献出版社
SOCIAL SCIENCES ACADEMIC PRESS (CHINA)

2010年9月，全国妇联党组书记、副主席、书记处第一书记宋秀岩在广东省政协副主席、省妇联主席温兰子，深圳市政协副主席林洁等陪同下到阳光家庭调研指导

2008年9月，民政部副部长窦玉沛在深圳市人大常委会副主任唐杰等领导陪同下到阳光家庭调研指导

2008年9月，深圳市妇联主席蔡立在景田阳光家庭向第二期全国市长研习班介绍情况

2011年3月，广东省委常委、深圳市委书记王荣，市委副书记、政法委书记王穗明，市委常委、秘书长王毅，副市长吴以环等市领导到阳光家庭调研指导

鹏城慈善奖

深圳市人民政府
二〇〇八年十月

深圳市妇联"阳光系列服务"项目

荣获首届广东省妇联工作创新奖

广东省妇女联合会
二〇〇九年八月

A14 都市·关注

聚焦深圳社工

深圳妇联把"阳光"送进千家万户

阳光家庭综合服务中心成为深圳社工服务项目化样板

A6 要闻·国内

聚焦深圳社工

深圳市妇联整合、借助一切可以利用的资源和力量,积极探索公共服务新模式

爱心企业助力阳光家庭综合服务中心

深圳特区报

深圳新闻 A7

深圳窗

专业社工带来阳光服务

市妇联阳光家庭综合服务中心为社区居民排忧解困

我市已有5家阳光家庭综合服务中心

香港商报

立足社區 促進和諧

母亲节——宝贝们，给妈妈
一个温暖的拥抱

儿童人际交往小组

家庭趣味运动会

学习轻松D——亲子功课辅导小组

儿童情绪管理工作坊

四点半课堂

亲子义工小组——妈妈与宝宝现场"齐齐做"

反家暴活动:剧场互动

编委会名单

主　　编：蔡　立

总 策 划：蔡巧玉　　伍惠嫦

执行编辑：谢振文　　陈和香

参　　编：陈星星　韦宗均　王　娟

　　　　　田莎丽

编者按

社会工作在国内是一门新兴职业，拥有专业的理论知识背景，遵循专业伦理规范，坚持"助人自助"宗旨，在社会服务、社会管理领域，综合运用专业知识、技能和方法，帮助有需要的个人、家庭、群体、组织和社区，整合社会资源，协调社会关系，预防和解决社会问题，恢复和发展社会功能，促进社会和谐。

近年来，深圳市妇联以深圳作为全国社会工作试点城市为契机，率先引入社会工作理念和方法，于 2008 年 4 月设计、组织、开展"阳光家庭综合服务中心"（以下简称"阳光家庭"）服务项目，为妇女儿童和家庭提供亲子教育、婚姻调适、家庭调解、权益保护、危机干预等一站式专业服务，直接服务群众 40 多万人次，得到社会各界认可，成为全省乃至全国都有影响的深圳妇女社会工作品牌，先后接待党政机关和境内外学术团体 315 批次、6186 人次。全国妇联党组书记、副主席、书记处第一书记宋秀岩指出："城市妇女工作重心在社区，阳光家庭综合服务中心在如何为社区家庭、妇女儿童服务方面做了有益的探索。"国家民政部副部长窦玉沛称赞："深圳市妇联从自身的职能出发，从服务妇女儿童家庭入手，设计了阳光家庭综合服务中心试点项目，创建了一个好机制，找到了一个好载体，形成了一支好队伍，为全国的社会工作探索了新路子、积累了新经验。"

经过五年的运作，阳光家庭形成了"妇工 + 社工 + 义工"的服务模式，打造了妇女互助会、阳光童乐会、阳光家长学院、阳光家庭义工队等服务品牌，共开展个案 950 个、小组 2666 节、工作坊 1207 节、讲座 264 场、外展 450 场、社区活动 621 场，探访 6182 户次，发放宣传品 47 万份，招募和组建了一支 1000 多人的阳光家庭义工队。

为总结阳光家庭服务成果和实务工作经验，提升深圳妇女社会工作整体水平，深圳市妇联组织编写了这本实务手册。本书最大的特点是"理论实践化"，将理论应用到实际服务。香港督导伍惠嫦女士和一批阳光家庭社工为本书的编写付出了艰辛的劳动。钟月娇女士、伍绮华女士、陈义飞先生、陈俊雄先生、谢立君女士、潘桂莲女士等香港督导和张羽、林泳诗等一批社工朋友的实践和探索，成就了阳光家庭的今天。北京大学社会学系教授、中国社会工作教育协会会长王思斌先生，香港社会服务发展研究中心副主席、深圳计划工作小组主席陈圣光先生在百忙中为本书作了序。深圳市民政局、市福利彩票公益金管理办公室、市社会工作者协会和各级妇联组织、社会各界人士对阳光家庭服务项目给予大力支持和帮助，在此一并表示衷心的感谢！

序言一

深圳妇联的阳光播撒

北京大学社会学系教授
中国社会工作教育协会会长
王思斌

对于阳光我们会有很多期盼和赞歌，今天我们怀着这种心情走近深圳妇联的"阳光家庭综合服务中心"。从慈善事业和社会工作发展史可以看出，女性一直是社会慈善、社会工作的主力军，她们的慈善天性、爱人之心、杰出智慧和细致敏感成就着社会工作和慈善事业。这些在深圳妇联"阳光家庭综合服务中心"那里我们都能清楚地看到和感触到。

深圳妇联"阳光家庭综合服务中心"是深圳市妇联从自身的职能出发，在"阳光妈妈"项目的基础上，以深圳市社会工作试点为契机，通过创新性探索发展起来的，并成为深圳乃至全国社会工作服务的名牌。现在，她们又决定精选服务案例，正式出版，将经验惠及社会，是值得称赞的。在此之际，我认为有以下几点值得说明。

第一，深圳市妇联做了很值得称赞的事情。妇联工作千头万绪，新时代新形势下的妇联工作更加艰巨和富有挑战。深圳市妇联不等不靠，根据深圳市实际，主动开展面向单亲母亲、广大妇女、家庭、社区的多项服务工作，解决了诸多问题，得到了各方好评。现在，她们又将自己的服务经验整理出来，供社会分享，宣传社会工作、倡导社会服务，值得称赞。

第二，制度上的创新。我曾指出专业社会工作在我国是一种"嵌入性发展"，即专业社会工作要同既有的体制打交道，并曾指出这种交道可能遇到的困难。之所以强调这些，是出于对我国发展社会工作的一种判断，即必须与既有的社会体制互动，与服务于广大民众的政府部门、人民团体合作。现在深圳市妇联做出了成功探索——在妇联的宏观框架之内开展专业服务，创建了在"体制内"开展社会工作服务的机制，这有提升服务质量和社会体制改革创新两个重要意义。人民团体进一步向服务转型是一种趋势，深圳市妇联的"阳光家庭综合服务中心"率先进行了实践。我以为，这种实践具有制度创新的意义，也具有可复制性。

第三，探索了我国社会工作的本土发展之路。关于我国社会工作人才队伍建设之路（也是社会工作发展之路），我们曾指出两点：通过培养大学生造就一批专业社会工作者，通过职业培训和在岗学习实现现有相关人员的专业转化。后者实际是行政人员向专业人才的转变，而且这种转变对于我国社会工作事业的发展具有十分重要的意义。深圳市妇联的"阳光家庭综合服务中心"基于妇联工作与社会工作的亲和性，依靠行政体系发展社会工作，又避免行政工作代替专业服务，是一种成功的探索。处理好政府的行政体系与社会工作专业体制之间的关系，是我国社会工作发展的关键之一，深圳市妇联的实践具有启发意义。

祝深圳市妇联"阳光家庭综合服务中心"获得更大发展，也愿像深圳市妇联"阳光家庭综合服务中心"这样的服务机构越来越多，让我们的人民普享幸福，让我们的大地撒满阳光。

2013 年 5 月于北京

序言二

肩负使命　阳光同行

香港社会服务发展研究中心副主席

深圳计划工作小组主席

陈圣光

专业社会工作在内地发展至今，已经长出不少丰硕的果实，深圳的社工机构亦已积累了很多宝贵的人才和实务工作经验。回想 2008 年 3 月 5 日，社研由本人带领第一批督导踏足深圳，至今五年时间，深圳计划亦正式完结，我们在这一历史使命下，超过一百位的香港督导不辞劳苦穿梭两地，为的是要培育深圳本土的社工及督导人才，如今深圳计划的目的已经达到，我们的工作亦已圆满结束。

正值阳光家庭综合服务中心项目正式启动 5 周年，深圳市妇联积极编撰《阳光家庭实务手册》教材套，当中亦有幸邀请我们的督导参与，把过往的经验结集成一本高质素的教材套，不但能把宝贵的经验承传开去，更能启发后来者并作参考，创造出更具创意的工作。本人在此代表香港社会服务发展研究中心恭贺深圳市妇联的阳光家庭项目成立 5 周年，本人更深信《阳光家庭实务手册》教材套能在业界引起关注，祝贺手册成功出版。

2013 年 5 月于香港

目录
CONTENTS

儿童篇

爱心熊魔法小组

景田阳光家庭　黄思俊　张　伟

服务背景

　　学龄期儿童通过在校学习，对社会环境的适应性逐渐增强，他们的自我意识、道德观念和社会交往能力得到了进一步发展。此阶段儿童在心理和社会性发展的需要主要表现在，一方面渴望与同龄人交往、有亲近的朋友；另一方面强烈希望得到他人的承认和尊重，同时需要发展社会关系和人际交往技巧的能力，以建立自我认同和增进自我成长。

　　在社区服务中，通过观察及与社区儿童的接触，特别是在外来低收入家庭中，儿童出现侵犯性的语言及行为的现象时有发生，不良的语言表达与行为举措，影响了儿童良好社会关系的建立，甚至对他人造成身心伤害，不利于儿童自身的成长发展。"爱心熊魔法小组"的设计是针对儿童成长需要，帮助儿童建立与他人的良好关系，预防和减少儿童侵犯性行为。

　　招募策略及组员特征：小组集预防性及教育性为一体，招募的策略主要将参与的儿童分为两类，一类是日常生活中具有较强侵犯性行为的儿童（X类），另一类则是行为正常或者具有行为榜样作用的儿童（Y类），二者比例大约是1∶1。通过招募不同类别的成员，一方面发掘Y类儿童的正向资源并起带动作用，另一方面促进X类儿童在小组中的学习和模仿，以达到预防和教育的双重目的。

服务理念

　　社会学习理论以行为矫正程序来改变儿童的行为。其中的原理是通过一系列的刺激—反应程序，去塑造、矫正及强化行为。一些技巧倾向消除不良的行为，另一些则鼓励良好的行为。我们着重"正面的强化技巧"及"应变管理"，前者强化并维持良好行为的方法，后者则通过改变现有引发刺激及强化结果的模式，去尝试改变、控制及发展特定的行为。模仿学习的原理来自社会学习理论。它利用人类通过模仿学习获得新的行为反应倾向，帮助某些具有不良行为的人以适当的反应取代不适当的反应，或帮助某些缺乏某种行为的人学习某种行为。

体验式学习法（experiential learning），又称"发现式学习"，是先由学员自愿参与一连串实践活动，然后分析他们所经历的体验，使他们从中获得知识和感悟，并且应用于日常生活中。体验式学习是内在的，是个人在形体、情绪、知识上参与的所得。本次活动提供一连串的户外实践与探访的体验，让组员在现实的体验中获得对周围人和事物的认识，培养其关爱他人的意识，并学习使用正面的言语和行为表达关爱，以达到减少侵犯性等不良行为及培养和强化正面行为的目的。

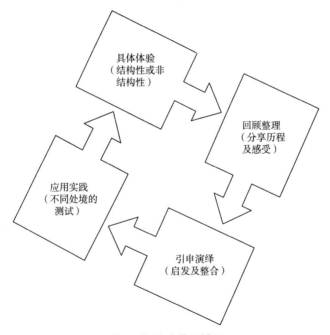

图 1　体验式学习循环

体验式学习法认为，一个具体经验若能经过相应整理、反省分析，就会引发个人的启发、假设及信念。经过有意识的应用部署，就会产生一个崭新经验，进而开展另一个学习循环（见图1）。

这里所指的具体经验，可以是结构性的程序体会，也可以是在过程中与其他人及环境的互动经历，甚至是任何突发事件。因此，重要的不单是完成程序中计划的任务，而是借着过程中经历及反省而带来的学习与成长。所以有计划的解说（Debriefing）是非常重要的。配合经验学习法，解说的方向就是将体验过程中的启发与现实/过往经验整合，进而引发信念的更新。故解说是在活动完结后，处理组员有关经验及协助他们转化为成长的学习。

🏠 服务目标

1. 培养儿童关爱他人的意识和能力。
2. 预防和缓解儿童侵犯性的行为。
3. 帮助儿童学习与他人建立良好的关系。

🏠 服务对象

8~12岁儿童（部分具有侵犯性语言及行为者）。

🏠 服务人数

10人左右为宜。

🏠 服务设计

共5节，每节约90分钟。

节 次	主 题
第1节	爱心魔堡欢迎你，领取爱心任务
第2节	探访流浪人员，学习表达关爱
第3节	访问残友公司，学习与人交往
第4节	探访地铁工人，体验给予的快乐
第5节	归回爱心魔堡，共享爱心果实

服务评估

评 估 项	评估指标	权 重
服务人数	活动每节出席人数不低于 6 人	20%
目标操作化（70%以上的参加者对评估项目给予 3 分及以上的评价）	70% 的参加者在"我觉得自己变得更有爱心了"的评分项目中，给予 3 分或以上的评价，占 10%	70%
	70% 的参加者在"我开始喜欢身边的人了"的评分项目中，给予 3 分或以上的评价，占 10%	
	70% 的参加者在"我不愿意让别人难过和受到伤害"的评分项目中，给予 3 分或以上的评价，占 15%	
	70% 的参加者在"通过参加小组，我希望能帮到更多的人"的评分项目中，给予 3 分或以上的评价，占 5%	
	70% 的参加者在"通过参加小组，我知道怎样去帮助别人"的评分项目中，给予 3 分或以上的评价，占 10%	
	70% 的参加者在"我在小组中和别人建立了美好的友谊"评分项目中，给予 3 分或以上的评价，占 10%	
	70% 的参加者在"我在小组中，学会怎样跟别人更好地交往了"的评分项目中，给予 3 分或以上的评价，占 10%	
其 他	70% 以上的参加者对"其他评价"（活动的时间及场地、内容及形式、社工的态度及表现等）的评分在 3 分及以上	10%

服务内容

第 1 节

目的：

1. 组员相互认识，订立小组规则。

2. 澄清小组目标，增强儿童参与动机。

3. 让组员清楚小组内容及形式，并促进组员对探访服务的学习和认识。

程序：

时 长	目 标	内 容	物 资	备注/技巧
5 分钟	—	安顿、签到	—	—
5 分钟	制造庄重及神秘感，吸引组员投入活动	入场仪式：组员在社工的指引下，洗手、脱鞋，逐个进入爱心魔堡，并获得爱心魔堡的爱心贴，成为爱心熊宝宝	洗手指示牌 脱鞋指示牌 爱心贴 任务卡	见附件 1.1。①需要饱满的热情和爱心。②社工扮演爱心魔堡堡主
10 分钟	帮助组员认识及熟悉社工、澄清小组目标	欢迎辞：①欢迎组员、介绍社工、介绍爱心魔堡。②说明本节活动的内容安排。③介绍小组目标、特色、内容及形式	名字卡 10 张	—
15 分钟	组员相互认识，建立关爱氛围	热身游戏：爱心传球	康乐球 1 个	见附件 1.2
30 分钟	订立小组规则，促进组员对探访服务的学习参与和认识	互动交流：①说明爱心熊的行为规范和任务。②讨论学习探访的方法以及注意事项（可分两组进行，然后汇报，社工作总结）	白板 白板笔 工作纸	见附件 1.3、附件 1.4。①引导讨论和秩序维护的双重任务。②社工可在此按照参加者的实际情况多推动正面行为
20 分钟	促进组员认识活动的主题，分享爱心愿望，增强参与动机	爱心绘画：①我的爱心愿望。②分享绘画内容	白纸 10 张 彩笔 5 套	正面鼓励所有组员成为充满爱心的爱心熊宝宝
5 分钟	总结及预告	活动总结并预告下节活动时间	—	—

附件 1.1　任务卡

亲爱的小朋友：

恭喜你成为爱心熊的成员，请完成下面的指引：

1. 请签到，并领取爱心任务卡。

2. 在活动室找到指示牌 1，并完成任务。

3. 在活动室找到指示牌 2，并完成任务。

附件 1.2　热身游戏：爱心传球

【游戏内容】

第一轮：组员手拿康乐球，首先自我介绍（包括姓名、年龄、就读年级），然后将球抛给其他的组员，接到球的组员同时进行自我介绍，依次类推，所抛的对象不能重复，直到所有组员全部接到球，最后将球传到社工的手中。

第二轮：社工手拿康乐球，叫出任意一位组员的名字，然后抛球给他，接到球的组员叫出其他另一位组员的名字（不能重复），再抛出去，直到全部的组员都接到球，最后抛回给社工。从第二轮开始可重复进行，但在叫组员名字之前，先给他一句简单祝福语，并计算游戏的时间，增强刺激性。

附件 1.3　爱心熊的行为规范和任务

互动交流：说明爱心熊的行为规范和任务

◎ 问：爱心熊是怎么样的？

答：有爱心的，可爱的……

◎ 问：爱心熊会做什么？

答：奉献爱心，帮助别人，关心别人，让自己开心快乐，给别人带来快乐。

◎ 问：爱心熊不会做什么？

答：伤害别人，让别人难过，让自己不开心（包括言语、行为表现）。

附件 1.4　探访的方法及注意事项

◎ 问：有哪些人需要我们的帮助，让我们奉献爱心，变得快乐？

答：行动不方便的人、没有地方住的流浪人、没有爸爸妈妈照顾的孩子、没有孩子照顾的老人等。

◎ 问：去看望关心别人时，需要做什么？

答：表明身份；用心听；会微笑；使用礼貌用语；衣着整洁；让别人快乐……

第 2 节

目的：

1. 通过探访流浪人员，帮助组员学习表达关爱，体验给予的快乐。
2. 小组活动过程中，促进正面行为，减少侵犯性言语、行为。

程序：

时　长	目　标	内　容	物　资	备注/技巧
10 分钟	破冰及带动参与	热身游戏：造反运动	—	见附件 2.1
5 分钟	促进正面行为，减少侵犯性言语、行为	重申小组规则，学习互相尊重、团队合作	小组规范表	—
15 分钟	帮助组员做好探访前的准备，学习表达关爱的技巧	探访说明：①交代探访的路线及注意事项。②引导组员讨论如何表达关爱	—	使用情景模拟帮助讨论
40 分钟	体验并学习如何表达关爱	探访流浪人员，让组员实践表达关爱	小公仔 9 个 义工帽 9 个	注意路程中的安全和秩序
20 分钟	巩固和提升组员在体验中的学习	分享交流：社工带领组员分享探访的感受，巩固表达关爱的方法	—	见附件 2.2
5 分钟	促进正面行为而减少侵犯性言语、行为。总结及预告	①表扬能遵守小组规则的组员。②社工进行活动总结，并预告下节活动	糖果	—

附件 2.1　热身游戏：造反运动

游戏内容

- 参加者圈成一个圆圈，社工站在圆圈中间。

- 社工发出号令，全体人员都要按照相反的方向做动作，如社工说"右"，所有人都要将头向"左"转或举起"左"手，以此类推。
- 社工要仔细观察，发现做错的，要宣判出局。
- 最后剩下的人即为胜者。

附件 2.2　体验式学习法的解说技巧

解说的原则

要领会学习的要义，有效及高质素的解说，如下列"SPACE"原则所示：

- 足够空间（Space）：引发安静、反省及交流分享。
- 正面取向（Positive orientation）：欣赏建设性的行为，辨认正面素质，肯定内在强处。
- 专注聆听（Attentive listening）：强化彼此尊重及互相联系。
- 尊重抉择（Choice）：让参加者按自己的步伐及深度去分享。
- 鼓励交流（Exchange）：提升对经验的理解，增加及深化共鸣。

漏斗式解说技巧

技巧 1：回顾

- 可否为我们回顾刚才完成的活动？
- 以 1~5 分为评价值，5 分为最高，你会给自己的表现多少分？

技巧 2：回想

- （可选择一两个特定课题作深入讨论，例如沟通技巧、目标的订立等。讨论的课题亦可由参加者提出，然后再聚焦）你可否举一些例子，在刚才的活动中，谁表现得最好（或极需要改善）？

技巧 3：感受及影响

- 在刚才的活动中，你有什么特别深刻的感受？
- 为何会有这种感受？
- 这种感受如何影响整个小组？
- 这种感受如何影响活动的进行？

技巧 4：总结

- 整个活动给你带来什么启示？
- 在刚才的讨论中，你可否总结一些心得或反思？

技巧 5：应用

● 刚才的经验与你在学校的生活，是否有相似的地方（或相异的地方）？对你在学校的生活有什么启示？

技巧 6：承诺

● 下次再做类似事情的时候，你会有什么分别？

● 若你要作出改变，你期望会达成什么目标？有何具体计划？

● 你认为什么人可协助你作出改变？

带领讨论的"应该"与"不应该"

★ **应该** ★

● 预备足够的时间作分享讨论，但若讨论的气氛不足，便应考虑结束讨论。

● 尽量于活动完结后，实时作分享讨论，但如果情况不许可，亦可作一个简短的讨论（一般而言是 5 分钟），总结一些重点，稍后再作详细的讨论。

● 活动后的讨论尽可能选择在活动的地点附近进行，使参加者能更容易引发出对刚才活动的回忆及感受。

● 学习应该由参加者做主导，因此鼓励参加者提出讨论的主题。

● 带领讨论时留意参加者所用的语言及比喻，并可融会在讨论过程中。

● 带领讨论时，应安排一个较为舒适的环境，并让参加者能在彼此的视线范围内。

● 带领讨论的过程中，提出积极的响应，应用 SPACE 技巧：

S – specific（具体）

P – precise（精确）

A – appreciation（欣赏）

C – construction（建设性）

E – empathetic（感同身受）

★ **不应该** ★

● 带领讨论时不应引导参加者的用词或替他们完成未完结的句子或意思。

● 带领讨论时不应将参加者的表现与其他组别的参加者作比较，或评价他们的表现是好是坏。

- 带领讨论时不应预设什么东西对参加者是有利的并迫使他们改变。
- 带领讨论时不应只接受一个答案。

第3节

目的:

1. 通过探访残友软件公司,帮助组员学习与人交往的方法及表达祝福,并培养关爱他人的意识。

2. 小组活动过程中,促进正面行为,减少侵犯性言语、行为。

程序:

时　长	目　标	内　容	物　资	备注/技巧
5 分钟	—	开场白,社工（堡主）欢迎组员（熊宝宝）并说明本节活动的内容和安排	贴纸 2 张	—
15 分钟	帮助组员认识探访规则,学习与人交往的方法	说明及讨论: ①社工说明活动的规则。 ②指导组员讨论与新朋友交往的方法（如主动问好,使用礼貌用语,欣赏别人的优点等）	工作纸 公仔 10 个 小挂链 10 个	见附件 3.1、附件 3.2。 出发前,社工向组员强调必须遵守规则及服从命令
20 分钟	体验新环境,增加正面行为,减少侵犯性言语、行为	①堡主分组,选出爱心熊队长。 ②组员出发前往社区的残友软件公司并进行参观	—	出发前分组,每组 3～4 人,其中一人为组长,组长需协助管理秩序,提醒正面行为
35 分钟	组员学习与人交往的方法并实践	交流学习: ①新朋友们相互认识。 ②残疾人朋友与组员共同分享故事	—	社工观察组员表现
10 分钟	组员学习表达祝福和关爱	组员制作爱心祝福卡,并赠送爱心礼物给残疾人朋友	心形卡片 20 张 油性笔 10 支	—

续表

时　长	目　标	内　容	物　资	备注/技巧
5 分钟	总结及感谢	活动总结及合影	相机	—
10 分钟	准备分享	组员回中心	—	—
20 分钟	①巩固与人交往的方法。②培养关爱他人的意识	分享交流：①社工带领组员分享探访的感受。②巩固与人交往的方法。③反省自己现况，学习欣赏自己及关爱他人。④从残疾人身上学到什么	—	①引导、鼓励、强化同伴支持。②使用体验式学习法的解说技巧
5 分钟	①强化正面行为，减少侵犯性言语、行为。①总结及预告	①表扬表现好的队伍及熊队长。②社工进行活动总结并预告下节活动	奖品	—

附件 3.1　活动规则及说明

【活动规则】

● 在别人家的时候，爱心熊要在一起，不要一个人跑到远的地方，要让其他爱心熊都能看到你。

● 当爱心熊们在叫你名字的时候，你需要跑到大家面前，说一句"爱心熊，我来了！"

● 在别人家的时候，我们不随便去碰别人的东西，因为别人没有同意你那样做。

● 当社工将手放到耳旁的时候，所有爱心熊都和社工做一个动作，并说"我在听你说呢"，然后看着爱心熊魔堡堡主，保持安静！

【活动说明】

● 残疾人是很棒的人！

他们虽然身体残疾，但是他们能做很多事情，能自己赚钱生活，还能孝敬父母！他们愿意帮助别人，很开心地生活，用自己的知识为社会作贡献！

- 我们要尊重残疾人！

因为他们很棒，因为他们为社会作出了贡献，因为他们做义工去帮助别人。

- 我们要向残疾人学习！

不怕困难，勇敢地生活，帮助别人很快乐！

- 国际义工日，我们要祝福残疾人！

祝愿他们生活更美好！

附件 3.2　与人交往的方法

- 组员讨论
- 参考内容

主动问好；表达感谢和赞美；询问别人的意见；别人说话不随意打断；找出并欣赏别人的优点；祝福别人；主动帮助别人……

第 4 节

目的：

1. 让组员体验地铁建设工人的工作和生活状况。
2. 启发组员关注和关爱他人，体验给予的快乐。
3. 强化组员优点，推动正面行为。

程序：

时 长	目 标	内 容	物 资	备注/技巧
15 分钟	强化组员优点，推动正面行为	热身游戏：熊熊优点齐齐数	贴纸 笔	见附件 4.1
10 分钟	探访的准备	准备：探访说明和准备，告知组员此次探访的对象、地点和注意事项	义工帽 9 个	—
5 分钟	强化探访的要求及安全	整队：临行前，强化组员的纪律意识，确保在探访过程中的安全问题	—	—

续表

时　长	目　标	内　容	物　资	备注/技巧
35分钟	组员体验探访的过程并实践与人交往及表达关爱	探访：组员在社工（堡主）的带领下前往指定的地点，认识地铁建设工人的工作和生活状况，并派送爱心礼物	小公仔9个	提醒熊队长职责：安全维护、时间限制
20分钟	巩固探访的学习所得	分享： ①组员分享本次探访的感受及收获，以及与人交往方法的运用。 ②分享自己的长处、优点，希望将来从事什么行业，为社会、国家作出贡献	—	①组员与人交往技巧的表达及给予的快乐。 ②社工使用体验式学习法的解说技巧
5分钟	①强化正面行为，减少侵犯性言语、行为。 ②总结及预告	①表扬表现好的队伍及熊队长。 ②社工进行活动总结并预告下节活动内容	奖品	—

附件4.1　热身游戏：熊熊优点齐齐数

游戏内容

　　每人派3张贴纸，在2分钟内分别在贴纸上写上3个组员的优点，然后贴在该组员背上，完成后，组员轮流读出背上贴纸的内容，并简单分享感受。

第5节

目的：

　　1. 巩固儿童的前期学习，帮助实践爱的表达和奉献。

　　2. 总结并评估小组活动，处理组员的离别情绪。

程序：

时　长	目　标	内　容	物　资	备注/技巧
5分钟	欢迎及带领组员投入活动	开场白，欢迎组员，说明活动内容及活动规则	—	—

续表

时　长	目　标	内　容	物　资	备注/技巧
15 分钟	帮助组员体验给予的意义和快乐	破冰游戏：分给人	两个空杯子礼物（糖果、饼干、挂饰等）	见附件 5.1。邀请 2 名组员担任志愿者
20 分钟	强化组员在体验中的所得	活动分享：印象最深的一次探访，或最有收获的一次探访	情景工作纸	见附件 5.2
20 分钟	发掘组员的爱心意识和经历，促进组员进行爱的体验和表达	互动游戏：爱心的果子	胶带大卡片 9 张	见附件 5.3
15 分钟	增进组员间的情感交流和支持，处理组员的离别情绪	分享及祝福：①在小组中开心或不开心的事。②如何表达你对其他组员的爱心。③最后的祝福：在小组中最想说的话	—	—
15 分钟	活动总结及评估	活动总结、颁发活动纪念章及进行活动评估	爱心魔法卡 9 张全勤奖品 4 份评估工作纸	见附件 5.4、附件 5.5

附件 5.1　破冰游戏：分给人

游戏内容

　　找两位志愿者，一人拿一个杯子。其余的小朋友围着他们坐成一圈。音乐响起后，志愿者把杯子里的所有东西全部拿给一位小朋友，拿到东西的小朋友除自己留下一样东西外，其余的要全部拿给坐在旁边的小朋友。如果某个小朋友手头上的东西超过一样，他可以随时把多出来的放回杯子里，让志愿者把它分给别人。音乐停止时，小朋友的手上尽量不要拥有超过一样以上的东西。接着，再找两位新的志愿者继续这个游戏。

游戏目的

体验给予的快乐。

附件 5.2 情景工作纸

情景 1

在第一次探访流浪人员的活动中，爱心熊给流浪的阿姨小面包时，流浪的阿姨会说"谢谢"，当爱心熊给流浪的阿姨布公仔时，她会说"不用了，谢谢"。这是为什么呢？

学习：我们给别人的，应是别人需要的。

情景 2

在第二次探访残疾人的活动中，有爱心熊对拍照的哥哥说，你真帅！拍照的哥哥非常开心，他说从没有人说过他帅。拍照的哥哥那么开心是因为什么？

学习：真心的赞美让别人美丽，也让自己美丽。

情景 3

探访莲花山的地铁建设工人时，所有的爱心熊把礼物都送出去了，有一个爱心熊拿着手里最后的礼物，说要等一等才送出去，爱心熊为什么要等待呢？

学习：爱心的表达需要耐心的等待，等待中就有爱。

附件 5.3 互动游戏：爱心的果子

游戏内容

• 用胶带在地板上粘出井字游戏的棋盘。在每个格子里粘一张写有一种爱心果子的纸（如忍耐、信任、和平、原谅、关心等）。将全部组员分为两组，各自排成一列，同时分给两组不同颜色的帽子，以示区别。

• 甲组的一位小朋友可以先任意站在一个格子里，然后请他分享这个果子如何在他的生活中体现出来。例如：他若站在"忍耐"上面，他可以说："当我在等爸爸接我时，我要学习忍耐。"说完要留在原来的格子里。

• 接着，轮到乙组的一位小朋友站在不同的格子里，同样分享自己对该格内容的心得。两组轮流，直到其中有一组站成一条直线，便获胜。

附件5.4 评估工作纸 (一)

爱心熊魔法小组，由我来评分

A. 请圈出以下最能代表你意见的答案

评估项	非常同意				非常不同意
1. 我认为活动很有意义	5	4	3	2	1
2. 我觉得自己变得更快乐了	5	4	3	2	1
3. 我觉得自己变得更有爱心了	5	4	3	2	1
4. 我开始喜欢身边的人	5	4	3	2	1
5. 我学会怎样跟别人更好地交往了	5	4	3	2	1
6. 我不愿意让别人难过和受到伤害	5	4	3	2	1
7. 我喜欢别人快乐	5	4	3	2	1
8. 我希望能帮到更多的人	5	4	3	2	1
9. 我知道怎样去帮助别人	5	4	3	2	1
10. 我觉得自己在活动中学到很多东西，有很多的收获	5	4	3	2	1
11. 我在活动中和别人建立了美好的友谊	5	4	3	2	1
12. 我满意自己在活动中的表现	5	4	3	2	1
13. 我满意活动的场地	5	4	3	2	1
14. 我满意活动的内容	5	4	3	2	1
15. 我满意社工的工作表现	5	4	3	2	1
16. 我投入这个活动	5	4	3	2	1

B. 我对活动的其他意见或建议是：_____

_____

参加者姓名：(可选择不填写) _____

日期：_____

附件5.5 评估工作纸 (二)

你会怎样形容"爱心熊魔法小组"带给你的感受

(请 "√" 出合适的词，可 "√" 一个以上，假如没有合适的，请在方框内填上你的答案)

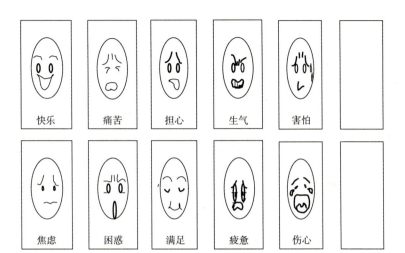

| 快乐 | 痛苦 | 担心 | 生气 | 害怕 | |
| 焦虑 | 困惑 | 满足 | 疲惫 | 伤心 | |

🏠 专业反思

1. 团体动力，带动组员改变。本小组作为预防性和教育性的小组，其中一个目标便是培养儿童关爱他人的意识和能力，预防和减轻儿童的侵犯性行为。所以小组从一开始便接纳了两类儿童，即服务背景中所提出的 X 类和 Y 类儿童。其用意便是通过小组动力，培养儿童关爱他人的意识和能力，从而达到预防性和教育性的目标。故小组中经常会遇到部分行为表现令人失望的组员成为小组秩序的破坏者。而此时，社工对组员的接纳以及通过团体中 Y 类及相应的 X 类组员的相互影响的动力，影响部分有行为偏差的组员，达到较好的效果。此外，运用小组规则及团队影响力，强化正面行为，并抽出表现较好的组员当熊队长，协助推动正面行为。

2. 社工的态度和有控制的情感投入。儿童的活动秩序给了社工较大的压力，部分儿童的行为问题在活动中表现明显，一方面表现为对正常活动秩序的扰乱，另一方面表现为开始对社工提出新的要求，此时社工的权威受到挑战。社工在此过程中，坚持"有控制的情感投入"这一工作原则，始终表现出真诚和接纳的态度，细致的情感付出，让组员体验到小组不同一般的感受和经历。他们给予的反映，如离别前的依恋，甚至超出社工的想象，这些都带来了组内的感动。

3. 关于社工的投入。活动形式的设置能让我们更好地领悟活动的精神实质，尽管在活动过程中，稚嫩的技巧未能让我们经历更多的轻松与坦然，但是不断拉近心理的距离让我们感到技巧仍需修炼，只要维系活动的精神信仰不倒塌，我们就有希望去改变，并且用实践证明其中的改变。这种改变是组员的，也是社工自身的。在本小组中，这个确定不倒的精神信仰就是"爱"，组员在此过程中学习爱、表达爱和传递爱，社工更是在感受爱所带来的魔法神奇中，体验社会工作的神奇魅力。

4. 客观条件的限制及安全问题。尽管社工能在有限的空间里制造活动适宜的氛围，但是活动室的空间毕竟有限，部分活动仍然受到空间的限制。另外，活动的时间与探访的适宜时间相冲突，导致个别探访因为时间的原因而未能达到预期的效果。这三次探访活动除了一次是在本社区举行，其他两次是穿街走巷，走出社区。尽管社工想了很多方法以保证探访队伍纪律和安全，但是儿童在相对自由的空间里却是经常做出出人意料的事情，特别是小组中本身存在部分行为偏差的组员。当组员跑出既定的队伍时，社工通常无计可施，这便存在较大的安全隐患。关于此类问题的应对，阳光家庭需要有更周全的应对策略，如整合义工或家长的资源，帮助带领孩子安全出行。

儿童情绪管理系列

阳光家庭初级督导　陈星星

花果山阳光家庭　黄晓玲

景田阳光家庭　王秀明

宝安阳光家庭　陈喜纯

海悦阳光家庭　刘丽丽

光明阳光家庭　曾宇杏

🏠 服务背景

　　儿童也如大人一般，有喜怒哀乐等情绪，而情绪可以影响人的身心健康、人际关系、行为、生活质量。然而，遗憾的是，家长们往往注重孩子的学业等智力发展而忽略情绪等人格的塑造培养，往往等孩子发脾气了才去哄或者管。在阳光家庭，社工时常发现儿童争抢玩具，动不动就发脾气，甚至动手打人等情况；也有越来越多的家长投诉孩子脾气大，"真不知道现在的孩子都在想些什么，有吃有喝怎么还那么大脾气"，类似抱怨已成为家长们的共同心声，自私、自闭、心理承受力差等都是当今儿童常有的表现。

　　良好的养育方式和有意识的早期训练，会大大提高孩子善待情绪的能力。跟踪调查发现，凡是关键期受过情绪管理培养的儿童，在学习成绩、人际关系及未来的工作表现和婚姻情况等方面，均优于未受过专门培养的儿童。鉴于此，阳光家庭特别举办儿童情绪管理系列服务，以协助孩子增进自我了解与接纳，以及情绪表达与管理的能力，进而能学习了解与接纳他人的感受，积累良性的人际互动经验，促进人格的正向发展。

🏠 服务理念

什么是情绪智能

情绪是指伴随着认知和意识过程产生的对外界事物的态度，是对客观事物和主体需求之间关系的反映，一般所含的喜、怒、哀、乐、惧、恨、恶、欲都属于情绪范畴。个体一旦受到外界刺激时，心理常会引起各种不同的反应；若是反应不当或过度，很有可能造成对自己和别人的伤害。因此，妥善管理自己的情绪，避免情绪失控，是个人生活适应的关键所在。

情绪智能（Emotional Intelligence，又称 EQ）即"情商"，指的是管理情绪的能力，代表一个人能否适当地处理自己的情绪。丹尼尔·高曼于 1995 年发表《EQ》一书，在全球掀起了一股强劲的旋风。他认为，人们首先要认识 EQ 的重要性，改变过去只重视 IQ、认为 IQ 高就等于成就高的传统观念。他通过科学论证得出结论："EQ 是人类最重要的生存能力"，人生的成就至多20％可归诸 IQ，另外80％则要受其他因素（尤其是 EQ）的影响。丹尼尔·高曼在其书中对 EQ 所下的定义，包含如下五个方面的内涵。

1. 认识自身的情绪。认识情绪的本质是 EQ 的基石，这种随时随地认知自身感觉的能力对于了解自己非常重要。了解自身真实感受的人才能成为生活的主宰，否则必然沦为感觉的奴隶。

2. 妥善管理情绪。情绪管理必须建立在自我认知的基础上。这方面能力较差的人常受情绪低落的困扰，而能控制自身情绪的人则能很快走出命运的低谷，重新奔向新的目标。

3. 自我激励。自我激励包含两方面的意思：一是通过自我鞭策保持对学习和工作的高度热忱，这是一切成就的动力；二是通过自我约束以克制冲动和延迟满足，这是获得任何成就的保证。

4. 理解他人情绪。能否设身处地理解他人的情绪，这是了解他人需求和关怀他人的先决条件，高曼用 empathy（同理心）来概括这种心理能力。可见，"同理心"是同情、关怀与利他主义的基础，具有同理心的人常能从细微处体察出他人的需求。

5. 人际关系管理。恰当管理自己的情绪是处理好人际关系的一种艺术。这方面的能力强意味着他的人际关系和谐（人缘好），适于从事组织领导工作。显然，这种能力要以同理心为基础。

EQ 为什么重要

EQ 的重要性表现在生活的各个层面：它决定了个人主观上认为生活是否顺心，也会影响个人与他人（如家人、朋友、配偶、上司、同事、客户）之间的关系，甚至会影响学业及工作表现。试想：一个不能处理好自己情绪的人，必定很容易受情绪所左右，表现出冲动的行为，由此破坏人际关系；如果与身边的人不能相处融洽，不论在家庭、学校及工作环境中都存在不满的情绪，觉得大家都对不起他、认为一切都是别人的错，或者陷入深深的自责中，形成恶性循环，当然活得不快乐。相反地，若能敏锐地察觉自己及他人的情绪，坦诚面对自己的负面感受，同理对方的感受，不任意批评，并且将生活中的困境视为合理的挑战，有坚定的信念去完成艰巨的任务，对人对事做出恰当的反应，那么就容易与他人保持良好的关系，能够得到他人的帮助，这样一来，许多事情都能迎刃而解。以工作为例，相信很多人都曾经觉得工作是否顺利圆满，往往不是由能力决定，而是你能不能打开心扉倾听同事或上司的不同意见，能不能将个人的好恶、利益与工作区分开来，将人际冲突的阻力化为助力，才是成败的关键。

🏠 服务内容

本系列服务主要是参考高曼的情绪智能理论，结合儿童（4～12 岁）不同年龄段情绪发展的特点，以小组形式开展。

组 别	名 称	重 点
4～6 岁	EQ 乐园	①察觉并认识情绪。 ②教导孩子用适当方法宣泄负面情绪
7～8 岁	情绪魔法师	①认识情绪。 ②协助儿童合理表达自己的情绪

续表

组 别	名 称	重 点
9～10岁	"爱心熊"情绪小管家	①认识自身情绪及他人情绪。 ②提升面对逆境的能力。 ③学习处理愤怒情绪
11～12岁	"每天都有好心情"积极情绪小组	①让儿童学习认识自己的情绪。 ②培养儿童的积极情绪，学会保持乐观积极的心态

第1组：EQ乐园

服务背景

在儿童出生后的第一个6年里，发展情绪甚至比发展认知更重要。因为它会帮助儿童建立自己和自己的关系，帮助儿童进入自己的内心世界，儿童也需要借此得出他内在世界对外在世界的反应。

4～6岁儿童的情绪主要有以下特点。

1. 从易变性趋于稳定。这一阶段的儿童开始学习用口头语言、面部表情等表达自身的情绪，但是还是容易"失控"，大发脾气。

2. 情绪理解力逐步发展。这一阶段的儿童，情绪调节能力比过去有了很大的进步，但是还是较为以自我为中心，在理解他人情绪方面有较大难度。鉴于此，小组通过图片、游戏、讲故事等形式引导儿童认识情绪并适当地表达出自己的情绪。

服务目标

1. 通过小组活动儿童能够察觉并认识情绪。

2. 通过小组活动儿童能够适当地表达自己的情绪。

服务对象

4～6岁的儿童。

🏠 服务人数

6~8 名为宜，人数太多不易控制；反之，人数过少，缺乏小组互助效果。

🏠 服务设计

共 4 节，每节约 60 分钟。

🏠 服务评估

评 估 项	评 估 指 标	权 重
服 务 人 数	75% 的参与者出席了活动	20%
目标操作化	75% 的参与者表示从活动中学习到关于情绪的知识，占 30%。 75% 的参与者懂得用说话表达自己的情绪，占 20%。 75% 的参与者能讲出情绪的词汇，占 20%	70%
其 他	75% 的参与者对时间安排、场地等综合因素表示满意	10%

🏠 服务内容

第 1 节

目的：

1. 相互认识，提升组员学习动机。

2. 认识情绪词语。

程序：

时 长	目 标	内 容	物 资	备注/技巧
5 分钟	开场白	社工介绍自己及本次小组的目的，本节活动安排等	—	—
15 分钟	组员相互认识，活跃气氛	破冰游戏：开心的名字	名字贴	见附件 1.1
10 分钟	提升组员的参与动机	"EQ 乐园之歌"，制定小组规则	小贴片 笔 积分卡	见附件 1.2

续表

时长	目标	内容	物资	备注/技巧
5分钟	休息		饮用水	——
20分钟	初识情绪	游戏：情绪动动动	情绪表情卡 音乐	见附件1.3
5分钟	总结	①小节总结：心情红绿灯。 ②布置家庭作业：记录每一天的心情	手拍 积分卡 家庭作业工作纸	见附件1.4、附件1.5。 由于组员年龄还小，活动后可电话跟进，联络家长，邀请家长协助其子女完成家庭作业，并与家长建立关系，解释小组目的与内容，期望家长从旁协助，加强小组效果

附件1.1　游戏：开心的名字

游戏内容

• 邀请组员围圈坐，然后社工随机走到一位组员面前，一边表演动作一边介绍自己"我是×××，我可以成为你的朋友吗？"邀请该组员成为"朋友"，然后坐在该组员的座位上。

• 组员接受"邀请"之后以同样形式继续邀请下一名组员，直到所有组员都被邀请，最后被邀请的组员再邀请社工。

附件1.2　EQ乐园之歌

先邀请组员说出自己参加小组的愿望，然后一起学唱儿歌："我爱我的EQ乐园，准时参加不迟到，游戏唱歌不吵闹，学习知识真快乐。"

积分卡

节次	出席	家庭作业	积极参与	遵守纪律
第1节				
第2节				
第3节				
第4节				

附件 1.3　游戏：情绪动动动

　　邀请组员分享现在的心情，认识情绪词汇，如开心、生气等，邀请组员模仿表情卡表演出相应的情绪。

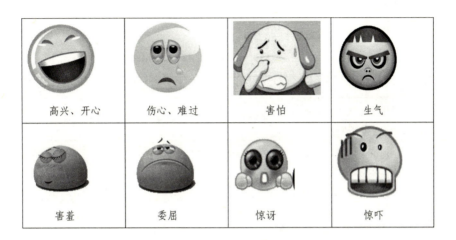

高兴、开心	伤心、难过	害怕	生气
害羞	委屈	惊讶	惊吓

附件 1.4　小节总结：心情红绿灯

　　邀请组员分享参加本节活动的心情，开心举绿色手拍，不开心举红色手拍。

附件 1.5　家庭作业：记录每一天的心情

时　　间	你今天的心情
星期一	
星期二	
星期三	
星期四	
星期五	
星期六	
星期日	

第 2 节

目的：

1. 提升组员学习动机，巩固上节知识。
2. 让组员学会辨识自己的情绪。

程序：

时 长	目 标	内 容	物 资	备注/技巧
5 分钟	活跃气氛，强化小组规则	EQ 乐园之歌	音乐	—
10 分钟	活跃气氛，巩固上节知识	热身游戏：桃花朵朵开 复习情绪词汇	音乐	见附件 2.1
10 分钟	激励组员，引导组员察觉自己的情绪	说出你的故事，邀请组员分享家庭作业，记录最为难忘的"心情故事"	积分卡	对完成家庭作业的组员给予赞赏
5 分钟		休息	饮用水	—
20 分钟	引导组员正确辨识情绪	游戏：填图造句	表情图	见附件 2.2
10 分钟	总结激励	①小节总结：心情红绿灯。②布置家庭作业：心情日记	积分卡 家庭作业 手拍	见附件 2.3。提醒组员可邀请自己的父母协助家庭作业。如有需要，社工可电话跟进，邀请家长协助完成家庭作业

附件 2.1 游戏：桃花朵朵开

游戏内容

- 所有组员牵手围成 1 个圈。
- 社工说："春天到，桃花开"，组员问："开几朵"，社工回答："××朵"，组员迅速依据数量抱成团。如社工回答 3 朵，则组员 3 人抱成团，社工回答 5 朵，则 5 人抱成团。

- 没有凑够数的组员必须回答出 1 个关于情绪的词汇。

附件 2.2 游戏：填图造句

- 心爱的笔不见了，我的心情是……
- 同学说我穿的裙子很漂亮，我很……
- 妈妈生病了，我很……
- 今天在幼儿园被老师批评，我很……
- 第一次上台表演或说话的时候，我很……
- 昨天晚上停电了，家里很黑，我很……
- 在幼儿园做游戏时，同学把我撞倒，然后跑了，我很……

附件 2.3 家庭作业：心情日记

什么时候	发生了什么事情	你的心情是什么

我希望怀着＿＿＿＿＿＿＿＿＿＿＿＿＿＿的心情来参加活动。

第 3 节

目的：

协助组员恰当地表达情绪。

程序：

时 长	目 标	内 容	物 资	备注/技巧
10 分钟	激励组员	了解家庭作业完成情况	积分卡	—
5 分钟	热身，活跃气氛，巩固上节知识	游戏：音乐传球，邀请组员分享此刻的心情	音乐 康乐球	见附件 3.1
15 分钟	巩固知识	学唱儿歌：我的情绪	音乐	见附件 3.2
5 分钟		休息	饮用水	—
20 分钟	学习情绪表达的技巧	情景表演：小狐狸的店。解说：出现情绪尤其是负面情绪时可以打枕头，说出来或者画画等	故事工作纸及不同动物名称工作纸	见附件 3.3
5 分钟	总结	①小节总结：心情红绿灯。②布置家庭作业：我的消气商店	积分卡 家庭作业 手帕	见附件 3.4

附件 3.1　游戏：音乐传球

游戏内容

● 组员围圈坐好，社工给 1 个康乐球，音乐响起，组员依次传球，音乐停，则拿到球的组员需要回答问题。

● 社工邀请组员说出此刻的心情。

附件 3.2　儿歌：我的情绪

happy happy 真高兴　　smile smile 挂笑容

sad 是悲伤　　　　　　afraid 是害怕

angry 就是把气生　　　surprised 是惊讶

附件 3.3　情景表演：小狐狸的店

表演说明

社工扮演小狐狸，组员扮演不同的小动物，依据故事脚本进行表演。

故事：小狐狸的店

小狐狸开了一家独特的商店——消气商店。门口写着"帮你消气，给你快乐"。

熊先生是一位拳击运动员，今天它的比赛输了，非常地（伤心），它路过小狐狸的消气商店，看见门口挂的牌子，就一步跨了进去。小狐狸说："熊先生，你为什么不开心呀？"熊先生说："我打比赛输了。"小狐狸就让熊先生对着沙包使劲打，打得好痛快。小狐狸说："你好好练本领，以后一定可以得冠军。"熊先生打了沙包很痛快，又听了小狐狸的话，很开心地走了。

胖胖的鹅小姐气呼呼地走进来，"我喜欢的衣服都穿不了，气死了"。小狐狸说，"那么你在跑步机上跑跑步吧"。鹅小姐使劲跑，跑得满头大汗，可痛快了。鹅小姐说："每天跑跑，不但快活还能减肥，太好了，谢谢你，小狐狸。"

有一天，两只小老鼠气喘吁吁地来到商店里，原来它们因为一件小事吵架啦。小狐狸请它们坐下，然后打开收音机，店里响起了轻轻的音乐声，小老鼠们觉得舒服极了，不那么生气了。然后，小狐狸给他们每人一张纸和画笔，让他们画画，小老鼠们把不开心的事都画了出来，画完之后气就消了，一只小老鼠主动跟另一只小老鼠道歉，两只老鼠开开心心地手拉着手离开了小狐狸的店。

这真是一个有趣的商店，小动物们都喜欢来这里。

解说

每个人都会遇到一些不太开心的事情，我们要学会让自己开心起来的办法。比如，和爸爸妈妈说不开心的事、打枕头、跑步、听好听的歌曲、画画等等。

消气良方

告诉别人自己的心情　　数数　　跑步　　到房间里哭
喝水　　打枕头　　画画　　听音乐

附件3.4　家庭作业：我的消气商店

发生了什么不开心的事	你的心情	消气的办法

续表

发生了什么不开心的事	你的心情	消气的办法

第 4 节

目的：

1. 观察他人情绪及学习用身体语言表达情绪。

2. 强化口头表达负面情绪。

3. 强化各目标效果，检讨评估。

程序：

时 长	目 标	内 容	物 资	备注/技巧
5 分钟	激励组员	家庭作业检查。 评分	家庭作业 积分卡	—
5 分钟	活跃气氛	唱儿歌：我的情绪	音乐	—
10 分钟	活跃气氛，巩固情绪知识	游戏：我们都是木头人	—	见附件 4.1
15 分钟	观察他人情绪及学习用身体语言表达情绪	游戏：传表情	—	见附件 4.2
5 分钟		休息	饮用水	—
10 分钟	评估 强化口头表达负面情绪	①相互祝福。 ②填写意见反馈表。 ③以口头访谈作补充	意见反馈表 小贺卡	见附件 4.3、附件 4.4
10 分钟	总结	①根据红人榜上的统计，对组员进行颁奖，合影留念。 ②小节总结：心情红绿灯	积分卡 奖状 小礼品 相机 手拍	见附件 4.5

附件 4.1　游戏：我们都是木头人

（游戏内容）

● 组员围在一起，协助社工站在前面。

● 组员边拍手边念儿歌边自由走动，念到最后一个字时，静止不动，谁动了就为失败者。

● 组员需要跟随社工做最后的动作，如社工扮笑脸、哭脸等，组员须照做并停止不动，学错或动了算输。

● 输的组员需要回答出刚刚扮演的表情是什么。

儿歌：

一、二、三，我们都是木头人，不许说话不许动，还有一个不许笑。

附件 4.2　游戏：传表情

（游戏内容）

● 将组员分成两组，分别排成两队背向社工站好。

● 社工拿出事先准备好的表情工作纸，然后让第一位组员转过身来观察。

● 组员将观察到的表情传给下一位组员，注意一定不可以说话，只可以运用身体语言，并且其他组员必须保持安静，不得回头张望。

● 以此类推，直到传递至最后一个组员，由该组员在白板上画出他所看到的表情词语。

● 以此重复 2～3 次。

（游戏目的）

● 让组员学习运用身体语言表达自身的情绪。

● 让组员观察他人，以体察他人情绪。

（游戏解说）

每个人都会有情绪并且表达情绪的方式不尽相同，一方面自己需要尽量用语言表达的方式传递我们的内心感受，另一方面也需要学会"察言观色"，这样才可以做到理解及被理解。

传表情工作纸

| 高兴 | 伤心 | 惊喜 | 惊恐/恐惧 |

| 害羞 | 委屈 | 狂喜 | 愤怒/生气 |

附件 4.3　意见反馈

考一考

1. 请将图画和相应的词语连线。

A. 高兴　　　　B. 难过　　　　C. 生气　　　　D. 害怕

2. 消气的方法有（　　）。

A. 大吵大闹　　B. 告诉别人　　C. 跑步　　　　D. 在地上打滚

说一说

1. 你参加过这次活动之后，你的心情是什么样的？

开心　　　　　　还好　　　　　不知道是什么　　　　生气

2. 你觉得带领你们一起活动的社工表现怎么样？

很好　　　　　还好　　　　和我没关系，无所谓　　　　不好

3. 你觉得从活动中学习到关于情绪的知识了吗？

很多　　　还好，有一些　　　一点点，不是很懂　　　没有

4. 你懂得用说话表达自己的情绪吗？

很多　　　还好，有一些　　　一点点，不是很懂　　　没有

附件 4.4　口头访谈

1. 你能讲出有关情绪的词汇吗？（组员举手回答或轮流说出一种都可以）

2. 假如你今天生病了，感觉很不舒服，想向妈妈撒娇，你会怎样向妈妈表达？（组员可有不同答案，回答后给予赞赏或小礼物）

3. 同学们不跟你一起玩，你觉得很闷、很孤单，很想能和他们一起玩，你怎样向老师表达你的感受和意愿？

4. 你心爱的玩具不见了，你很伤心，你如何向爸爸表达你的感受和意愿？

附件 4.5　奖状

_____小朋友：

在"EQ 乐园"小组活动中，经阳光家庭综合服务中心评定，每次都来参加活动，表现突出，荣获<u>全勤宝宝奖</u>。

特发此状，以资鼓励。

深圳市妇联××阳光家庭综合服务中心

年　　月　　日

第 2 组：情绪魔法师

服务背景

步入小学阶段的儿童由于受社会规范等的影响，情绪由外显转为内隐。儿童学会避开引起自己某种情绪的情境或掩饰自己的情绪。比如，发脾气不受老师同学欢迎，胆怯会被耻笑，哭更没面子，他们就学会压抑住这些情绪不表达。虽然这种反应是适应社会的表现，但是过度的压抑则对其身心发展不利，因此，在这一阶段引导儿童果敢地表达情绪是至关重要的。

服务目标

1. 协助儿童认识自身的情绪。
2. 协助儿童果敢表达。

服务对象

7~8 岁儿童。

服务人数

8~10 名为宜。

服务设计

共 5 节，每节约 60 分钟。

🏠 服务评估

评 估 项	评估指标	权 重
服 务 人 数	75%的参与者出席了活动	20%
目标操作化	75%的参与者能讲出情绪的词汇，占30%。 75%的参与者从活动中学习到关于情绪的知识，占20%。 75%的参与者能说出果敢表达的意思，占20%	70%
其　　他	75%的参与者对时间安排、场地等综合因素表示满意	10%

🏠 服务内容

第1节

目的：

1. 让组员清楚小组目标，澄清期望。
2. 提升儿童学习动机，认识什么是情绪。

程序：

时　长	目　标	内　容	物　资	备注/技巧
5分钟	让组员认识社工、认识小组	①社工自我介绍。 ②介绍小组目的、安排等	1个无线麦克风 小组安排卡	①须注意参加者的年龄特征。 ②表达尽量简单易懂
10分钟	互相认识	游戏：三粒糖	—	见附件1.1
15分钟	提升学习动机	角色扮演： ①冲动打人→没有朋友。 ②不懂做功课，被妈妈骂，哭→不喜欢读书，妈妈生气，自己不开心。 ③兄弟姐妹争玩具，乱发脾气→破坏关系，大家不愉快。 总结：懂得控制及表达情绪、可以更受朋友欢迎、读书成绩更好与父母及家人关系更亲密	工作纸若干 椅子 玩具若干	—

续表

时　长	目　标	内　容	物　资	备注/技巧
10 分钟	澄清目标及期望，提高学习动机	①澄清参加者目的。 ②课程要求：家庭作业、投入学习、遵守规则、"情绪魔法师"小组红人榜（解释评分标准）	卡纸 笔 小贴纸	见附件 1.2
10 分钟	认识什么是情绪	游戏：背后打别人。 何谓"情绪"（重点：情绪是自然反应，没有对错，只有如何表达才有对错）	—	见附件 1.3
5 分钟	认识自己的情绪	家庭作业：收集情绪词汇	工作纸	见附件 1.4

附件 1.1　游戏：三粒糖

游戏内容

● 给每位组员 3 颗糖，作为筹码。

● 在规定时间内（3 分钟或 5 分钟）让每个人随意和其他组员相互认识，问问题，但是在此过程中不可以用到"我"字，谁说了"我"字则需要拿一颗糖给对方，输完所有糖则坐下。

● 最后，社工邀请组员分享及介绍刚才认识的组员。

附件 1.2　"情绪魔法师"小组红人榜

每节活动依据"遵守规则""投入学习""家庭作业"的完成情况等给予贴花表彰，集齐 4 个贴花可以结业，依据贴花的多少给予相应的奖励。

人员	第 1 节			第 2 节			第 3 节			第 4 节		
	遵守规则	投入学习	家庭作业	遵守规则	投入学习	家庭作业	遵守规则	投入学习	家庭作业	遵守规则	投入学习	家庭作业
张三												
李四												
……												

附件 1.3 游戏：背后打别人

游戏内容

- 组员围圈坐好，请 1 名组员扮演打人者。
- 扮演打人的组员在其他组员身后绕圈随意走动，然后随意选择一个组员，突然攻击。
- 邀请被攻击者分享感受。

游戏目的

通过游戏引发各种情绪，透过体验让组员了解何谓情绪。

游戏解说

情绪是受到某种内外在刺激所产生的身心激动状态，包含复杂的情感反应与生理变化。

- 情绪是一种复杂的心理历程。
- 情绪是自然的反应状态。
- 情绪本身并无好坏之分，只是一种信息，使个体可以正确地因应外在情境。

附件 1.4 家庭作业

收集关于情绪的词语并记下来（可以画画或者拼音代替）。

例如：

开心、快乐

第 2 节

目的：

1. 协助组员进一步了解情绪及情绪的积极功能和消极影响。

2. 学习向别人表达自己的情绪。

程序：

时　长	目　标	内　容	物　资	备注/技巧
5 分钟	—	社工自我介绍、介绍此次活动安排	1 个无线麦克风	—
15 分钟	活跃气氛，认识常见的情绪词语	音乐传球：接球的小朋友需在 2 秒钟内说出一个情绪词语	音乐康乐球	见附件 2.1
5 分钟	提升学习动机	①了解家庭作业情况。②鼓励、评分	家庭作业红人榜	—
5 分钟	分辨正负面情绪	刚才说出来的词汇哪些是正面情绪，哪些是负面情绪	工作纸	见附件 2.2
15 分钟	认识情绪的消极影响	观看"钉子的故事"视频，以游戏形式邀请组员分享，社工总结	视频工作纸	见附件 2.3
10 分钟	学习向别人表达自己的情绪	游戏：传表情	—	见附件 2.4
5 分钟	认识自己的情绪	小节总结，布置家庭作业	红人榜工作纸	见附件 2.5

附件 2.1　常见情绪词汇

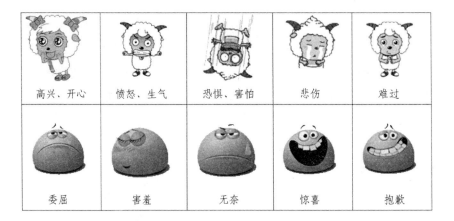

高兴、开心	愤怒、生气	恐惧、害怕	悲伤	难过
委屈	害羞	无奈	惊喜	抱歉

附件 2.2   情绪分类

正面情绪

开心、高兴、兴奋、激动、喜悦、惊喜、得意……

负面情绪

愤怒、伤心、难过、悲伤、生气、紧张、焦虑……

附件 2.3   故事：钉子的故事

故事内容

从前，有一个脾气很坏的男孩，他的爸爸给了他一袋钉子，告诉他，每次发脾气或者跟人吵架的时候，就在院子的篱笆上钉一根。

第一天，男孩钉了 37 根钉子。后面的几天他学会了控制自己的脾气，每天钉的钉子也逐渐减少了。他发现，控制自己的脾气，实际上比钉钉子要容易得多。终于有一天，他一根钉子都没有钉，他高兴地把这件事告诉了爸爸。

爸爸说："从今以后，如果你一天都没有发脾气，就可以在这天拔掉一根钉子。"日子一天一天过去，最后，钉子全被拔光了。

爸爸带他来到篱笆边上，对他说："儿子，你做得很好，可是看看篱笆上的钉子洞，这些洞永远也不可能恢复了。就像你和一个人吵架，说了些难听的话，你就在他心里留下了一个伤口，像这个钉子洞一样。"

故事解说

情绪是会相互影响的，发脾气，不开心骂人就如一颗颗钉子，钉下去就会留下洞，就算再拔出来，洞也还在。你的家人、同学、朋友是你宝贵的财产，他们让你开心，让你更勇敢。你需要他们的时候，他们总会在你身边陪伴你，向你敞开心扉。所以当你有负面情绪的时候，不要随意发脾气，而是尝试向别人表达。

附件 2.4   游戏：传表情

游戏内容

- 将组员分成两组，分别排成两队背向社工站好。
- 社工拿出事先准备好的表情工作纸，然后让第一位组员转过身来观察。

- 组员将观察到的表情传给下一位组员，注意一定不可以说话，只可以运用身体语言，并且其他组员必须保持安静，不得回头张望。
- 以此类推，直到传递至最后一个组员，由该组员在白板上画出他所接受到的表情词汇。
- 以此重复 2 ~ 3 次。

【游戏解说】

每个人都会有情绪并且表达情绪的方式不尽相同，一方面自己需要尽量用语言表达的方式传递我们的内心感受，另一方面也需要学会"察言观色"，这样才可以做到理解及被理解。

【传表情工作纸】

| 高兴 | 伤心 | 惊喜 | 惊恐/恐惧 |
| 害羞 | 委屈 | 狂喜 | 愤怒/生气 |

附件 2.5　家庭作业

时　间	正面情绪	负面情绪
星期一		
星期二		
星期三		
星期四		
星期五		
星期六		
星期日		

第3节

目的:

1. 加强儿童学习动机。
2. 学习果敢表达。

程序:

时长	目标	内容	物资	备注/技巧
5分钟	活跃气氛,巩固上节内容	热身游戏:玩转情绪	椅子若干	见附件3.1
5分钟	加强儿童学习动机,了解参加者实际需求	①了解家庭作业情况。②鼓励、评分	家庭作业红人榜	—
5分钟	认识果敢、攻击和退缩的表达	填写情绪问卷	果敢测试问卷	见附件3.2
10分钟	了解组员的果敢测试结果。让组员明白何谓果敢表达	果敢认识游戏:海陆空	颜色纸	见附件3.3
25分钟	学习果敢表达	分组做情境练习(先解释如何做到果敢表达)	情景练习工作纸	见附件3.4
10分钟	学习果敢表达	小节总结,布置家庭作业:在一周内记录做到果敢表达的次数,下次回来分享	红人榜家庭作业工作纸	见附件3.5

附件3.1 游戏:玩转情绪

游戏内容

社工喊一些情绪词汇,当喊到正面情绪词汇时组员坐着,喊到负面情绪时组员须站着。

附件 3.2　游戏：果敢测试

【游戏说明】

用三种颜色的纸分别代表"A""B""C"，剪成大小相同的方形，工作人员读测试题，组员按自己的选择领取不同颜色的纸片，再计算自己所得的果敢测试分数。

【果敢测试】

1. 当同学借了你的笔没有还时，你会：

A. 随便，不还就不还

B. 骂同学

C. 向同学要回来

2. 你去超市买东西，一个大哥哥走过来，在你前面插队，你会：

A. 忍气吞声

B. 大骂他一顿

C. 请他到后面排队

3. 你在公园里发现有人乱扔垃圾，你会：

A. 装作没看见，但是心里暗骂

B. 提醒他"掉"了东西

C. 大声呼喝他，骂他不守规则

4. 爸爸本来答应了你在星期日一起到公园玩，但他忘记了，你会：

A. 直接告诉爸爸，他曾经答应了的事

B. 算了吧，避免爸爸大发脾气反骂你

C. 自己发脾气，埋怨爸爸没记性，不守信用

5. 别人对你有误会，你会怎么办？

A. 默默忍受

B. 向周围的人大发脾气

C. 明确向对方说明原因

6. 在学校，有同学当众取笑你，你会有什么反应？

A. 强颜欢笑，默默忍受

B. 作出反击，大骂对方

C. 询问对方为什么这样做

7. 有人称赞你时，你如何反应？

A. 尴尬，不好意思，不知道怎么办

B. 骂他傻

C. 大方地接受并感谢

8. 今天你忘记带彩笔上学，但美术课要用彩笔画画，你会：

A. 装作不会画

B. 有礼貌地向同学借彩笔

C. 抢同学的彩笔来用

9. 妈妈要你帮忙做家务，但你还没看完书，你会：

A. 发脾气不做家务

B. 默默地做家务，但心里不高兴

C. 告诉妈妈自己想看完书再帮忙做家务

10. 今天考试成绩出来了，自己考得不好感到很不开心，当妈妈问你的成绩时，你会有什么反应？

A. 默不作声

B. 不告诉她，只是发脾气

C. 告诉妈妈自己很不开心，因为成绩不好

附件 3.3　游戏：海陆空

游戏内容

- 将场地分为 A、B、C 区域。
- 让组员依据填写的答案，到相应的区域，并获取相应的分数。
- 统计得分。

游戏说明

果敢测试的结果有 3 种，一种是攻击型（B 得 0 分），一种为退缩型（A 得 1 分），一种为果敢型（C 得 3 分）。

游戏解说

"果敢表达"就是"有礼貌地、勇敢地，而不伤害别人地去表达自己的意见、感受和期望"。

附件3.4 情景练习

- 周末放学后，你在看电视，妈妈突然出现，骂你又看电视不好好学习，叫你赶紧去做作业，你会怎么办？
- 爸爸似乎在外面受了很多气，下班回家后不断挑剔你这样做得不好，那样做得不好，你会怎么办？
- 今天你和好朋友吵架了，心情不好不想做作业，妈妈见你不写作业，便骂你，你会有什么反应？
- 今天你穿着妈妈给你新买的裙子去学校，可是却被同学不小心弄脏了，回家后妈妈看见裙子脏，说了你一顿，你会怎么办？
- 你不喜欢补习班的老师，觉得他很讨厌，你不想再上补习班，但是你知道妈妈不准你不学，你会怎样和妈妈商量？

附件3.5 家庭作业

时　　间	今天你有什么负面情绪	采取的抒发情绪方法 （是否用到果敢表达）
星期一		
星期二		
星期三		
星期四		
星期五		
星期六		
星期日		

第4节

目的：

1. 巩固果敢表达技巧。

2. 学习各种抒发负面情绪的方法。

程序：

时　长	目　标	内　容	物　资	备注/技巧
10 分钟	加强儿童学习动机	了解实践家庭作业情况，鼓励、评分	家庭作业红人榜	—
25 分钟	从认识自身及他人的情绪到掌握果敢表达方法	游戏：二龙戏珠（制造不公平现象） ①有效情绪管理：What，Why，How PPT。 ②从认识自身及他人的情绪到掌握果敢表达。 ③总结注意事项：礼貌、平心静气或一些要加强的地方	皮球号码贴纸	见附件 4.1
15 分钟	学习各种正确抒发负面情绪的方法	情绪舒缓短讲及讨论：打枕头、深呼吸、喝水等等（原则：不伤害别人及自己）	工作纸	见附件 4.2
10 分钟	学习各种正确抒发负面情绪的方法	①小节总结。 ②布置家庭作业	红人榜家庭作业工作纸	见附件 4.3

附件 4.1　游戏：二龙戏珠

【游戏说明】

- 将组员分成两队，分别是红队、蓝队，并给每队队员编号。
- 将队伍分别排在两边，将球放置在场地中央。
- 社工喊号码，两队中被叫到相应号码的队员出来抢球，抢到者得分。

注意：社工故意设置一些不公平竞争，如球不是放在中间，而是偏向某方，或者故意给未抢到球的队分数，目的是牵动组员负面情绪，在此过程中社工要观察组员的反应。

【游戏解说】

以 WHAT、WHY、HOW 等内容来解说刚才组员出现的负面情绪。

附件 4.2　情绪舒缓小锦囊

到户外放声大叫	停下来，深呼吸	数数	喝冷饮	睡觉
找人聊聊	做运动	找人帮忙	吃东西	暂时离开
打枕头	撕报纸	听音乐	……	……

原则：不伤害别人及自己

附件 4.3　家庭作业

时　间	今天有什么负面情绪	处理负面情绪的方法	是否运用果敢表达	是怎么做的
星期一				
星期二				
星期三				
星期四				
星期五				
星期六				
星期日				

第 5 节

目的：

强化各目标效果，总结检讨。

程序：

时　长	目　标	内　容	物　资	备注/技巧
5 分钟	介绍本节内容	开场白，社工简单介绍本节活动的主要内容	—	—
5 分钟	激励组员	家庭作业检查、评分	家庭作业红人榜	—
15 分钟	活跃气氛，强化各目标效果	游戏：情绪达人	—	见附件 5.1
15 分钟	加深组员对学到知识的印象，巩固学习效果	分享：小组之最。邀请组员分享印象最深的一节活动，最欣赏的人	—	见附件 5.2

续表

时 长	目 标	内 容	物 资	备注/技巧
10 分钟	评估	相互祝福，填写意见反馈表	意见反馈表 小贺卡	见附件 5.3
10 分钟	总结	根据红人榜上的统计，对组员进行颁奖。 合影留念	红人榜 奖状 小礼品 相机	见附件 5.4

附件 5.1 游戏：情绪达人

游戏说明

- 让组员围圈坐好。
- 从任意 1 名组员开始报数，但是喊到 7 或 7 的倍数时不可以直接说出数字，而是必须用一个情绪词语代替，如果犯错将接受"惩罚"。
- 从出错方开始重新报数，不可重复说某个情绪词汇。

附件 5.2 分享：小组之最

- 你最难忘的一节活动是哪一节？为什么？
- 你最喜欢的组员是谁？为什么？

附件 5.3 意见评估

考一考

1. 以下哪个不是表示情绪的词语？（　　　）

A. 高兴　　　　　B. 难过　　　　　C. 孤单　　　　　D. 惊恐

2. 情绪可以分为好或坏，对吗？（　　　）

3. 以下哪些情绪是正面的？（　　　）

A. 兴奋　　　　　B. 快乐　　　　　C. 郁闷　　　　　D. 委屈

4. 比较正确的缓解情绪的方法有（　　　）

A. 找人聊聊　　　B. 做喜欢的事　　C. 大叫　　　　　D. 跳来跳去

5. "果敢"包括几个方面的意思？（　　　）

A. 勇敢的　　　　B. 有礼貌的　　　C. 果断　　　　　D. 不伤害他人

说一说

1. 你参加这次活动之后，你的心情是怎么样的？

开心　　　　　　还好　　　　　　不知道　　　　　　生气

2. 你觉得带领你们一起活动的社工表现怎么样？

很好　　　　　　还好　　　　和我没关系，无所谓　　　不好

3. 你觉得从活动中学习到关于情绪的知识了吗？

很多　　　　还好，有一些　　　一点点，不是很懂　　　没有

附件5.4　奖状

_____小朋友：

在"情绪魔法师"小组活动中，经阳光家庭综合服务中心评定，成绩显著，表现突出，荣获最佳学员奖　。

特发此状，以资鼓励。

深圳市妇联××阳光家庭综合服务中心

年　月　日

第3组　爱心熊情绪小管家

🏠 服务背景

随着儿童认知的不断发展，对情绪的控制力也在逐步提高。情绪控制由在成人要求下被动控制逐渐发展出主动控制能力，尤其在自我控制发展的条

件下，对情绪的自我调节能力提高。但是相对于高年级儿童，较年幼儿童的自控力依然较差，还是容易冲动。同时，许多不合理的想象或偏见的产生往往会引起一些负面情绪。鉴于此，本小组期望通过游戏、情景体验等方式让儿童察觉自己情绪来源，学会用恰当的方法疏导情绪。

🏠 服务目标

1. 了解自身情绪。
2. 认知他人情绪，学会同理。
3. 发展舒缓压力、化解冲突、面对失败及挫折的能力。

🏠 服务对象

9～10岁儿童。

🏠 服务人数

8～12人为宜。

🏠 服务设计

共5节，每节约90分钟。

🏠 服务评估

评 估 项	评估指标	权 重
服务人数	75%的参与者出席了活动	20%
目标操作化	75%的参与者表示了解自己的情绪及觉察到别人的情绪，占30%	70%
	75%的参与者学会了怎样处理自己的愤怒情绪，占20%	
	在家长问卷中，75%的家长表示自己的子女在参加了小组后有1分以上的进步，占20%	
其 他	75%的参与者对时间安排、场地等综合因素的满意度达3分以上	10%

🏠 **服务内容**

第1节

目的：

1. 相互认识，建立关系。
2. 让组员明白学会情绪管理对自身的好处，以提升学习动机。
3. 认识情绪及情绪分类。

程序：

时 长	目 标	内 容	物 资	备注/技巧
5分钟	让组员认识社工、认识小组	开场白，社工进行自我介绍及阳光家庭介绍，同时介绍本节活动内容、目标	—	—
10分钟	促进组员之间相互认识	破冰游戏：抛绣球	—	见附件1.1
20分钟	提升学习动机	①游戏：谁是大明星？②解说：懂得控制及合理表达情绪的人受到老师、同学的欢迎，爸爸妈妈也更喜欢	工作纸	见附件1.2
15分钟	发挥组员的自主性制定小组规则，为小组秩序提供保障	明星榜：与组员商定共同制定小组规则及奖惩机制	白板笔	见附件1.3
25分钟	学习什么是情绪，情绪是怎样产生的	①游戏：你认识情绪吗？②短讲：情绪是与生俱来的，没有好坏之分，可以分为正面和负面情绪	工作纸	见附件1.4
10分钟	认识情绪	游戏：情绪扮一番	工作纸	见附件1.5
5分钟	强化所学知识	小节总结：情绪温度计。布置家庭作业	工作纸	见附件1.6、附件1.7

附件 1.1　游戏：抛绣球

游戏内容

● 组员围圈坐好，先各自介绍自己的姓名。

● 社工选择 1 名组员，注视他，叫出他的名字，然后抛球给他，接球的组员再选择除他两边的任何 1 位组员，重复上述步骤抛球，以此类推，直到最后 1 位组员接到球。

● 可适当增加难度，如缩短抛球时间或抛多个球。

附件 1.2　游戏：谁是大明星

你觉得谁最受欢迎，是"大明星"？

1. 兵兵个子很高，身体很壮，可是如果有同学不小心碰到他，他就动手打人。

2. 小浩读书很好，可是同学们不太喜欢和他合作，因为他总是抢着自己做不给别人机会。

3. 小红平时和同学关系不错，也很听话，就是爱哭，作业写不出哭，手工完成不了也哭。

4. 敏敏不是班里读书最好的也不是最好看的，不过当看到小红哭时，敏敏会过去和她一起想办法解决；当兵兵要打人时，她敢于阻止，说打人是不对的；当需要合作完成功课时，她会和自己的搭档商量。

你的同学里，什么样的人最受欢迎呢？

附件 1.3　明星榜

小组规则

● 遵守时间，准时参加活动。

● 坚持参加每一次活动，有事须请假。

● 遵守活动规则，发言先举手。

● 尊重别人，别人发言时安静地倾听，欣赏别人的发言或表演。

● 保密。

明星榜

每节活动依据"遵守规则""投入学习""家庭作业"的完成情况等

给予贴花表彰，集齐 4 个贴花可以结业，依据贴花的多少给予相应的奖励。

人员	第1节			第2节			第3节			第4节		
	遵守规则	投入学习	家庭作业	遵守规则	投入学习	家庭作业	遵守规则	投入学习	家庭作业	遵守规则	投入学习	家庭作业
张三												
李四												
……												

附件1.4 游戏：你认识情绪吗

游戏内容

- 先邀请组员随意说出一些关于情绪的词汇。
- 邀请组员填写情绪卡，将词汇分类。

1. 快乐	2. 不忿	3. 雀跃	4. 不满	5. 兴奋
6. 生气	7. 妒忌	8. 敌视	9. 满足	10. 愤怒
11. 有希望	12. 自信			

喜					
怒					

游戏答案

喜 正面情绪	1. 快乐	3. 雀跃	5. 兴奋	9. 满足	11. 有希望	12. 自信
怒 负面情绪	2. 不忿	4. 不满	6. 生气	7. 妒忌	8. 敌视	10. 愤怒

游戏解说

情绪是受到某种内外在刺激所产生的身心激动状态,包含复杂的情感反应与生理变化。

- 情绪是一种复杂的心理历程。
- 情绪是自然的反应状态,是与生俱来的。
- 情绪本身并无好坏之分,只是一种信息,使个体可以正确地因应外在情境。

反省

你认为哪种情绪是自己最常出现的?请举手。社工可挑选举手最多的一项负面情绪,引导组员去分享他们出现这些情绪的具体事例,然后带出:你希望继续有这种负面情绪吗?目的是推动组员改变表达负面情绪的方式,从而成为最受欢迎的人。

附件 1.5　游戏:情绪扮一番

游戏内容

- 预先将不同情绪字条放入气球内,然后吹气、绑好,挂在活动场地的四壁上。
- 社工发号施令,所有组员在 10 秒钟内将墙上的气球抢下来。
- 抢得最多气球者优先将气球按爆,然后将情绪字条上的表情做出来,做完一个表情得一分。若不敢按爆气球,机会只好留给有较少气球的组员。
- 所有组员自愿扮演完情绪表情后,可按各人得分颁发礼物。

附件 1.6　小节总结:情绪温度计

总结说明

请你使用"情绪温度计"来测量你此时的心情。

0 代表最不开心　　　　　　　　　　　　　　　　10 代表最开心

0	1	2	3	4	5	6	7	8	9	10

附件 1.7　家庭作业

时　间	正面情绪	负面情绪
星期一		
星期二		
星期三		
星期四		
星期五		
星期六		
星期日		

第 2 节

目的：

1. 加强组员学习动机，强化上节知识。

2. 初步学习认知他人情绪。

程序：

时　长	目　标	内　容	物　资	备注/技巧
5 分钟	强化小组规则，优化小组秩序	重申小组规则，介绍本节活动内容及流程安排	—	—
5 分钟	激励组员	检查家庭作业完成情况，评分	明星榜	—
20 分钟	巩固上节知识，强调情绪是随时变化的	热身游戏：情绪格格跳，邀请组员分享家庭作业，随着情绪的变换在格子中不同的方块变换	写有不同情绪的不干胶纸若干	见附件 2.1
30 分钟	学会观察他人的表情以认知情绪	游戏：传表情	工作纸	见附件 2.2
10 分钟	初步学习认知他人情绪	游戏：情绪传染圈	—	见附件 2.3。社工总结时可引导组员思考生活中是否遇到类似的被他人传染情绪或将自己的情绪传染给他人的事件

时　　长	目　　标	内　　容	物　　资	备注/技巧
10分钟	强化本节所学，了解参与者情绪状况	小节总结：情绪温度计。布置家庭作业，记录自己每天发生的一件事情及情绪，有何影响等	工作纸若干	见附件2.4、附件2.5

附件2.1　热身游戏：情绪格格跳

（游戏内容）

- 社工在地上铺上不同方格纸，纸上写有不同的情绪词汇，包括正面及负面的情绪词语。
- 邀请组员离开座位，排成一排，面向地上的方格纸。
- 社工播放音乐，并邀请组员来回走动，当音乐停止时就以最快速度站到家庭作业中写的第一个情绪的方格纸上，社工访问组员、分享。
- 如此反复2~3次。

（游戏解说）

人在不同时间都会有不同的情绪，情绪的产生及波动都是正常的现象，多注意自己的情绪变化会让我们更了解自己，也进而提高观察力，更了解别人。

附件2.2　游戏：传表情

（游戏内容）

- 将组员分成两组，分别排成两队背向社工站好。
- 社工拿出事先准备好的表情工作纸，然后让第一位组员转过身来观察。
- 组员将观察到的表情传给下一位组员，注意一定不可以说话，只可以运用身体语言，并且其他组员必须保持安静，不得回头张望。
- 以此类推，直到传递至最后一个组员，由该组员在白板上写出他所接受到的表情词汇。
- 以此重复2~3次。

游戏目的

- 让组员学习运用身体语言表达自身的情绪。
- 让组员观察他人以体察他人情绪。

游戏解说

每个人都会有情绪并且表达情绪的方式不尽相同，一方面自己需要尽量用语言表达的方式传递我们的内心感受，另一方面也需要学会"察言观色"，这样才可以做到理解及被理解。

游戏工作纸

游戏传表情

| 高兴 | 伤心 | 惊喜 | 惊恐/恐惧 |

| 害羞 | 委屈 | 狂喜 | 愤怒/生气 |

附件 2.3 游戏：情绪传染圈

游戏内容

组员站两排，面对面，向对方说出自己的心情，并配上合适的表情，轮流对每个组员说。当对方的心情是消极的时候，请给予对方一个拥抱。当对方是积极情绪时，请给他一个鼓励。

附件 2.4 小节总结：情绪温度计

总结说明

请你使用"情绪温度计"来测量你此时的心情。

0 代表最不开心　　　　　　　　　　　　　　　　10 代表最开心

0	1	2	3	4	5	6	7	8	9	10

附件 2.5　家庭作业

时　间	发生了什么	你的心情	其他人的心情	你怎样表达自己的心情	有什么影响
星期一					
星期二					
星期三					
星期四					
星期五					
星期六					
星期日					

第 3 节

目的：

　　1. 认知他人情绪。

　　2. 学习遇到挫折及失败时应有的态度。

程序：

时　长	目　标	内　容	物　资	备注/技巧
10 分钟	活跃气氛	热身游戏：一击即中	号码贴	见附件 3.1
5 分钟	加强儿童学习动机	了解实践家庭作业情况，鼓励、评分	家庭作业明星榜	—
15 分钟	热身，激发积极情绪	游戏：比比看	—	见附件 3.2。引导组员思考，正面与负面的情绪在于自己怎么看待问题，其实可以随时随地找到快乐
20 分钟	学习如何在逆境中建立积极乐观态度	故事：狐狸与葡萄。分享感受及解说	工作纸	见附件 3.3

续表

时　长	目　标	内　容	物　资	备注/技巧
25分钟	引导组员排除消极情绪，倡导积极情绪	游戏：放飞心情	1个气球	见附件3.4。激发组员的积极情绪，鼓励组员随时随地为自己和周围的朋友创造快乐
10分钟	—	①小节总结：情绪温度计。②布置家庭作业：情绪日记	明星榜工作纸	见附件3.5、附件3.6

附件3.1　游戏：一击即中

游戏内容

- 将组员分成两队面对面站好，并分别给每队组员编上号码。
- 社工随意喊号码，相应号码的两队队员出列。
- 让两队队员猜拳，获胜者随意表演一个表情，告诉社工答案，然后让输者猜测，猜对两队各得1分，猜错则表演者得1分。
- 以此重复几次，直至全部组员参与。

附件3.2　游戏：比比看

游戏内容

　　组员自由分组，分成两组。每次每组派一名组员出来，在组员出来之前并不知道要比的项目。比赛内容由社工定，如比谁的眼睛大，比谁的头发长，比谁的衣服长……

附件3.3　故事：狐狸与葡萄

故事内容

　　盛夏酷热，几只口干舌燥的狐狸来到一片葡萄园，一串串又大又紫、晶莹剔透的葡萄挂满枝头，众狐狸口水欲滴，急不可耐地想吃葡萄。无奈葡萄架太高，哥儿几个使出浑身解数，葡萄依然可望而不可即。

　　1号狐狸：在葡萄架下转了几圈，找不到可攀爬之处，环顾四周亦无

梯可用，于是摇了摇头，说了一句："这葡萄一定很酸"，哼着小曲轻松地走开了。

2号狐狸：笑1号狐狸没出息，一边高喊"下定决心，不怕万难，吃不到葡萄死不瞑目"。一下又一下，跳个没完，终因劳累过度，死在葡萄架下。

3号狐狸：跳了几下吃不到葡萄，便发火嚷道："谁把葡萄架搞得这么高，成心跟老子过不去，真可恨！"葡萄主人听到狐狸的骂声，一锄头把狐狸打死。

4号狐狸：愤愤不平离开葡萄架，越想越憋气，连葡萄都吃不到，活着还有什么意思，于是找根绳子，将脖子一套，含恨而死。

5号狐狸：闷闷不乐地回家，整天愁眉苦脸，唉声叹气，最终抑郁成疾，患病而死。

6号狐狸：一气之下精神失常。

故事解说

人的一生不可能总是一帆风顺，总会遇到令自己不开心的事情，当面对不开心时需要学会有乐观积极的态度。

附件3.4 游戏：放飞心情

游戏内容

• 让组员手拉着手作为一个团队，社工在组员的头顶上方放一个气球，组员们必须合作不让气球落下。

• 引导分享。

附件3.5 小节总结：情绪温度计

总结说明

请你使用"情绪温度计"来测量你此时的心情。

0 代表最不开心　　　　　　　　　　　　　　　10 代表最开心

0	1	2	3	4	5	6	7	8	9	10

附件 3.6 家庭作业：情绪日记

时 间	发生了什么不开心或不舒服的事	事情发生之后你的想法	你怎么处理自己的心情
星期一			
星期二			
星期三			
星期四			
星期五			
星期六			
星期日			

第 4 节

目的：

学习如何处理愤怒情绪，掌握果敢表达技巧。

程序：

时 长	目 标	内 容	物 资	备注/技巧
10 分钟	加强儿童学习动机	了解实践家庭作业情况，鼓励评分	家庭作业明星榜	—
20 分钟	引发组员的负面情绪，观察组员的宣泄方式，引领组员学习果敢表达	①游戏：二龙戏珠（制造不公平现象）。②有效情绪管理 PPT	皮球号码贴纸	见附件 4.1
15 分钟	认识果敢、攻击和退缩表达	果敢测试游戏：用三种颜色的纸分别代表 A、B、C，剪成大小相同的方形，工作人员读测试题，组员按自己的选择领取不同颜色的纸片，最后计算自己的果敢测试分数	将蓝、黄、绿三种颜色的卡纸剪成相同大小的方形	见附件 4.2。通过果敢测试游戏，让组员认识什么是果敢表达及自己的果敢程度

续表

时　长	目　标	内　容	物　资	备注/技巧
30 分钟	从认识自身及他人的情绪到掌握果敢表达	角色扮演（三个不同情境，实时抽人出来扮演） ①果敢表达。 ②尝试说出对方感受。 ③总结注意事项：礼貌、平心静气或一些要加强的地方	情景工作纸	见附件 4.3
10 分钟	学习各种正确抒发负面情绪的方法	情绪舒缓小锦囊：打枕头、深呼吸、喝水等等（原则：不伤害别人及自己）	工作纸	见附件 4.4
5 分钟	总结	小节总结：情绪温度计 家庭作业： ①用正确抒发负面情绪的方法 ②向家长果敢表达情绪	家庭作业工作纸	见附件 4.5、附件 4.6

附件 4.1　游戏：二龙戏珠

游戏说明

- 将组员分成两队，分别是红队、蓝队，并给每队队员编号。
- 将队伍分别排在两边，将球放置在场地中央。
- 社工喊号码，两队中被叫到相应号码的队员出来抢球，抢到者得分。
- 社工故意设置一些不公平竞争，如球不是放在中间而偏向某方，或者故意给未抢到球的队分数，观察组员的反应。

游戏解说

- 以 WHAT、WHY、HOW 内容来解说刚才组员出现的负面情绪。
- 果敢表达就是有礼貌地、勇敢地，而不伤害别人地去表达自己的意见、感受和期望。

附件 4.2　果敢测试游戏（见第 44 页）

附件4.3 角色扮演

● 今天你想去游泳，但是妈妈认为你应该留在家里写暑假作业，你会怎么处理？

● 妈妈帮你报了钢琴暑期兴趣班，但你自己想学画画，你会怎么跟妈妈说？

● 你因为粗心导致考试成绩不好，妈妈知道后很生气，开始骂你，你会怎么处理？

附件4.4 情绪舒缓小锦囊

到户外放声大叫	停下来，深呼吸	数数	喝冷饮	睡觉
找人聊聊	做运动	找人帮忙	吃东西	暂时离开
打枕头	撕报纸	听音乐	……	……

原则：不伤害别人及自己

附件4.5 小节总结：情绪温度计

总结说明

请你使用"情绪温度计"来测量你此时的心情。

0 代表最不开心　　　　　　　　　　　　　　　10 代表最开心

0	1	2	3	4	5	6	7	8	9	10

附件4.6 家庭作业

时　间	有什么负面情绪	处理负面情绪的方法	是否运用果敢表达	是怎么做的
星期一				
星期二				
星期三				
星期四				
星期五				
星期六				
星期日				

第 5 节

目的：

1. 回顾及巩固小组内容，强化各目标效果。
2. 进行小组评估及表彰。

程序：

时　长	目　标	内　容	物　资	备注/技巧
10 分钟	活跃气氛	热身游戏	—	—
10 分钟	加强儿童学习动机	了解实践家庭作业情况鼓励、评分	家庭作业红人榜	—
25 分钟	强化面对逆境的积极乐观态度	游戏：情绪脸谱	卡片橡皮筋画脸颜色笔	见附件 5.1。组员分享感受，会否感到尴尬、愤怒、羞愧？或想过不玩？如何处理这些负面情绪而投入到游戏中
10 分钟	—	休息、清洗	—	—
10 分钟	学习保持快乐、积极的心情	短讲及总结：保持快乐的 25 种方法	PPT	见附件 5.2。与组员分享 25 个保持快乐的方法，鼓励组员在以后的日常生活中保持快乐、积极的心态，这是面对逆境的应有态度
15 分钟	小组检讨	填写小组问卷和家长问卷	意见表问卷	见附件 5.3、附件 5.4
10 分钟	小组结业	颁奖留念	奖状毕业礼帽小礼品相机	见附件 5.5

附件 5.1 游戏：情绪脸谱

游戏内容

- 每位组员手上拿着一支画脸颜色笔和 10 条橡皮筋。
- 游戏一开始，组员主动找人猜拳，猜输者要被胜方惩罚，如女生输，则被胜方随意画花脸；如男生输，则被胜方随意扎辫子。
- 游戏进行时间为 5 分钟，组员尽量去找人比试。
- 游戏完结后，组员不可立刻抹掉脸上的花脸或拆解头上的辫子，直到分享、解说完毕。

游戏解说

分享感受，从而带出：

- 在逆境中以积极乐观的态度面对。
- 处理自己的负面情绪。
- 尝试说出对方的感受。
- 以乐观态度面对，则可享受游戏的乐趣。

附件 5.2 保持快乐的 25 种方法

- 保持健康，有健康的身体才有快乐的心情。
- 充分的休息，别透支你的体力。
- 适度的运动，会使你身轻如燕，心情愉快。
- 爱你周围的人并使他们快乐。
- 用发自内心的微笑和人们打招呼，你将得到相同的回报。
- 遗忘令你不快乐的事，原谅令你不快乐的人。
- 真正地去关怀你的亲人、朋友、工作和四周细微的事物。
- 别对现实生活过于苛求，常存感激的心情。
- 享受人生，别把时间浪费在不必要的忧虑上。
- 身在福中能知福，亦能忍受坏的际遇，且不忘记宽恕。
- 献身于你的工作，但别变成它的奴隶。
- 随时替自己创造一些容易实现的愿望。
- 每隔一阵子去过一天和你平常不同方式的生活。
- 追求一些新的兴趣，但不是强迫自己去培养一种习惯。

- 每天抽出一点时间，让自己澄心静虑，使心灵宁静。
- 回忆那些使你快乐的事。
- 凡事多往好处想。
- 替生活制造些有趣的小插曲，制造新鲜感，使自己耳目一新。
- 抓住瞬间的灵感，好好利用，别轻易虚掷。
- 为你的工作做妥善的计划，使你有剩余的时间和精力任由支配。
- 搜集趣闻、笑话，并与你周围的人共享。
- 安排一个休假，和能使你快乐的人共度。
- 去看部喜剧片，大笑一场。
- 送自己一份礼物。
- 给心爱的人一个惊喜。

附件5.3　儿童问卷

考一考

1. 以下哪些情绪是正面的？（　　　　）

A. 兴奋　　　　　B. 快乐　　　　　　C. 郁闷　　　　　　D. 委屈

2. 每个人的情绪表达方式都一样，对吗？（　　　　）

3. 通过观察可以了解别人的情绪，对吗？（　　　　）

4. 比较正确的缓解情绪的方法有（　　　　）

A. 找人聊聊　　　B. 做喜欢的事　　C. 大叫　　　　　D. 跳来跳去

5. 当面对困难时，我会怎么做？（　　　　）

A. 放弃　　　　　B. 想办法　　　　C. 找人帮忙　　　D. 生闷气

6. 现在我学会了怎样处理自己的愤怒情绪。

_____

7. 在这五节小组里，我认为自己学会了什么？（可写多项）

_____

8. 在这五节小组里，我最大的收获是什么？

_____

评一评

评估项	非常同意				非常不同意
	5	4	3	2	1
1. 我满意活动的时间编排					
2. 我满意活动的形式					
3. 我满意活动的场地					
4. 社工表现					
4.1 我满意社工的工作表现					
4.2 我满意社工的工作态度					
5. 我喜欢这次活动					

附件5.4 家长问卷

参加小组名称	"爱心熊"情绪小管家	小组举办日期	

评估内容

请圈出以下最能代表你意见的答案。

评估项	非常同意				非常不同意
1. 我的孩子能够正确区分嫉妒、委屈等较为复杂的情绪	5	4	3	2	1
2. 我的孩子知道有些时候我说出来的情绪不是真的	5	4	3	2	1
3. 我的孩子知道有些时候人们表达出来的感受并不是他们真正的情绪	5	4	3	2	1
4. 我的孩子能清楚地表达出自己的情绪感受	5	4	3	2	1
5. 我的孩子知道自己的情绪会影响别人	5	4	3	2	1

续表

评估项	非常同意				非常不同意
6. 我的孩子懂得用恰当的方式表达情绪，例如不随意发脾气等	5	4	3	2	1
7. 我的孩子能够依据不同的角色有恰当的情绪表现，例如当学生时认真学习，当哥哥姐姐时不随便对弟弟妹妹发脾气	5	4	3	2	1
8. 我的孩子懂得从我的言谈举止中发现我的情绪	5	4	3	2	1
9. 当我的孩子不开心时懂得找一些方法令自己开心	5	4	3	2	1
10. 我的孩子能够从别人的角度去想他们的感受	5	4	3	2	1

11. 我觉得这样的活动对孩子有帮助：

A. 非常有帮助　　　　　　　　B. 有帮助

C. 一点，帮助不多　　　　　　D. 没有帮助

12. 如果还有类似的活动我会继续让孩子参与：

A. 一定会　　　　　　　　　　B. 有时间的话，会

C. 考虑看看　　　　　　　　　D. 不会

填表人：＿＿＿＿＿＿＿＿＿　　日　期：＿＿＿＿＿＿＿＿＿

附件5.4　奖状

＿＿＿＿＿＿＿＿小朋友：

在"爱心熊"情绪小管家小组活动中，经阳光家庭综合服务中心评定，成绩显著，表现突出，荣获<u>最佳学员奖</u>。

特发此状，以资鼓励。

深圳市妇联××阳光家庭综合服务中心

年　月　日

第4组　每天都有好心情

🏠 **服务背景**

随着儿童智力的增长及社会经验的增加，儿童对于情绪的理解能力也

日益拓展。高年级的儿童情绪表达渐趋含蓄，会用委婉的语言表达心声，用象征性的方法表达情感。同时在情绪的调节能力方面，小学阶段的儿童已懂得使用一些策略帮助自己调节情绪以适应困难情境，年龄大的儿童甚至懂得用认知策略来对待情绪和调节情绪。10～12岁的孩子正处于青春期初期，是由儿童向少年的过渡时期。在这个过渡时期内，人体的外部形态、身体机能、心理、智力、思想、感情、意志、行为等方面都有明显的发展，并引致正、负面情绪的起伏较大。再者，他们在社会集体中生活，要与亲人、同学、老师、朋友交往，常常在与他人的交往中会遇到一些矛盾、困惑、自身情绪困扰等难题，如果没有很好的健康方法去处理这些难题，就容易令他们产生孤独、恐惧、怀疑、妒忌等。所以为了引导此年龄阶段儿童增进自我了解与接纳，学习正确表达及调节情绪，特别举办本小组。

🏠 服务目标

1. 让儿童学习认识自己的情绪。
2. 培养儿童的积极情绪，学会保持乐观积极的心态。

🏠 服务对象

10～12岁儿童。

🏠 服务人数

8～12名为宜。

🏠 服务设计

共5节，每节约90分钟。

🏠 服务评估

评 估 项	评估指标	权 重
服 务 人 数	75%的参与者出席了活动	20%
目标操作化	75%的参与者对自己的情绪认识达3分以上，占30%。 75%的参与者学习到了保持积极心态的方法达3分以上，占20%。 75%的参与者学会了如何正确表达情绪达3分以上，占20%	70%
其 他	75%的参与者对时间安排、场地等综合因素的满意度达3分以上	10%

🏠 服务内容

第1节

目的：

1. 让儿童清楚课程目标，澄清期望。
2. 提升儿童学习动机。
3. 认识什么是情绪。

程序：

时 长	目 标	内 容	物 资	备注/技巧
5分钟	让组员参加小组有确定的目标并能遵守小组规则	①社工自我介绍。 ②小组目的与安排	—	引导组员一起讨论小组规则
15分钟	凝聚关系	①热身游戏：浪花一朵朵。 ②破冰游戏：棒打无情郎	音乐《浪花一朵朵》充气棒	由于是第一节小组，所以通过跳集体舞及破冰游戏，让组员相互认识，融入小组
25分钟	带出小组重点作为提升学习动机	情景表演	—	见附件1.1

时 长	目 标	内 容	物 资	备注/技巧
10分钟	澄清目标及期望	每人一张小纸片,写下自己对参与小组的期望,然后贴上墙面	心形卡纸	每个组员在纸片上写下自己参与小组的愿望,社工对愿望进行澄清并鼓励组员
10分钟	认识什么是情绪	短讲:什么是情绪	PPT	见附件1.2。 ①通过PPT短讲,认识什么是情绪。 ②重点:情绪是自然反应,没有对错,只是如何表达才有对错
10分钟	认识情绪词语	抛球游戏:接球者要在两秒内说出情绪词汇,不可重复	小皮球	通过抛球游戏学习PPT中所学的各种情绪
5分钟	认识正、负面情绪	刚才说出来的有哪些是正、负面情绪	白板 白板笔	分辨正、负面情绪
10分钟	认识自身的正、负面情绪	家庭作业:记录一天出现的正、负面情绪	家庭作业	见附件1.3

附件1.1 情景表演

表演内容

　　每两个儿童为一组,讨论自己生活中常见的小矛盾或不开心的事,然后表演这个场景。表演完后,针对"怎么做可以让这件事的结果变得不一样,怎么处理可以更开心"其他儿童可以提建议,然后再演一次,将结果变得更好,以此提升儿童的学习动机。

总结

　　不同的看法及处理方法可以改变事情的结果,让自己懂得控制及表达情绪、受朋友欢迎、自己开心、读书成绩更好、父母疼爱自己多一些,都是可能的。

附件 1.2　短讲：什么是情绪

- 情绪是受到某种内外在刺激所产生的身心激动状态，此状态包含复杂的情感反应与生理变化。
- 情绪是一种复杂的心理历程。
- 情绪是自然的反应状态。
- 情绪本身并无好坏之分，只是一种信息，使个体可以正确地因应外在情境。
- 真正有问题的不是情绪本身，而是不适当的情绪表达。

认识情绪词语

- 正面情绪：开心、高兴、兴奋、激动、喜悦、惊喜、得意……
- 负面情绪：愤怒、伤心、难过、悲伤、生气、紧张、焦虑……

附件 1.3　家庭作业：心情回忆录

```
                     记录一天的心情
     1. 心情（正面情绪）：_____
     原因：_____
     2. 心情（负面情绪）：_____
     原因：_____
                              签名：_____
```

第 2 节

目的：

1. 加强儿童学习动机。
2. 加强对情绪的认知。
3. 认识果敢表达。

程序：

时　长	目　标	内　容	物　资	备注/技巧
10 分钟	热身，让组员走动，加强互动，巩固上节知识	游戏：大地震	报纸	见附件 2.1。注意组员的安全
10 分钟	加强对情绪的认知	游戏：情绪贴	写着各种情绪的背胶方形贴纸	见附件 2.2。"情绪贴"游戏让组员相互比画猜各种情绪，在这个过程中也让组员学习如何表达情绪。在这个环节，大部分组员能很快通过对方的比画猜出自己额头所贴的情绪名词，但要注意是否有组员较为害羞或不懂表达，此时需要其他组员的鼓励和协助
15 分钟	加强学习动机	家庭作业分享：①了解实践家庭作业情况，鼓励、评分。②为负面情绪的事件想一个处理办法，这个处理方法能够改变自己的情绪，向正面发展。③用"飞镖"告别负面情绪，换回好心情	飞镖白纸笔	了解组员家庭作业实践情况并分享，其中有描述负面情绪一项，让组员将发生的负面情绪的事写在纸上，射飞镖发泄负面情绪，促进组员的学习动机
15 分钟	认识果敢、攻击和退缩表达	游戏：果敢测试	将蓝、黄、绿三种颜色的卡纸剪成大小相同的方形	见附件 2.3。通过果敢测试游戏，让组员认识什么是果敢表达及自己的果敢程度

续表

时　长	目　标	内　容	物　资	备注/技巧
30分钟	学习果敢表达	情景练习：将组员分组进行角色扮演各种情景	将情景表演的内容写在纸条上，并把组员分成若干小组，每组抽一个情景	见附件2.4。情景表演的内容需根据组员的特性来安排，需切合他们可能遇到的实际状况，若参加者表现得较为成熟，可设置复杂一些的情景表演
10分钟	学习果敢表达	家庭作业：记录一周内能做到果敢表达的次数，下次回来分享	家庭作业	见附件2.5

附件 2.1　游戏：大地震

游戏内容

● 全组分成三组，每组3~4人，每个小组组员站在用报纸或绳子划成的区域内，以国家名代表各区域。游戏开始，主持人会说某个国家大地震，站在该国家的组员要立即逃离，尽快站在其他国家区域内，不能站到安全的国家的组员为输，输的组员最后游戏结束时一起受罚。

● 可以在游戏后面将表示国家的名词改成与情绪有关的名词，听到负面情绪即要离开，尽快站在正面情绪区域，听到正面情绪时则不能离开。以此来训练组员对正负面情绪词语的敏感度和辨识度。

附件 2.2　游戏：情绪贴

游戏内容

● 社工将不同的情绪贴贴在组员的额头上，参加者不可以看自己额头上的情绪贴。

● 社工请参加者到处走，当看见他人额头上的情绪贴，便要做出该表情及动作让对方猜是什么。直到猜中自己额头上的情绪贴是什么为止。

● 情绪贴内容：兴奋、紧张、高兴、焦虑、悲哀、生气、惊讶、喜悦、得意。

附件2.3 游戏：果敢测试（见第44页）

附件2.4 情景练习

- 妈妈似乎在公司受了很多气，下班回家后不断挑剔你这样做得不好，那样做得不妥，你会怎样和她倾谈？

- 爸妈昨天吵了架，今天妈妈的心情仍未平复，因一些小事便骂你，你会怎么处理？

- 你养的小乌龟死了，令你十分伤心，无心思做功课，妈妈见你不做功课，便骂你，你会有什么反应？

- 休息前，你的公仔铅笔还好好地放在桌上，休息后回来却不见了，令你很生气，你想让妈妈怎样帮你？

- 你认为教芭蕾舞的老师很凶，你不想再学，你知道妈妈不准你不学，你会怎样和妈妈商量？

附件2.5 家庭作业：果敢表达

记录一周的果敢表达情况

时　间	发生事件	果敢表达
星期一		
星期二		
星期三		
星期四		
星期五		
星期六		
星期日		

第 3 节

目的:

1. 强化学习果敢表达技巧。

2. 初步认知他人情绪。

3. 学习各种正确抒发负面情绪的方法。

程序:

时　长	目　标	内　容	物　资	备注/技巧
5 分钟	加强儿童学习动机	了解家庭作业完成情况	—	表扬能完成家庭作业的组员,特别是能做到果敢表达的组员
25 分钟	从认识自身及他人的情绪到掌握果敢表达	①游戏:拍苍蝇(制造不公平现象)。②有效情绪管理:从认识自身及他人的情绪到掌握果敢表达	桌面游戏:拍苍蝇	在这个游戏环节,社工当裁判,故意偏袒某位组员,制造一些不公平现象,令组员产生不满的情绪,从中认识自己和他人的情绪状况。在分享感受时,社工鼓励组员果敢地表达不满的情绪,说出令他感到不高兴的情形
15 分钟	从认识自身及他人的情绪到掌握果敢表达	角色扮演(三个不同情境,实时抽人出来扮演)。果敢表达:尝试说出对方感受	将情景表演的内容写在纸条上	见附件 3.1。随机抽组员表演三个场景,其他组员尝试说出表演者的情绪和感受,再运用果敢表达解决这个事件
15 分钟	训练组员的情绪管理技巧	游戏:情绪传染圈	—	见附件 3.2。社工总结时可引导组员思考生活中是否遇到类似的被他人传染情绪或将自己的情绪传染给他人的事情

续表

时 长	目 标	内 容	物 资	备注/技巧
20分钟	学习各种正确抒发负面情绪的方法	妙招大收集讨论：①正确抒发负面情绪的方法（分两组讨论及记录）。②乐观有妙招短讲	PPT	见附件3.3。通过讨论如何正面抒发负面情绪和短讲，让组员学习各种抒发负面情绪的方法，分享自己平时处理负面情绪的方法。
10分钟	学习各种正确抒发负面情绪的方法	家庭作业：妙招使用记录（采取抒发负面情绪的方法）	家庭作业	见附件3.4

附件3.1 角色扮演

- 正在排队等公共汽车被人插队了！
- 走在路上被一个突然飞过来的球打在头上！
- 正在做语文试卷，同桌偷看你的答案！

附件3.2 游戏：情绪传染圈

【游戏内容】

组员站两排，面对面，向对方说出自己的心情，并配上合适的表情，轮流对每个组员说。当对方的心情是消极的时候，请给予对方一个拥抱。当对方是积极情绪时，请给他一个鼓励。

附件3.3 乐观有妙招

- 早上起床，照镜子，然后对自己讲点鼓励性的语言，例如"我一定能行！"
- 回忆过去7天里，寻找自己有哪些优点，然后给自己一点小奖励吧（如：一颗糖、一支雪糕）。
- 找一个适合的对象（例如：朋友、亲人、老师、社工……）把苦水倾吐出来。

● 与那个让你不高兴的人讲清楚，你的感受如何，讲出来比憋着要舒服多了！

● 每天创作一个笑话与人分享。

● 生理控制：每天做半小时有氧运动，身体好，精神好，人自然就乐观啦！

附件3.4 家庭作业

妙招使用记录

事件：＿＿＿＿＿＿＿＿＿＿＿＿＿＿＿＿＿＿＿＿＿＿＿＿＿＿＿＿＿

有何妙招：＿＿＿＿＿＿＿＿＿＿＿＿＿＿＿＿＿＿＿＿＿＿＿＿＿＿

事件：＿＿＿＿＿＿＿＿＿＿＿＿＿＿＿＿＿＿＿＿＿＿＿＿＿＿＿＿＿

有何妙招：＿＿＿＿＿＿＿＿＿＿＿＿＿＿＿＿＿＿＿＿＿＿＿＿＿＿

第4节

目的：

1. 认识他人情绪。

2. 学习如何建立积极情绪，保持身心愉悦。

程序：

时　长	目　标	内　容	物　资	备注/技巧
10分钟	加强儿童学习动机。 巩固第1~3节重点	①了解家庭作业完成情况。 ②问答比赛：发问有关第1~3节内容	—	组员分享妙招使用记录，社工及时给予鼓励，巩固及加深组员对之前所学的重点的印象（可有小礼物）
15分钟	热身，激发积极情绪	游戏：比比看	—	见附件4.1。 引导组员思考，正面与负面的情绪在于自己怎么看待问题，其实可以随时随地找快乐

时　长	目　标	内　容	物　资	备注/技巧
20分钟	认识自己和他人情绪及情绪的传染作用	游戏：照镜子	—	见附件4.2。通过游戏，让组员相互模仿对方的表情，并让组员分享自己的感受和情绪变化，让组员体会到每天（对着镜子）给自己心理暗示，能带来好心情，也可以影响周围的人
25分钟	引导组员排除消极情绪，倡导积极情绪	游戏：放飞心情	1个气球	见附件4.3。激发组员的积极情绪，鼓励组员随时随地为自己和周围的朋友创造快乐，在分享环节让组员交流自己处理压力的方式，学到保持身心愉悦的方法
10分钟	总结	总结、布置家庭作业	家庭作业	见附件4.4

附件4.1　游戏：比比看

游戏内容

组员自由分组，分成两组。每次每组派一名组员出来，在组员出来之前并不知道要比的项目。比赛内容由工作人员定，如比谁的眼睛大，比谁的头发长，比谁的衣服长……

附件4.2　游戏：照镜子

游戏内容

两人一组，先由乙模仿甲的各种表情，时间为两分钟。然后互换角色。

讨论分享

看到"镜子"的表情你有什么感受？情绪可以传染吗？你在努力做各种愉快的表情时，你的情绪会起变化吗？

总结

每天（对着镜子）给自己心理暗示，能带来好心情，也可以影响周围的人。

附件4.3 游戏：放飞心情

游戏内容

- 让组员手拉着手作为一个团队，社工在组员的头顶上方放一个气球。组员们必须合作不让气球落下。

- 引导分享。

附件4.4 家庭作业

我的小任务：每天早晨对着镜子笑三次，并做心情记录。

我的心情笔记

第一天：_____

第二天：_____

第三天：_____

第四天：_____

第五天：_____

第六天：_____

第七天：_____

签名：_____

第 5 节

目的：

1. 培养儿童的积极情绪。

2. 学习如何保持积极乐观的心态。

程序：

时 长	目 标	内 容	物 资	备注/技巧
50 分钟	认识自己的积极情绪，培养积极情绪	游戏：心情大拍卖	剪成各种形状的彩色卡片并写上各种拍卖品名称 1 个充气锤 代金券 拍卖计划 A4 纸	见附件 5.1。 为了让组员了解自己想要的积极情绪、好心情是怎么样的，本节活动通过一个"心情大拍卖"游戏，让组员在竞买过程中思考并选择自己想要的好心情
20 分钟	学习如何保持快乐、积极的心情	短讲及总结：保持快乐的方法	PPT	见附件 5.2。 通过短讲，与组员分享 25 个保持快乐的方法，鼓励组员在以后的日常生活中保持快乐、积极的心情。引导组员通过参与小组让他们更重视自己的感受和心情，也学会表达情绪和保持快乐心情的方法
20 分钟	总结 回顾 反思	小组总结分享，并填写组员意见反馈表	意见反馈表	见附件 5.3。 在这个环节与组员一同回顾整个小组的经历，并引导组员思考自己的变化，反思组内表现和投入度，鼓励组员

附件 5.1 游戏：心情大拍卖

游戏内容

- 导入（介绍拍卖会是怎样的）。
- 选择的意义（人生的选择）。
- 介绍拍卖品如幸福、他人的赞扬、天天开心、事事得意、心情愉悦、兴奋、充满惊喜、快快乐乐、激动人心、笑开了花儿、人见人爱、自由自在等。

- 介绍拍卖规则：每人可有 5000 元资金参加竞买，每件物品的底价均为 500 元，每次竞价以 300 元为单位，价高者得，每件物品的最高出价喊价 3 次后无人加价则击槌成交，若一次出价 5000 元，则立即成交，货品一经售出，概不退换。

- 准备竞买：播一段音乐，让组员可以在音乐声中认真思考，写下计划，例如你计划花 2000 元买事事得意等。

- 开始拍卖。

幸福竞买计划

- 1 号商品：幸福　　　　　　　_____
- 2 号商品：他人的赞扬　　　　_____
- 3 号商品：天天开心　　　　　_____
- 4 号商品：事事得意　　　　　_____
- 5 号商品：心情愉悦　　　　　_____
- 6 号商品：无比兴奋　　　　　_____
- 7 号商品：充满惊喜　　　　　_____
- 8 号商品：成为名人　　　　　_____
- 9 号商品：激动人心　　　　　_____
- 10 号商品：实现梦想　　　　_____
- 11 号商品：感恩与宽恕　　　_____
- 12 号商品：乐观积极的人生　_____
- 13 号商品：自由自在　　　　_____
- 14 号商品：爱心与助人　　　_____

游戏解说

游戏结束后，每个组员将获得 1～3 个属于自己的好心情，竞买的过程其实也是促进组员思考的过程，引导组员思考自己想要的是什么。拍卖后的思考：

- 你买到了什么？为什么要选择该拍卖品？对你有多重要？
- 是否后悔所买到的东西？为什么？
- 在这些物品中，哪种东西能给你带来最好的心情？

附件 5.2 保持快乐的 25 种方法（见第 66 页）

附件 5.3 参加者意见反馈表

名 称	每天都有好心情——积极情绪小组				
评估项	非常同意				非常不同意
1. 我认为活动达到如下目标：					
1.1 通过小组正确认识了情绪。	5	4	3	2	1
1.2 学会了如何正确表达情绪。	5	4	3	2	1
1.3 学会了保持积极心情的方法	5	4	3	2	1
2. 我满意以下活动的内容：					
2.1 第一节：你开心吗？——认识情绪。	5	4	3	2	1
2.2 第二节：情绪变变变。	5	4	3	2	1
2.3 第三节：他怎么了。	5	4	3	2	1
2.4 第四节：踢走压力松一松。	5	4	3	2	1
2.5 第五节：每天都有好心情	5	4	3	2	1
3. 社工表现：					
3.1 我满意社工的工作表现。	5	4	3	2	1
3.2 我满意社工的工作态度	5	4	3	2	1

4. 我能说出保持积极情绪的方法：

_____

5. 参加此次活动，我最大的收获是：

_____

参加者姓名：_____（可选择不填写） 填写日期：_____

🏠 专业反思

《EQ》一书的作者丹尼尔·高曼指出，高 IQ 或优异的学业成绩，并不保证人在面对人生或机会时会作出适当的反应，亦不表示高 IQ 的人在人生中必能取得成功。人生是否取得成功，当中一项关键性的因素竟是情绪智能（EQ）。他更指出我们的文化与教育仍以学业能力为重，而忽略了与个人命运息息相关的情绪智能 EQ 。换言之，如果儿童的 EQ 发展良好，不仅能适当地处理自己的情绪，还能建立同理心，了解和疏导别人的情绪，令自己的人生变得快乐；EQ 高的儿童，处理人际关系的能力亦高，亦等同于为将来的成功打下了良好的基础。事实上，也正如上述所言，现实生活中，父母往往注重智力的开发而忽略其他智能的发展，因此当阳光家庭开展儿童情绪管理系列服务时，无疑是对现实教育的有力补充，而且服务本身也受到了家长及儿童的普遍欢迎。根据服务过后的评估显示，全部组别的服务均达到预期效果，儿童们在参加完服务之后均不同程度地对情绪有了更清晰的认知，并且在实际生活中会运用部分情绪管理的方法。

虽然此系列服务取得了一定的成效，但是在实际服务过程中也遇到一些困难和挑战，社工归纳了反思心得，期望为使用者提供参考借鉴。

设计时的注意事项

1. 内容不宜太难。此服务的对象是儿童本身，而非家长，儿童的认知及理解能力不如成人，在设计之时需要注意内容的难易程度，不宜太难，建议每节活动只专注于 1 个主题。

2. 时间不宜过长。儿童的专注力时间有限，因此想达到最佳的效果，服务时间不宜过长。类似学前及低年级儿童，建议每节活动时长控制在 1 小时，并且适当安排休息。

3. 善用游戏。儿童发展心理学家皮亚杰说，"任何形式的心理活动最初总是在游戏中进行的"。游戏是儿童生活的中心，对儿童成长具有重要意义。因此，我们在开展服务时，要善用游戏，令儿童通过游戏学习情绪的知识。

4. 布置家庭作业，提供实践机会。通常，组员在小组中的表现都会令社工满意，但是否能将所学运用到实际生活就无法控制。在这一系列服务中，每个组别的设计里都运用了家庭作业，目的就是促使组员在小组之外也能继续运用小组里学到的知识。因此，建议可适当运用布置家庭作业的方式强化小组活动的成效。

5. 开组前的招募筛选。开组前招募结束之时最好能够进行一次组前筛选，了解家长的意愿尤其是儿童自身的意愿、情绪表现、与父母的互动情况等。一方面能够较好地保证小组出席率，另一方面也能够依据参与者的实际状况做出适当的调整。

6. 小组人数不宜过多。考虑到儿童自身较为好动，小组秩序不易维持，建议小组人数控制在 6 ~ 12 人，不同组别可适当调整，例如低年龄组别的儿童人数适当少一些，高年级组别的参与者人数可适当增加，但是不宜过多，否则不易控制。人数偏多时，最好有义工或其他社工从旁协助。

小组带领时的注意事项

1. 语言表达。由于服务对象是儿童，因此社工一定要采用儿童化的言语表达方式，将自己融入儿童之中，而非高高在上的"大人"。

2. 社工权威。前面提到社工需要尽量将自己"放低"，融入儿童的世界之中，但是也须注意社工自身的权威，不可太过亲密，无距离感，否则易造成小组秩序混乱，无法控制。

3. 随机应变。俗话说得好，计划赶不上变化快。尽管，小组设计之时已经考虑许多可能的困难，但是实际开组时依然会遇到一些意外，社工需要灵活应变，学会转危为机，将意外变成是活动的特别设置，将主题融入其中。比如，遇到组员哭闹，可灵活地将其变成情绪控制（管理）的实际案例等。

小组评估的注意事项

1. 运用多元的评估方式。本次系列服务，社工主要运用了问卷、家庭作业两大评估工具，但是同时还运用游戏、测验等方式进行辅助评估，多元化的评估工具能更为客观地测量、评价小组成效。

2. 适当运用第三方评估。由于儿童自身认知能力的限制，在开展儿童类服务时亦可邀请家长或者协助社工作为第三方协助完善评估，提升评估的可信度。

活动设计上的限制

丹尼尔·高曼在其书中对 EQ 所下的定义，包含五个方面的内涵：(1)认识自身的情绪；(2)妥善管理情绪；(3)自我激励；(4)理解他人情绪；(5)人际关系管理。但在此系列服务中，是按不同年龄设计了四组活动内容，均以初级课程为主，故未能涵盖 EQ 所定的第五个"人际关系管理"。如果将来再设计的话，特别是对于成人组别，就更适合将人际关系管理放进去；又或以上系列服务成功推出，参加者反应理想，可考虑进阶及高阶课程，并在课程的设计上，可深化五个 EQ 内涵的教导，层层深入，相信对参加者更有帮助。

参考文献

Daniel Goleman，1996，"Emotional Intelligence"，Bloomsbury Publishing.

妇女
家庭篇

★ 有效管教子女入门系列工作坊
★ 学习轻松D亲子功课辅导小组
★ 亲子手工坊
★ 社区反家暴系列服务

有效管教子女入门系列工作坊

海珠阳光家庭　何晓艳　刘　姣

🏠 服务背景

现在城市里的孩子绝大多数都是独生子女，全家两代人都围着一个孩子转，小心呵护，生怕孩子受到一点点委屈，只要孩子开心，无论他要求什么，父母或是祖辈都尽力去满足他，这无形中培养了孩子的任性、霸道，甚至是不把自己的父母和祖辈放在眼里，因为他们知道，只要他们一哭闹，父母和祖辈就会退让，最后胜利的还是自己。有时候，父母实在看不下去孩子的行为，想去好好管教一下，又发现自己的另一半或是祖辈们又为孩子挡驾，无法好好管教孩子。这就造成了父母之间或两代人之间的管教不协调，互相削弱对方管教的有效性，以致孩子不但教不好，更破坏了家人之间的关系。正如系统理论所言，在一个系统内，不同次系统的不协调互动，彼此影响，最后造成整个系统失去正常功能。

我们发现，随着社会的进步，传统的权威式的管教不断受到挑战，子女不再是一切听从父母的意见，而是不断去挑战父母的权威，甚至常常超越了父母的权威。"有效管教子女入门"系列工作坊，主要是针对孩子不听管教和父母管教方式不一致两个内容来开展的。有效地管教子女，首先要有一定的管教原则，不能随意更改管教的原则，才能有效地去管教孩子，否则会让孩子无所适从；其次要能管住孩子，才能去教他，就是先管后教；最后父母之间要达成一致，合力管教，这样才能有效地管教孩子。

我们期望在工作坊中，改变父母的管教方式，增强父母之间的有效互动，并让父母意识到孩子的需要或独特性，从而改善亲子之间的互动，促进和谐关系的建立，使整个家庭都能正常地发挥功能，间接营造社区的和谐文化氛围。

🏠 服务理念

家庭系统理论是由美国著名的心理治疗专家梅利·鲍恩（Murray Bowen）教授提出并由他的助手切尔·E. 科尔完善的。鲍恩认为家庭成员形成一个互动的系统，家庭成员之间是互相影响的，一个成员的行为会影响其他成员的行为、认知和情感的变化，同时也会导致他们对情感、认知和行为的反思，其中一个成员做出一些改变则会导致其他成员发生一些不同的变化。这些变化不是单向的，而是互相多线条的影响。这个影响随着家庭成员的互动频繁，这个过程便循环往复，影响力就会越大，如果是冲突，可能就会不断地升级。

系统理论的第一个重点是整体论，也就是相信整体大于部分的总和，这表示所有的部分相加在一起并不产生整体，因为整体系统来自各部分之间的互动。如果没有互动关系，即没有所谓的系统。家庭就是一个系统，家庭成员是子系统或次系统，这些子系统或次系统之间需要互动和影响，即是父母与孩子之间的亲子系统会相互影响，同时父母之间即夫妻系统也是需要彼此沟通和交流的。如果这些系统之间缺乏互动，那么家庭这个大系统就会失去原有的功能。

系统理论的第二个重点是关系，任何家庭系统都是由连接家人之间的关系所构成的。每两个家庭成员之间都有不同的关联，以及不同的互动方式，那是一个非常复杂的互动网络。每个人既是整体的一部分，又是一个完整而独立的个体，具有独特性，同时也受到整个家庭的影响，他既代表个人，也代表着家庭整体。家庭中包括亲子关系、夫妻关系等，每一种关系都有不同的互动。

根据系统理论，可以发现家庭作为一个系统而言，里面包含了亲子次系统、夫妻次系统。在亲子次系统里，父母的管教方式对孩子产生了非常直接的影响，孩子就像父母的一面镜子，父母的行为习惯往往被孩子模仿，孩子的情绪也是跟着父母的情绪在变动；同时，孩子的情绪变化也影响着父母的情绪波动，孩子的行为习惯也会影响着父母的行为习惯。在管教上，父母同属一个次系统，父母管教方式是否一致或得当，直接影响着亲子次系统，影响着亲子关系的好与坏。如果父母和孩子之间缺乏互动或互动方式不当，即关系疏离时，父母与孩子之间的沟通和交流则不会通畅，亲子关系也会变得僵硬。因此，亲子次系统若要发挥正常功能，必须提高父母的管教能力和亲子沟通的能力，并且提供一个平台给父母陪伴孩子，促进亲子关系。在夫妻次系统里，夫妻之间的沟通是非常重要的，这会直接影响夫妻关系和亲子关系。夫妻之间需要两个人彼此了解相互的角色及角色期望，才有利于夫妻的互动和沟通，促进家庭和谐。

服务对象

小学六年级以下的学生家长。

服务人数

15～30 人为宜。

服务目标

1. 协助家长掌握基本的管教原则。
2. 协助家长学会运用先管后教的方式来教育孩子。
3. 让家长明白夫妻之间需达成一致，并掌握合力管教的技巧。

服务评估

评 估 项	评估指标	权 重
服 务 人 数	平均每节的出席人数不少于 10 人	20%
目标操作化	在实际出席的家长中，至少有 75% 的家长能掌握基本的管教原则，此项打分在 3 分或以上，占 10%	75%
	在实际出席的家长中，至少有 75% 的家长能写出 3 个或以上的管教原则，占 15%	

续表

评 估 项	评估指标	权 重
目标操作化	在实际出席的家长中，至少有75%的家长能掌握先管后教的方法，此项打分在3分或以上，占10%	
	在实际出席的家长中，至少有75%的家长能写出3个或以上的先管后教的方法，占15%	
	在实际出席的家长中，至少有75%的家长知道当夫妻管教方式不一致的时候如何处理，此项打分在3分或以上，占10%	
	在实际出席的家长中，至少有75%的家长能写出3个或以上的合力管教的方法，占15%	
其 他	至少有75%参加者对活动的场地及时间安排，社工的表现打分在3分或以上	5%

🏠 服务内容

第一讲 管教原则

目的：

协助家长掌握基本的管教原则。

程序：

时 长	目 标	内 容	物 资	备注/技巧
10分钟	签到，减轻早到家长等待的焦急情绪	家长签到、播放子女管教视频	签到表 笔 子女管教视频《爱子方程式》 电脑 投影仪	—
10分钟	①让首次来阳光家庭的组员对阳光家庭及社工有所了解。②让组员明白此次活动的目标	介绍阳光家庭及社工，并介绍本次活动的主题及目标	—	—

续表

时 长	目 标	内 容	物 资	备注/技巧
20 分钟	清晰参加者对活动的期望及了解参加者的实际需要	了解家长在子女管教中的困惑及对本次活动的期望	—	在讲解管教原则时，尽量响应家长的实际需要
40 分钟	让参加者学习管教基本原则	管教原则知识讲解	PPT	见附件 1.1
15 分钟	解答参加者疑惑	答疑	—	—
5 分钟	让参加者将本次学到的知识运用到生活中	布置家庭作业：家长将本次学到的管教原则带回去运用，每人至少运用 1～2 个原则	—	—
5 分钟	了解参加者对活动的满意度及建议	填写参加者意见反馈表	意见反馈表笔	见附件 1.2

附件 1.1　管教原则知识讲解

讨论案例

作为父母，我们应采用什么态度来回应子女的表现？

案例：小明，小学三年级，一堂作文课上老师说小明的这篇作文写得非常好，可以在校刊上发表。小明回到家中把这一消息告诉了妈妈，妈妈看了之后跟小明说，我觉得这作文很一般，离发表还远着呢。小明从此以后不再喜欢写作，跟妈妈的关系很差。

管教重要原则

1. 正向管教法：

• 客观描述，不加判断与感情色彩；

• 提供正确做法，不责备威胁；

• 简洁提示，忌说话太多；

• 表达感受而非人身攻击；

• 用字条提示；

- 信任孩子，不烦他，给他一点提示即可；
- 不骂不罚；
- 孩子得为自己的行为负责。

2. 态度坚持但有爱的表达。

比如小朋友生病，想吃很多东西。家长要这样对孩子说："吃了这些东西，你的病会更严重，要吃很多药还要打针，你还是不要吃。"

3. 延迟满足。

案例：你跟小孩逛超市的时候，小孩看中了一款玩具，哭着要买，这时你怎么做？

4. 一致管教。

案例：孩子想玩电脑游戏，爸爸妈妈的意见不一致，妈妈认为玩游戏会上瘾不同意，爸爸则认为适当地玩游戏能开发孩子的智力。

5. 内在奖励重于外在奖励。

6. 言传不如身教。

7. 放手。家长对于孩子的放手要一步一步地来，不可以一开始就放手。

8. 交回责任。

9. 加快成长步伐。

附件1.2 参加者意见反馈表

名　　称	有效管教子女入门之管教原则		编　　号		
评估项	非常同意				非常不同意
1. 我认为活动让自己掌握了子女管教的一些基本原则	5	4	3	2	1
2. 我满意活动的时间编排	5	4	3	2	1
3. 我满意活动的形式	5	4	3	2	1
4. 我满意活动的场地	5	4	3	2	1
5. 我满意以下活动的内容：					
5.1 子女管教的基本原则知识分享。	5	4	3	2	1
5.2 正向管教法的知识分享。	5	4	3	2	1

续表

名　称	有效管教子女入门之管教原则			编　号	
评估项	非常同意				非常不同意
5.3 答疑环节	5	4	3	2	1
6. 社工表现：					
6.1 我满意社工的工作表现。	5	4	3	2	1
6.2 我满意社工的工作态度	5	4	3	2	1
7. 我投入此活动	5	4	3	2	1
8. 请写出 3 个或以上的管教基本原则：					
9. 其他意见：					
参加者姓名				电话	

第二讲　先管后教

目的：

协助家长学会运用先管后教的方式来教育孩子。

程序：

时　长	目　标	内　容	物　资	备注/技巧
10 分钟	签到，减少早到家长等待的焦急情绪	家长签到、播放子女管教视频	签到表 笔 子女管教视频《爱子方程式》 电脑 投影仪	—
20 分钟	检查家庭作业的执行情况	检查、分享家庭作业：了解家长运用管教原则是否有效，如果无效，原因是什么，如何解决这个问题	—	—

续表

时 长	目 标	内 容	物 资	备注/技巧
30 分钟	让参加者学习先管后教知识	先管后教知识讲解	PPT	见附件 2.1
15 分钟	解答参加者疑惑	答疑	—	—
5 分钟	让参加者将本次学到的知识运用到生活中	布置家庭作业：未来一周运用先管后教的方法去管教子女	—	—
5 分钟	了解参加者对活动的满意度及建议	填写参加者意见反馈表	意见反馈表笔	见附件 2.2

附件 2.1 先管后教知识

如何先管后教

正常的家庭中，应该是家长说孩子听，但实际生活中多为孩子说妈妈听，决定权掌握在孩子手中。因此在工作坊中我们要帮助家长明白先树立自己的权威再去教导孩子的重要性。

管教定义

1. 当代国语大辞典中：管教即约束与教导。

2. 管教是指成人与孩子一起做、为孩子而做，以阻止孩子做出一些不恰当的行为。

3. 管教与以下有关：

- 约束与教导；
- 纠正错误的行为；
- 自律：由依赖父母过渡至自主独立；
- 关爱别人。

如何做到先管后教，树立父母权威

1. 父母之间不可互削权威。

2. 不可有双重标准。

这里的双重标准是指在管教孩子方面不可以有不同的标准，包括一个家长在不同的时间段不可以有不同的标准，例如：周一要求孩子不完成作业就不可以看电视，但是周三就放宽要求不完成作业也可以看电视，这样是不可以的。同时双重标准还包括对不同孩子有不同的标准，例如：家里有姐姐、弟弟两个孩子，如果对弟弟偏爱容忍，对姐姐严厉轻视，也属于双重标准。

3. 态度坚定但有爱的表达。

对待孩子要有权威，说到做到，只是表达方式需要有爱。

4. 关系建立。

家长与孩子没有良好的关系，孩子不会是完全顺服父母的，只是受逼于严威下，到子女踏入青春期时，就很容易出现反叛行为，此时就更难管教，效果就适得其反。

5. 身教重于言传。

家长是孩子的榜样，父母要以身作则，在日常生活中家长在处理问题的时候要为孩子树立榜样，让孩子学习。

6. 见多识广。

家长平时要不断吸收知识，开拓自己的视野，让自己能与孩子多一些共同话题，避免所谓"代沟"的出现，更免得被孩子看不起或感觉在人前没面子。

7. 处事公道。

执行时注意事项

1. 是否会为避免孩子烦恼而向孩子让步。

2. 给予指令时，需直接命令或吩咐，而无须采用协商式语句。

3. 控制自己的情绪，切忌与孩子斗嘴。

4. 态度要坚定，但有爱的表达。

例如：孩子咳嗽不能吃糖，这时候家长可以说："看你很久没吃糖了，很惨呵！给你一颗，但是只有一颗，吃完就不可以再闹别扭，你闹我就不会给你，你要明白吃糖很容易引起咳嗽，到时要再多吃一些药，你就更辛苦，妈妈都是为你好，你明白吗？"

5. 要时常留意、关心孩子的心理状态或需要。

6. 要留意孩子的特性/性格而给予管教。

有些孩子很内向，有些孩子很外向，每个孩子都是不同的，家长要根据孩子的特性和性格而施予不同的管教方式。

7. 父母管教态度要一致。

8. 多赞赏，少责骂。

9. 父母不可以"狐假虎威"。

例如：妈妈对孩子说："你再不听话我就告诉你爸爸，让他骂你。"这样的结果就是妈妈没有权威。

10. 不可单靠说话控制孩子。

总结

1. 平衡"管"和"教"。

2. 要掌握平衡，不可以只管不教。

讨论

1. 为何要先管后教。

父母管教孩子，首先要先建立权威，没有权威的父母很难管教孩子。

2. 如何看西方人所讲的"尊重"与"独立自主"？

3. 在家中通常事情的结果是你赢还是孩子赢？

4. 先"管"后"教"是否等同于严厉教导？抑或必须使用"惩罚"？

附件 2.2 参加者意见反馈表

名　称	有效管教子女入门之先管后教				
评估项	非常同意				非常不同意
1. 我认为活动达到如下目标：					
1.1 我认识了先管后教的原则。	5	4	3	2	1
1.2 我认为夫妻之间需管教一致，合力管教	5	4	3	2	1

续表

名　称	有效管教子女入门之先管后教				
评估项	非常同意				非常不同意
2. 我满意活动的时间编排	5	4	3	2	1
3. 我满意活动的形式	5	4	3	2	1
4. 我满意活动的场地	5	4	3	2	1
5. 我满意以下活动的内容:					
5.1 如何做到先管后教的知识分享。	5	4	3	2	1
5.2 执行先管后教的注意事项。	5	4	3	2	1
5.3 讨论、答疑环节	5	4	3	2	1
6. 社工表现:					
6.1 我满意社工的工作表现。	5	4	3	2	1
6.2 我满意社工的工作态度	5	4	3	2	1
7. 我投入此活动	5	4	3	2	1

8. 请写出 3 个或以上的先管后教的方法:

9. 其他意见:

参加者姓名		电话	

第三讲　合力管教

目的:

让家长明白夫妻之间需达成一致、合力管教。

程序:

时　长	目　标	内　容	物　资	备注/技巧
10 分钟	签到 减少早到家长等待的焦急情绪	家长签到。 播放子女管教视频	签到表 笔 子女管教视频 《爱子方程式》 电脑 投影仪	—
10 分钟	检查家庭作业的执行情况	检查、分享家庭作业:了解家长是否可以做到先管后教。如果做到,要及时给予肯定和鼓励;如果没有做到,了解原因,讨论解决的办法	—	—

续表

时 长	目 标	内 容	物 资	备注/技巧
30 分钟	让参加者学习合力管教知识	合力管教知识讲解	PPT	见附件 3.1
15 分钟	解答参加者疑惑	答疑	—	—
5 分钟	了解参加者对活动的满意度及建议	填写参加者意见反馈表	意见反馈表笔	见附件 3.2

附件 3.1 夫妻合力管教知识

讨论

- 我与配偶在管教上有何不同？

在家中，当父母遇到孩子管教问题有不同意见时，是怎么处理的，是否在孩子面前处理？最后是不是达成一致呢？

- 大家意见不同时，通常的做法是什么？

为什么夫妻要合力管教

- 合力承担责任与工作量。

即使一对夫妻只有一个孩子，但是当夫妻都需要工作时，只有一人管教孩子会令负责管教的一方压力很大。

- 子女体验性别角色，学会"如何合作和合力"的模式。
- 深化父母的教导讯息。
- 子女体验家庭和谐，建立安全感与自信。

管教不一致时，有何问题

- 子女无所适从，导致挫败感。
- 利用父母不一致的缝隙，自作主张，不受控制，父母的管教变得不奏效。

如果爸爸和妈妈意见不一致的话会影响很大，例如：吃完饭后大家喝汤，妈妈说喝点汤对身体好，但是爸爸说不愿意喝的话就别喝。那么孩子就会不听话、不喝汤。

- 影响夫妻关系。

爸爸认为孩子不可以上网玩游戏，而妈妈认为孩子是可以适量地玩游戏的。由于孩子喜欢玩游戏，最后就不会听爸爸的话，跑去上网玩游戏。被爸爸抓到时，孩子就说妈妈让他玩，结果引发夫妻冲突，破坏彼此间的关系。

父母应否扮演一严一宽的角色

在夫妻之间沟通过的情况下，一严一宽是可以的，但是不可以每次都定型，例如：不可以每次爸爸都扮演"严"的一方，母亲都扮演"宽"的一方。

夫妇如何双剑合璧地管教

- 私下协商管教方法及达成共识。
- 情感支持与疏导，聆听对方在管教时的困扰，并给予支持。
- 在处理孩子问题时，自己出现负面情绪，则应放手交由配偶处理。
- 在子女面前，尽量表现一致或认同对方的管教方法。
- 留意对方在管教上的弱点，互补不足。

例：一个性格急躁的家长，如果遇上孩子做事慢吞吞的，家长就很难忍受，此时就应让自己的配偶去教导，互补不足，互相配合。

- 协助及支持彼此面对姻亲的强权介入。

例：如果是婆婆的介入，则一定要让丈夫去处理，丈夫为此得罪了自己的妈妈，但是很快就会没事了，如果是媳妇去说的话，婆婆会比较难接受媳妇的意见，容易造成婆媳关系破裂。

父母在子女面前争吵要注意的地方

- 要有特定的主题，勿无理取闹。
- 运用"我"的感受胜过"你"的责骂，避免对方有抗拒心理。
- 批评要婉转而具体。
- 着重当前的问题，避免"翻旧账"。
- 不要转弯抹角，出言讽刺。
- 让对方有说话的机会，不可断章取义。
- 不轻易使用"你总是……""你从未……"。
- 设身处地为对方着想，学习尊重并愿意接受对方的感受。
- 当情绪平复后，想想怎样改善问题才令双方满意。

- 在孩子面前争吵要得体，可让孩子正视父母的冲突，让他/她学习处理问题及人际关系的技巧。
- 无法控制情绪，就暂时离开"战场"，冷静后再协商解决冲突。

在子女面前争吵的禁忌

- 不谈金钱的问题（大人对钱的担心会影响到孩子也会担心，令孩子失去安全感）。
- 数落亲戚的不是（妨碍与亲友的亲密关系）。
- 有关"性"方面的问题（父母应享有隐私权）。
- 避免贬低对方（以免孩子日后不尊重双亲）。

附件3.2 参加者意见反馈表

名　称	有效管教子女入门之合力管教				
评估项	非常同意				非常不同意
1. 我认为活动达到如下目标：					
1.1 我认识了夫妻合力管教的原因。	5	4	3	2	1
1.2 我掌握了夫妻合力管教的方法	5	4	3	2	1
2. 我满意活动的时间编排	5	4	3	2	1
3. 我满意活动的形式	5	4	3	2	1
4. 我满意活动的场地	5	4	3	2	1
5. 我满意以下活动的内容：					
5.1 检查、分享家庭作业及解答疑惑。	5	4	3	2	1
5.2 夫妻合力管教知识分享。	5	4	3	2	1
5.3 答疑环节	5	4	3	2	1
6. 社工表现：					
6.1 我满意社工的工作表现。	5	4	3	2	1
6.2 我满意社工的工作态度	5	4	3	2	1
7. 我投入此活动	5	4	3	2	1
8. 写出3个或以上夫妻合力管教的方法：					
9. 其他意见：					
参加者姓名			电　话		

社工准备家长工作坊的注意事项

- 宣传招募时，在单张海报中说明工作坊内容及目的，让参加者报名时已清晰。

- 为了保证报名的人数，要留有足够的时间去宣传。

- 招募同一个年龄段小朋友的家长：4 岁之前、5~7 岁、7~9 岁、10~12 岁。

- 要明白同一个年龄段的孩子的特点是什么，这群孩子的管教方式的特点和问题。

- 目标不要多，要反映社区内管教的问题。

社工带领活动的技巧

- 了解家长的管教问题及孩子特征。

- 多回应家长带来的问题/例子，并有技巧地把讨论的问题带回到工作坊的主题上来。

- 多用身边有关管教的例子，尽管社工本身没有经验，但是可以举一些自己身边的例子。

- 多用家长资源，让组员彼此分享经验。社工在带领过程中不要一直讲，要留时间给组员分享。

- 不要太多理论，着重实际应用。

- 留意及运用家长特性：喜欢分享，如果在工作坊中发现有人讲得太多，则在下一节分享之前说明时间很紧，每人只有 5 分钟。

- 推动实践，解决实际的困难。比如，工作坊结束后给参加者布置家庭作业，回来分享一下实践时的困难。

- 社工角色：带领者（自信、应变、口才）犹如个人 talk show，投入地去讲。

- 减少影响因素（秩序、环境太嘈杂、其他工作人员协助）。

- 表达技巧：说话清晰、声音适中、语调合适、有感情、身体语言配合、有信心、不要说教。

- 运用工作坊带领技巧：充权、互动、工作坊资源。

- 可以深刻演绎，带出重点（如游戏、体验练习、角色扮演、以震撼性个案作为结束）。

总结

- 建立社工个人风格。
- 累积开展家长工作坊的经验。

专业反思

1. 活动开展前的气氛铺垫。社工应营造出一种积极的氛围让家长能更好地参与到活动当中,例如,可以在活动前播放一段子女管教的视频、一些轻松的音乐,社工主动与家长沟通或者引导家长之间相互沟通。如"您参加活动最大希望是想解决子女管教的哪方面问题"?"陈姐和这位妈妈之前就认识吧,都住在这个社区当中"?还可以通过一些热身体操等方式,让活动的气氛轻松愉快,让家长更好地参与到活动当中。

2. 社工语言需要抑扬顿挫,不要一直用同一个语气讲话。

3. 社工的站姿要注意。社工在工作坊过程中要注意不要挡住家长看投影的视线,另外社工也应注意不要一直站在一个地方不动,可以一边走动一边讲解。走动可以照顾到距离社工比较远的家长,也可以防止家长走神,让工作坊的气氛更加活跃。社工应该充满自信,充分展示自己的演讲能力。

4. 社工讲解的速度要跟家长一致,不能只是停留在知识层面,要跟家长的例子贴合。

5. 社工应采取积极正面的态度。活动中会出现很多家长分享讨论的环节,社工这时候应注意对于家长的观点要采取正面引导的态度。

6. 不要从社工角度给家长灌输自己准备的内容,而是要从家长的角度去帮助他们,如有需要可当场修改内容,但注意课程重点与方向,社工要学会"随机应变"而不是"随波逐流",任由参加者带领教学方向。

7. 社工不单单是教会家长管教的技巧,还应该注意回应家长情感方面的需要,因为很多家长在管教时遇到的压力,未必有合适或足够的渠道让他们宣泄,所以社工能多聆听他们的压力与辛酸,会给予他们更大能量,回家后继续坚持管教的重任。再者,当家长被接纳、被同理后,他们会感觉社工明白自己,对社工的教导会更有空间及意愿学习,课程的效果就能达到事半功倍。

8. 家长关注的是孩子，所以社工可强调管教如何影响到孩子的成长，这可成为推动家长的学习动机。

9. 活动后的及时跟进。活动结束后社工可以主动与家长沟通交流，在交流过程中社工首先可以评估活动的效果，从家长的反馈中了解活动中的不足，同时也可以促进社工与家长们专业关系的建立。

参考文献

香港电台：《爱子方程式》，洲立影视有限公司，2005。

学习轻松 D 亲子功课辅导小组

景田阳光家庭　王秀明　黄思俊　邓丽春

🏠 服务背景

　　从居民的需求来看，孩子的功课及学习是社区家长普遍关心的问题，也是令其担心和头疼的问题，如孩子不爱学习、写作业拖拉、学习不专注、学习成绩退步等，尽管家长明白读书是孩子的主要任务，家长却有意无意承担了过多的责任，导致精神压力过大。同时，很多孩子在校学习压力大，在家做功课也是一种负担，甚至对学业失去兴趣，而家长对孩子的学业抱以过高的期望，在学业问题上缺乏正确指引及辅导的方法，缺乏对孩子学习能力的客观认识，无形中给自己和孩子增加了更大的压力。针对父母及子女双方在学业方面的问题，结合社区居民在亲子教育方面的需求，小组以孩子和家长双方的学习需要为中心，通过亲子联合活动如实践练习，互相配合的小组内容和进度等，协助家长澄清对孩子的学习期望及责任，提升孩子的学习兴趣及技能，并处理家长与孩子在学习方面的冲突问题，促进融洽和谐的亲子关系。

🏠 服务理念

　　1. 系统理论认为，系统是由各部分组成的具有一定层次和结构并与环境发生关系的复杂整体，其功能取决于它的组成部分以及这些部分之间的相互关系。在社会工作系统视角中，社会系统，特别是家庭系统，在塑造和影响人的行为及生活状态中有着重要作用。孩子的学习不仅受到孩子个人及学校的影响，同时受到家庭系统的影响，通过亲子共同参与活动，借助系统理论的原理，促进孩子学习的改善以及双方关系的提升。

　　2. 优势视角的宗旨是动员服务对象的力量（知识、能力和资源）来达到他们自己的目标和愿望，满足自己的需求。它关注个人或家庭与环境，将服务对象视为积极的能动主体，在社会工作实务中，其目标要求社会工作者协助人们从压抑中解放自己，此时社工的角色并不是为他们增能，而是帮助人们实现自我增能。在家庭系统中，家庭成员各自具有一定的知识、能力和资源，发挥家庭成员的自我优势，能促进家庭成员的关系融洽及增进家庭功能，并促进相关问题的解决。亲子功课辅导小组，通过发掘孩子自身的资源，帮助他们认识和提升解决问题的能力，并使用家长的能力和资源，帮助孩子应对学习问题。

🏠 服务对象

7~10岁儿童及家长。

🏠 服务人数

6~8个家庭为宜。

🏠 服务目标

1. 提升家长管教孩子学习的能力。
2. 提升孩子解决学习困难的能力。
3. 促进良好的亲子关系。

🏠 服务设计

共6节，其中两节合并组、四节分开组，每节约90分钟。

节　次	主　题
第1节	【学习期望知多少】 家长组：相互认识，了解家长的期望及对孩子的学习期望，学习问题大家帮，齐齐进步好伙伴。 子女组：相互认识，了解孩子的学习期望，帮助孩子学习减压方法

续表

节　次	主　题
第2节	【学习习惯有妙招】 家长组：引导家长共同探讨自身的习惯影响，学习如何帮助孩子培养良好的学习习惯。 子女组：安排功课辅导时间（孩子需带作业过来），并帮助孩子建立良好的学习习惯
第3节	【心目中的你和我】 合并组：家长和孩子互动，实践和强化前两节学习内容，促进家长和孩子共同关心及谅解
第4节	【学习时间好管家】 家长组：认识时间管理对孩子学习成长的重要性，学习如何帮助孩子规划和管理学习时间。 子女组：安排功课辅导时间（孩子需带作业过来），并帮助孩子学习时间管理，成为聪明的时间好管家
第5节	【学习专注有技巧】 家长组：共同学习专注力技巧，学习如何指引孩子专注学习。 子女组：安排功课辅导时间（孩子需带作业过来），并学习运用专注力学习技巧，使学习更有效率
第6节	【我们收获更轻松】 合并组：家长和孩子互动，实践和强化第四、第五节学习内容，训练共同有效运用时间管理及专注力技巧；分享收获，小组总结及颁奖典礼

🏠 服务评估

评　估　项	评估指标	权　重
服 务 人 数	每节活动至少出席5个家庭	20%
目标操作化	至少一半家长在评估意见中第1题（压力）的选项或评分较之前有改善，占10% 至少一半家长在评估意见中第2及第3题（目标及期望）的选项较之前更合理，占10% 至少一半家长在评估意见中第4题（学习习惯）的选项中表示学会至少一种培养良好学习习惯的方法，占10%	70%

续表

评 估 项	评估指标	权 重
目标操作化	至少一半家长在评估意见中第 5 题（学习时间管理）的选项中表示较之前有提升，占 10%	
	至少一半家长在评估意见中第 6 题（学习方法）的选项中表示学会至少一种学习方法帮助孩子辅导功课，占 10%	
	至少一半家长在评估意见中第 7 或第 8 题（亲子关系）的选项较之前有改善，占 20%	
其 他	70% 以上的组员对"其他评价"（活动的时间及场地、形式、社工的态度及表现等）的评分平均分在 3 分以上	10%

附件：组前评估表

小组名称	"学习轻松 D"亲子功课辅导小组	举办日期	

参加者基本信息

家长	姓名：_____ 性别：_____ 文化程度：_____
孩子	姓名：_____ 性别：_____ 年龄：_____ 所读学校：_____ 年级：_____

请"√"出或填写最能代表您的意见的答案

1. 孩子的学习带给我的压力有多少？

A. 压力很大　　　B. 有一些压力　　　C. 压力比较小　　　D. 没有压力

若给我的压力打一个分，0 ~ 10 分，我会打几分？（压力越多大，分数越高）_____

2. 我对孩子的学习有怎样的期望？_____

3. 我希望孩子的学习达到什么样的状态或目标，如果以成绩来衡量，我希望是_____分。

如果我还有其他的衡量标准，请列出：_____

4. 我认为孩子的学习习惯如何？

A. 很好，有较好的学习习惯　　　　　B. 还可以，部分习惯较好

C. 一般，没有很好或不好的习惯　　　D. 比较差，基本没有养成好的学习习惯

E. 很差，完全没有好的学习习惯

5. 我在家是否会帮助孩子辅导功课？

A. 经常　　B. 偶尔　　C. 基本没有　　D. 从来没有（直接回答第 6 题）

若有，在帮助孩子辅导功课方面，我觉得_____？

A. 很容易　　B. 比较容易　　C. 一般　　D. 比较困难　　E. 很困难

若困难，我觉得最大的困难在哪里？_____

6. 因为孩子做功课的原因，我与孩子之间是否会发生冲突或者关系紧张（如不开心）？_____

A. 几乎每天都发生　　B. 经常发生　　C. 偶尔发生几次　　D. 很少发生　　E. 没有发生过

7. 我希望通过参加本次小组，对自己有什么帮助？
_____

8. 我希望通过参加本次小组，对孩子有什么帮助？
_____

报名结果	接受 □	不接受 □

🏠 服务内容

第 1 节

家长组

目的：

1. 让组员相互认识，学习小组活动的内容及订立小组规则。

2. 通过讨论孩子的学习问题及应对，澄清家长对孩子的学习期望。

程序：

时　长	目　标	内　容	物　资	备注/技巧
5 分钟	建立关系，消除陌生感	①开场白，进行自我介绍、阳光家庭介绍。②介绍小组目的及小组内容	—	肯定家长参与活动的行为，澄清活动的性质和内容
10 分钟	促进组员之间相互认识，活跃小组气氛	互相认识游戏：认识你我他	8 张工作纸	见附件 1.1。观察组员表现，在相互认识的过程中，提醒组员交流的方式，引导组员主动分享，强化组员在小组中寻找具有相似特征的组员，增强熟悉感

续表

时 长	目 标	内 容	物 资	备注/技巧
15 分钟	帮助组员澄清期望及认识小组规则	小组内容及规则： ①小组期望分享及澄清。 ②介绍小组内容。 ③预先设计小组规则，并带领组员共同讨论确定	小组规则工作纸	见附件 1.2。 社工一方面澄清组员的期望，并派发活动日程表，解说小组的活动内容，同时带领组员讨论小组规则。在讨论中，遵循平等接纳的原则
20 分钟	处理家长的需求及相关问题应对	分享及讨论： ①引导家长分享子女现在的学习情况及问题。 ②分享家长在功课辅导方面的问题及经验分享	白板 白板笔	引导、带领、鼓励发言，并控制部分家长的发言时间
30 分钟	澄清家长对孩子的学习期望	主题游戏：价值拍卖。 分享： ①分享游戏过程中的感受和想法。 ②分享家长对孩子的学习期望	工作纸 水性笔	见附件 1.3。 指引参与、制造悬念，带领游戏的过程，营造轻松的环境，遵循公平的原则，鼓励组员内部的分享和发现
5 分钟	总结及预告	总结与预告： ①邀请部分组员分享本次活动的感受。 ②社工总结，并预告下次活动时间及内容	—	社工需要及时回应组员的感受

附件 1.1　互相认识游戏：认识你我他

游戏内容

发给组员每人一张 A4 纸和一支笔。请组员在纸中间写自己名字，并在纸的四角写介绍自己的资料，例如家乡、爱好、孩子年龄、参加小组的期望等。写好后，组员手持 A4 纸找其他的同伴握手，然后相互分享纸上的信息。

工作纸

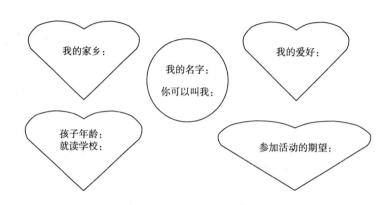

我的家乡：

我的名字：
你可以叫我：

我的爱好：

孩子年龄：
就读学校：

参加活动的期望：

附件 1.2　小组规则

- 出席活动 3 节以上。
- 因故不能出席的须请假。
- 准时参加。
- 组内的分享仅仅作为内部的分享信息，不做外部的交流。

附件 1.3　主题游戏：价值拍卖

游戏内容

社工给每位家长一张价值拍卖项目表和一张面额 1000 元的 A4 纸，并邀请组员将 A4 纸撕成若干份，每份标上相应的价钱（如，500 元、300 元、200 元等），使全部价钱加起来等于 1000 元。

家长填完相应的表格后，开始拍卖，每条期望最后由给出最高价的组员获得，依此类推，直到拍卖完所有的期望。

价值拍卖项目表

我希望自己的孩子是这样的：

项目（总价 1000 元）	优先级（排序）	预估价格（元）	成交价格（元）
1. 被班上每个人喜爱			
2. 考试分数越高越好			
3. 学习成绩要在班上排前几名			
4. 有机会成为班上或某一科目最好的学生			
5. 诚实，对人友好			
6. 懂得关心别人，帮助别人			
7. 知道怎么面对学习和生活中的困难			
8. 和别人（包括家人）相处融洽			
9. 要有上进心，永远不气馁			
10. 生活得快乐			
11. 其他你觉得重要的：			

家长签名：＿＿＿＿＿＿＿＿＿＿＿＿　日期：＿＿＿＿＿＿＿＿＿＿＿＿

子女组

目的：

1. 让组员相互认识，了解小组活动的内容及订立小组规则。

2. 澄清孩子的学习期望，并协助孩子讨论学习问题及应对。

程序：

时长	目标	内容	物资	备注/技巧
10 分钟	建立关系，消除陌生感	①社工进行自我介绍及中心介绍，同时介绍小组活动的目的和内容。②社工就阳光家庭及小组的内容与组员互动问答（共 5 分钟），回答正确的皆可奖励一小张姓名贴	椅子 10 把互动问题 5 个姓名贴 1 份	见附件 1.1。以 5 个题目互动问答方式进行提问，加速组员进入小组状态，同时使组员对阳光家庭及本小组有初步的认识和了解

续表

时 长	目 标	内 容	物 资	备注/技巧
15 分钟	①组员相互认识与了解。②增进组员之间、组员与社工之间关系	互相认识游戏：Oh！神奇侦探	工作纸 笔 电脑 电源 投影仪 背景音乐	见附件 1.2。①在进行过程中注重引导与带领，清楚地说明游戏规则，需掌控小组的秩序。②观察组员的表现，并予以适当地鼓励
10 分钟	确立小组规则，令小组顺利推行	小组规则订立	白板 白板笔 工作纸 油性笔	见附件 1.3。①与组员说明什么是规则，为什么要制定规则？②与组员达成的小组契约，不仅达成一致意见，也需现场提出如果违反规则应如何处理，增强组员遵守小组规则的意识
15 分钟	澄清小组期望，提高学习动机	讨论：我为什么而来？①将参与组员分为 3 个小组，每小组约 3 人。②每组组员坐在报纸上，在 3 分钟时间内，共同讨论参加小组的期望，并写在一张彩色纸上，之后邀请各小组进行分享。③社工澄清小组期望，带出小组的主题和活动目标，并介绍奖励措施，即在"出勤、纪律、发言、家庭作业"方面表现良好的组员会得到印花	彩色纸 笔 背景音乐	①接纳和尊重，同理组员的心情与感受。将组员期望与小组内容结合，澄清小组内容与期望，初步提升组员参与小组的动机。①通过奖励累积，进一步提升组员的动机

时　长	目　标	内　容	物　资	备注/技巧
35 分钟	讨论学习问题及其应对方法，缓解学习压力	①主题游戏：音乐传球。②情景模拟：快乐学习——谈谈减压	音乐传球游戏题目 15 条康乐球工作纸笔音乐KT 板小贴纸	见附件 1.4、附件 1.5。①活动形式尽量活泼，加快小组节奏，促使组员投入。②清楚说明游戏规则，注重通过游戏引导组员分享，掌控小组活动秩序。③鼓励组员真诚表达，引导组员积极倾听与同理，社工提供支持。④运用小组动力，集体寻找学习减压方法，通过关怀增强组员参与的动力
5 分钟	总结及预告	活动总结：①邀请组员分享本次活动感受。②社工总结及带出亲子功课辅导小组的主题和活动目标，布置家庭作业，并预告下次小组活动的时间、地点	白板白板笔	①简单总结本次活动与预告下次活动。②表扬组员帮忙收拾活动场地的行为

附件 1.1　互动问答

- 景田阳光家庭是哪一年成立的？
- 中心共有多少位社工？
- 你觉得社工是做什么的？
- 什么年龄段的孩子可以参加"学习轻松 D"亲子功课辅导小组？
- "学习轻松 D"亲子功课辅导小组是什么时候举办？共几节？

附件 1.2　互相认识游戏：Oh！神奇侦探

游戏内容

- 发给组员每人一张纸和一支笔。

- 在 3 分钟时间内，邀请每人各自写好自己最明显的两项特征，可从外貌、体型、穿着、特点、特长、性格方面入手，但需明确指出写下的特征中不能出现自己的姓名。

- 待每人写好回收后，抽签，读出每人写下的那两项特征，并请全体成员猜这位参与组员是谁。

- 这位参与组员基本认定是谁后，可以邀请写字条的参与者自己举手来揭晓谜底。

我最明显的两个特征（外貌、体型、穿着、特点、特长、性格）

①_____

②_____

姓名：_____

附件 1.3　小组规则订立

社工介绍小组规则，由组员举手表决，若大部分举手则通过，同时社工向组员介绍几个手势动作（表示安静、注意听、集中注意力），确定下来规则后，今后须严格遵守，协助参与组员达成共识"违反规则的组员将受到什么样的惩罚？"

社工对组员的要求

- 社工做某个手势动作，组员保持安静。
- 配合社工的指令，我喜欢愿意合作的孩子。
- 可以帮助其他的伙伴，但是不影响他们参与活动。

小组共同的约定

- 要认真听别人讲话。
- 要使用礼貌用语。
- 要尊重别人。
- 发言之前要举手。
- 别人说话的时候要保持安静。

- 请注意活动秩序。
- 活动中不能乱动，不要影响别人。

附件 1.4　主题游戏：音乐传球

初步协助孩子认识和了解学业的困惑和烦恼，协助组员了解学习压力产生的原因。

传球题目

1. 妈妈要你帮忙做家务，但你还未做完功课，你会：

A. 发脾气不做家务

B. 默默地做家务，但不高兴

C. 告诉妈妈自己想做完功课再帮忙做家务

2. 通常你在做功课的时候，你的妈妈在干什么？爸爸呢？

3. 你最不喜欢父母怎样对待自己，特别在功课上的要求。

4. 当你做作业的时候，遇到不会做的题目，你怎么办？一般会找谁帮忙？

5. 你最想把自己开心的事情告诉谁呢？为什么？

6. 你最想把自己不开心的事情告诉谁呢？为什么？

7. 你觉得妈妈是一个什么样的人？

8. 你觉得爸爸是一个什么样的人？

9. 你对父母的什么事情最不满呢？

10. 你会生父母气吗？

11. 你记得最生父母气的一件事情是什么？

12. 你觉得你哪一学科学得比较吃力，是你最害怕的？

13. 你觉得爸爸妈妈对你的学习期望会不会高呢？

14. 你长大后的理想是做什么？你觉得你的爸爸妈妈支持吗？

15. 你参加这个小组，希望从这个小组学习到什么呢？

附件 1.5　情景模拟：快乐学习——谈谈减压

情景模拟

妈妈回家后发现小明在玩电脑而没有做功课。

小明读 4 年级，非常喜欢玩电脑。

一天，妈妈下班回来，推门一看，小明又在专注地玩电脑。

妈妈顿时火冒三丈，冲过去就将小明手上的鼠标抢了过来，把电脑给关了，然后逼他去做作业，自己进了厨房。

发过火后，妈妈反而冷静了，觉得自己有点过分，根本无心烧饭，想想小明也肯定没有心情做作业，就再次推开小明的房门。

小明一边流泪一边发呆，根本没拿起书本学习。

讨论

- 让组员们思考情景中的孩子为什么累了？
- 通过以上所学问题，先让组员在纸上写出自己知道、喜爱或常用的两种减压方法，接着贴在 KT 板上。组员完成选择之后，根据方法多少排序，抽取其中一些减压方法，社工带领组员进行讨论分享。最后，社工带领组员现场体验其中一种简单有效的减压方法，并鼓励组员在实际学习生活中运用，提高自我减压能力。

第 2 节

家长组

目标：

1. 协助家长对孩子学习习惯的认识。
2. 帮助家长了解培养孩子良好学习习惯的方法。

程序：

时 长	目 标	内 容	物 资	备注/技巧
5 分钟	建立关系，回顾及预告	欢迎组员，有新组员时可简单介绍认识，回顾上节活动内容，介绍本次活动内容	椅子 8 把	肯定家长参与活动的持续性，感谢新组员的参加，回顾并强化上一节活动的成果，并补充个别规则

续表

时 长	目 标	内 容	物 资	备注/技巧
10分钟	活跃气氛	热身游戏：萝卜蹲	—	见附件2.1。带动游戏的氛围，鼓励组员参与，并控制游戏的节奏和时间，鼓励组员对游戏的分享
5分钟	增进家长对孩子学习习惯的认识及反思	答题时间	工作纸	见附件2.2。等候及观察，并提示在答题中不能讨论。如果个别组员携带孩子出席活动，社工提示孩童前往活动区，并邀请协助社工帮忙
20分钟	帮助家长进行经验学习，及认识不良习惯形成的原因	分享交流： ①家庭分享工作纸的内容。 ②社工讲解：什么是学习习惯。 ③寻找孩子不良学习习惯的原因	白板 白板笔	见附件2.3。 ①鼓励组员逐一分享自己的见解，社工及时记录分享的内容，并提炼组员所表达的主题。 ②适当控制个别谈话欲望较强的组员的发言，争取被动组员的发言时间。同时提炼家长在分享中好的经验
25分钟	帮助家庭认识如何培养孩子主动学习的习惯	①情景模拟：妈妈买菠萝回家。 ②解说：如何养成主动学习的习惯	菠萝玩具 案例工作纸	见附件2.4、附件2.5。 配合组员的表演，鼓励组员有不一样的表演内容，并总结不同表演所带来的不同的学习方式

续表

时　长	目　标	内　容	物　资	备注/技巧
15分钟	增进家长培养孩子良好学习习惯的技能	习惯加减法：社工分享养成良好学习习惯的方法及建议	工作纸	见附件2.6。社工作为讲解员分享一种技巧，有可能面对组员的质疑，社工将组员的经验与所提供的方法相结合，提出方法的使用具有时限性，并鼓励组员尝试小组内部的经验资源
10分钟	总结及预告	活动总结：①邀请组员分享本次活动感受。②社工总结，布置家庭作业。③通知下次小组活动的时间、地点	家庭作业纸	见附件2.7。社工简单总结活动，并说明家庭作业内容及预告下一节活动内容，对组员的坚持表示赞赏和鼓励

附件2.1　热身游戏：萝卜蹲

游戏内容

将组员分成3~4小组，每小组手牵着手围成一圈，给每小组的人以颜色命名，任意指定一堆萝卜开始统一下蹲，同时还要念词，再指定别的萝卜堆做同样动作，目标要一致，依此类推但不能马上回指。例如：有红、白、黄、紫四堆萝卜，白萝卜先蹲，蹲的时候念"白萝卜蹲，白萝卜蹲，白萝卜蹲完红萝卜蹲"。念完后所有白萝卜手指一致指向红萝卜堆。红萝卜们马上要开始蹲且口中一样要念念有词，之后他们可以再指定下一个但不能是白萝卜。

附件2.2　答题时间

家长在规定的时间内填写工作纸，内容包括对孩子学习习惯的认识，以及过去尝试使用的帮助改善孩子学习习惯的方法。

孩子的学习习惯工作纸

附件 2.3　分享交流：孩子的学习习惯

让我欣赏的学习习惯

- 每天可以按时完成作业，有很多作业也要做完为止。
- 每天回家会自己拿作业出来做，周五除外。
- 专心起来做得快，能理解时喜欢做作业、学习，不会抗拒，还算听话，不会太嫌累。
- 每天能够自觉学习，每天早上都坚持早读。
- 每当鼓励完后，孩子会更加有信心地学习。
- 接受能力较强，反应快，专注时做得快，喜欢看书。
- 主动写作业。

让我烦恼的学习习惯

- 边学习边做其他的事，心不在焉，不喜欢思考。
- 做作业时间长，效率低，边做边玩，错误多，不检查（至少需要一名家长督促，需要家长检查）。

- 不注意写字姿势，拖拉；检查不出错误，不自己审题，遇到难题不爱思考，比较依赖。
- 遇到数学难题，不善于思考解决。
- 在做作业时搞小动作。
- 不喜欢学习，认为很烦，特别是做作业拖拉，难以集中注意力一气呵成。
- 自己不检查作业；不放好书和作业本；不预习、不复习。

孩子好习惯的益处

- 在家长回家之前，至少已经完成部分作业。
- 养成学习兴趣，能更好地接受并理解学习内容。
- 好习惯能够提高学习成绩，吸收知识、提高思维能力。
- 打好基础，方便以后学习。
- 集中学习。
- 提高自理能力；对学习有帮助；让家长省心。

孩子不良习惯的害处

- 姿势不对对身体不好。
- 影响学习成绩，将来走入社会，自我 EQ 及 IQ 都无法提高。
- 写作业比较慢，担心长大做事也没有效率。
- 不能连贯学习，一事无成。
- 无法集中精力。
- 让家长操心烦恼。

帮助孩子改善不良学习习惯的尝试方法

- 如果孩子完成作业快的话，奖励她玩电脑（但后来老师不允许家长给孩子过多时间玩游戏，这种方法便没有延续）。
- 时时督促，有意说要求；有奖惩；会说说笑话。
- 沟通；常常分析数学难题；请家教。
- 守在身边盯住孩子一段时间后，现在的效果变好了。
- 要求做好一门功课后，再进行另外的科目；要求先复习，再写作业，做完所有作业后预习。

- 奖励法。
- 每天提醒小孩做完作业后，自己检查，放好第二天上课用的书和作业本。

附件2.4　情景模拟：妈妈买菠萝回家

情景模拟

一位妈妈买回来一个菠萝，好奇的孩子被这个从未见过的东西吸引住了，这位妈妈可能会有两种方式对待好奇的孩子。

一种方式是：妈妈告诉孩子："这是菠萝，是可以吃的，它的外面是很硬、很尖的刺，你不要去摸它！它很重，你提不动它，但是它是圆的，你可以滚动它。你闻一闻，它是不是很香啊？现在我们把它拿到厨房去切开它，切好后用盐水泡一泡，它吃起来就又香又甜了。"

另一种方式是：妈妈告诉孩子"这是菠萝"，然后就把菠萝放在孩子面前的地板上，自己先去忙乎把买回来的其他东西处理好。好奇的孩子一定会对这个菠萝"采取行动"，比如他可能伸手摸了一下菠萝，赶紧又把手缩了回来，并且对着妈妈喊："妈妈，这个菠萝很刺手，我被它刺了一下。"妈妈回应说："是的，孩子，菠萝会刺手，不要紧的。"于是孩子又尝试抓起菠萝的叶子，把它拎了起来，可是菠萝很重，孩子很快就把它放下了，"妈妈，这个菠萝很重，我拎不动它。""是的，菠萝很重。"孩子可能又尝试着滚动菠萝，结果真的把它滚动了，他高兴极了："妈妈，我把菠萝滚动了。"妈妈也很高兴："你真能干！""妈妈，我闻到一股香香的气味，菠萝是不是可以吃的？""对，孩子，菠萝是一种水果，是可以吃的。""怎样吃呀？""把皮削掉，切成一片一片，用盐水泡一泡，就可以吃了。""让我试一试……真好吃！"

讨论

这两种方式，你主张哪一种？你常用的是哪一种？它们有什么区别，会产生不同的效果吗？

分析

两种方法的结果很不一样：第一种方式，孩子很快学到了知识，可是他是被动接受的；第二种方式，孩子也学到了知识，速度比较慢，但是孩子又同时学到认识事物的方法，还学到了要根据事物的不同性质选择不同的认识方法的思维方式，更重要的是，他体会到了主动学习、主动探索的乐趣和成功感，久而久之，孩子就能形成主动学习的习惯。

附件2.5　帮助孩子养成主动学习习惯的建议

● 不要按照你的意愿把孩子的时间安排满，要多留一些时间让孩子自己安排，如果他还小，想不出可以自己安排什么活动，你可以给他多提几个建议让他选择。

● 多鼓励孩子主动探索，不要有太多不必要的"不准"。

● 在孩子专心做一件事情的时候，不要干扰他，尽可能不要催促他，更不要跟在孩子身边不断提醒他不可以这样、不可以那样。

● 在孩子解决问题遇到困难时，不要急于帮助他，可以多给他提些建议。

● 不要急于把结果告诉孩子，要给孩子充分的时间自己去发现；不要代替孩子做检查作业、收拾书包的工作，也不要养成整天看着孩子做功课的习惯，要让孩子自己去做这些事情。

附件2.6　习惯加减法

孙云晓教授的公式是培养好习惯用加法；克服坏习惯用减法。

那怎么说培养好习惯用加法呢？如培养孩子爱画画的习惯，今天叫他画一只小兔子，明天画小兔在吃青草，增加画青草或草地，后天在草地上画几朵花，再后天在天上画白云太阳。这样一天一天地增加，画画的好习惯自然就养成了。

克服坏习惯怎么用减法呢？如孩子坐不住板凳是正常现象。一位细心的妈妈观察写作业的儿子，一会儿喝水，一会儿撒尿，不到一小时出来四五次。这位妈妈看在眼里却没有急于求成，而是在第二天孩子写作业前给孩子提了个建议：坐下前把该办的事办好，我看你写作业时出来3次完全可以。孩子在妈妈的鼓励下果真少出去一次；过几天妈妈又提议再减少一次，孩子又轻松做到了。父母的要求依次递减，直到孩子可以集中精力把作业写完，既帮孩子克服了不良习惯，更重要的是保护了孩子的自信心。

好习惯的养成不在一朝一夕，贵在长久坚持。

附件 2.7　家庭作业

各位家长：

请在下周一周时间内，找一个时间和机会，带您的孩子一起到书城或图书馆，为您的孩子选择 3 本书，这 3 本书您觉得孩子喜欢或适合孩子阅读，并记下书名。下次活动（11 月 5 日晚上 19：30～21：00）时将此次家庭作业带过来。谢谢！

您为孩子选择的 3 本书是什么？（写下书名）

1. _____

2. _____

3. _____

子女组

目的：

1. 促进组员的熟悉。
2. 协助组员认识良好学习习惯的重要性。
3. 学习培养良好学习习惯的方法。

程序：

时　长	目　标	内　容	物　资	备注/技巧
10 分钟	加深社工与组员的关系	①社工进行自我介绍，同时介绍功课辅导义工、介绍小组活动的目的和内容。②社工就中心及小组的内容与组员互动问答（共 3 题），回答正确的皆可奖励一小张姓名贴。③小组规则介绍及强化	椅子 10 把 互动问题 3 题 姓名贴 3 张	见附件 2.1。①以互动问答方式进行提问，加速组员进入小组状态。②介绍本节活动流程，强调时间分配与组员配合

时　长	目　标	内　容	物　资	备注/技巧
25分钟	协助辅导组员的功课，从而养成正确学习态度	功课辅导时间：组员在一起做作业，由中心两名义工协助辅导组员的功课，不仅是对具体作业的辅导，更重要的是引导组员思考，寻找解题的方法和技巧	桌椅若干备用试题（脑筋急转弯）	见附件2.2。①强调小组规则，促使良好活动秩序的维持。②协助义工建立"资深功课辅导员"权威与角色。③社工主要承担协助者角色，适当提醒
5分钟	破冰，活跃现场气氛	热身游戏：娃娃齐齐做	惩罚条电脑投影仪电源背景轻音乐	见附件2.3。①清楚地说明游戏规则，适当作示范。②鼓励组员开放自我运用小组集体力量观察与监督，承担责任
5分钟	认识学习习惯的概念	①引导组员讨论：什么是学习习惯？②采用互动问答的方式引导组员了解学习习惯的定义	白板白板笔	见附件2.4。引导，使用通俗语言，使组员掌握学习习惯的定义
15分钟	协助组员认识不良的学习习惯	主题游戏：不良学习习惯知多少	字条盒子背景音乐	见附件2.5。①注重引导与带领，掌控小组全场。②观察组员的表现，并予以适当的鼓励。聚焦，及时引回组员投入小组，关注他人。③反映组员的表现，强化正面行为（如赞赏与他人分享）

续表

时　长	目　标	内　容	物　资	备注/技巧
15分钟	认识不良学习习惯的影响及危害，了解良好学习习惯的重要性	讨论：不良学习习惯的影响及危害。现场组员分为2~3组，以竞赛的方式进行，在3分钟时间内，邀请组员列出不良学习习惯的影响及危害，之后由各小组组员代表进行汇报分享，最后社工对组员的回应进行总结，并强化良好学习习惯的重要性	工作纸笔背景音乐	见附件2.6。①社工扮演引导者与调解者角色。②尝试将问题放到小组中，运用小组动力共同面对和解决。③可视实际情况而变换游戏规则
10分钟	了解良好学习习惯培养的方法	讨论：学习习惯有妙招。根据以上小组，以竞赛的形式进行，邀请每个小组思考并写下两条培养良好学习习惯的方法，社工引导其分享并作总结，倡导组员在日常学习中可尝试使用这些方法	工作纸笔背景音乐	见附件2.7、附件2.8。①活动形式尽量活泼，吸引组员参与，且活动方式的使用可根据现场情况来定。②通过明确的规则，可鼓励组员积极表达，并切合活动主题
5分钟	总结及预告	活动总结：①邀请组员分享本次活动感受。②社工总结，并布置家庭作业，预告下次小组活动的时间、地点	白板白板笔家庭作业	见附件2.9。简单总结本次活动与预告下次活动

附件2.1　互动问答

- 我们亲子功课辅导小组活动的总名称叫什么？
- 参加"学习轻松D"亲子功课辅导小组第一节活动的家庭有几个？
- 在第一节活动中，互相认识游戏的名字叫什么？

附件2.2　功课辅导时间

此时要强调小组规则和纪律，对于完成作业较快的组员要求其保持安静，可检查功课，或可借阅中心儿童天地的书籍，或派发备用的试题给他们做，以便其能够耐心地等待小组互动环节。

附件 2.3　热身游戏：娃娃齐齐做

[游戏规则]

代表学习、习惯、好孩子、爸爸、妈妈分别用以下五种手势：

- 代表学习的手势：左转，双手搭在前一位组员的肩膀上。
- 代表习惯的手势：双手抱头。
- 代表好孩子的手势：伸出双手大拇指，竖直并作左右摇摆状。
- 代表爸爸的手势：向自己的左右边伸出双手，作不断地抖动状。
- 代表妈妈的手势：双手交叉搭在自己的肩膀上，并作轻拍状。

当社工发指令时，组员需统一做出相应的动作；若有组员动作做错，则将会受到一定的"惩罚"。

附件 2.4　讨论：什么是学习习惯

学习习惯是指孩子在一定的学习情景下自动地去进行某些活动的特殊倾向。也就是说到了一定时候，孩子会自动地学习。

如：有一个老师的孩子去上海参加一个全国性的竞赛，带队的老师回来后很有感慨地说了一件事：那天在轮船上，晚餐后，同学们都到甲板上观看风景去了，过了一会儿，没经任何人提示，也没任何人要求，该做功课的时候了，那个老师的孩子就独自到船舱里拿出书本，旁若无人地开始学习起来——带队的老师感慨道：那就是习惯。

习惯是人重要的心理素质。积极的、良好的习惯是人的良好心理素质的重要组成部分，而不良的行为习惯则构成了人的不良心理素质。学习习惯是学生在学习中形成的稳定的行为方式，是学生学习态度、方法、能力和方式的综合表现。从心理机制上看，习惯是一种内在需要。习惯形成以后，不需要别人的督促和提醒，不需要运用意志力的努力，就能自然按照已经形成的行为方式操作。

附件 2.5　主题游戏：不良学习习惯知多少

[游戏内容]

- 以抽签的方式，每位组员拿到一张字条，每张字条上有一条"不良学习习惯"，每张字条的学习习惯都不同。

- 在 1 分钟时间内，邀请组员根据字条内容及情境进行现场表演，但只能借助肢体、动作等，而不能通过嘴巴说出来或直接念出来。

- 每位组员轮流进行，每位组员扮演情境之后，社工引导其他组员对情境内容进行分享，猜猜看所表达的是什么不良学习习惯。

- 每位组员抽签字条内容及扮演的时间不超过 1.5 分钟，如超时则需停止扮演。

最后，社工总结相关不良的学习习惯，现场邀请组员分享及补充。

不良学习习惯的具体表现

- 活泼好动，坐不住，自控能力不强。
- 上课或做作业不够专心，注意力不集中，常常分心，小动作多。
- 听课易走神，听课效率不高，不能很好地总结老师所讲的知识和要点。
- 写字、阅读、做作业慢，做作业时磨磨蹭蹭，边做边玩，拖时间。
- 朗读时常漏字、错字等，左右颠倒，作业常常出错。
- 对有兴趣的事情记得牢，但对学习的内容却忘得快。
- 贪玩，做事不自觉。
- 学习不积极，十分被动。
- 没有学习计划。
- 抄袭或者作弊。

附件 2.6 讨论：不良学习习惯的影响及危害

组员姓名：_____

各位小朋友，请想一想，日常学习中，你们觉得不良的学习习惯有哪些？

_____

不良学习习惯的影响及危害

- 直接影响学习，会影响对知识的掌握，当然考试成绩就不理想了。而且，小学学习成绩的好坏往往会影响初中学习成绩。

- 影响思维发展，思维能力不能很好地得到训练和发展。如果不能很好地完成学业，思维能力发展会受到阻碍，而思维能力发展的延缓和落后，反过来又会影响到学习和其他方面的发展。

● 影响情绪健康和人格健康。孩子学习态度不端正，在学习、做作业时搞小动作、拖延，最终会使家长、老师失去耐心。而孩子理解能力的落后又会与家长和老师的期望产生落差。长久下来，势必会影响到孩子和家长、老师之间的关系，甚至感情。注意力不集中，学习成绩不好、思维能力落后，往往也会造成孩子与孩子之间的摩擦，进而影响同学关系。人际关系的恶化往往会影响到孩子的情绪健康和人格健康，甚至产生严重的心理问题。

附件2.7 讨论：学习习惯有妙招

各位小朋友，请想一想，日常学习中你们改进不良的学习习惯，有哪些方法？

附件2.8 培养良好学习习惯的方法

● 安静的学习环境；

● 作业书写整齐、规范，按时完成；

● 自己检查作业、收拾书包；

● 独立思考、爱动脑筋，凡事多问一个"为什么"；

● 爱护自己的书本，不折皱书本；

● 自己学会查阅工具书，如字典；

● 写字握笔的姿势正确，坐的姿势正确，书写整齐；

● 听课集中精力，坐端正，不做与听讲无关的事，积极回答问题，有问题向老师请教；

● 养成爱记笔记、记日记的习惯；

● 形成预习和复习功课的好习惯；

● 每天向老师或同学提一个问题；

● 参加课外活动，如参加文体活动、听报告、看演出、看比赛、投稿、参加竞赛等。

附件 **2.9** **家庭作业**

各位小朋友：

请在下周一周时间内，找一个时间和机会，和你的爸爸/妈妈一起到书城或图书馆，选择 3 本书，这 3 本书是你喜欢的或觉得适合你的书，并记下书名。下次活动（11 月 5 日晚上 19：30～21：00）时将此次家庭作业带过来。谢谢！

你选择的 3 本书是什么？（写下书名）

1. _____

2. _____

3. _____

第 3 节

合并组

目的：

1. 巩固前两节小组活动成果，促进亲子家庭之间进一步相互熟悉。

2. 促进亲子间的相互关心和谅解。

程序：

时 长	目 标	内 容	物 资	备注/技巧
10 分钟	回顾前两节小组活动	①社工进行自我介绍及阳光家庭介绍，同时介绍小组活动的目的和内容。②社工就前两节小组活动的内容与组员互动问答（共 5 分钟），回答正确的组员可累积印花奖励，答对一题奖励一朵印花。③现场亮相 KT 光荣榜，反映组员前两节表现情况，并强化正面行为	椅子 16 把互动问题 5 个KT 光荣榜	见附件 3.1。以互动问答方式进行提问，加速亲子家庭进入小组状态。介绍活动流程及累积印花奖励操作情况，强化组员的正面行为，鼓励积极参与

续表

时 长	目 标	内 容	物 资	备注/技巧
8分钟	建立关系，消除陌生感	互相认识	秒表 白板 白板笔	见附件3.2。 ①鼓励家长和孩子商量和讨论如何介绍家庭（孩子表达、家长倾听）。 ②社工主要承担引导者角色
8分钟	活跃气氛，建立家庭之间的互动；协助亲子初步认识和了解双方的期望	热身游戏：鲜花朵朵开	电脑 电源 投影仪 背景音乐 抽签条 抽签盒	见附件3.3。 ①清楚地说明游戏规则，适当作示范。 ②在组员违反小组规则时，社工可重申强调规则，或发挥家长管教权威，或利用团体压力，可达到一定的效果。 ③在个别组员受到"惩罚"时，亦可进行全场回应
25分钟	协助亲子双方了解学习期望，初步促进双方关心彼此	主题游戏：心目中的你和我	动物图纸 笔 背景音乐（轻音乐） 白板 白板笔	见附件3.4。 ①注重掌控全场，如果个别情况与当节活动主题与内容相关性不强，不一定立即在现场进行调解。 ②邀请分享的家长和孩子需有一定典型性，有些可能是亲子关系较融洽的，有些可能是存在冲突表现的，但后者的处理对社工技巧运用较具挑战性。 ③在分享完结后，社工需注意总结梳理，协助组员清晰本环节的内容，强化学习效果

续表

时 长	目 标	内 容	物 资	备注/技巧
30 分钟	协助亲子双方了解学习习惯，促进双方更多关心与谅解对方	主题游戏：学习习惯对对碰	背景音乐（轻音乐） 康乐球 白板 白板笔 脚本工作纸（备用） 笔	见附件3.5、附件3.6。 ①注重引导与带领，掌控全场。 ②观察组员的表现，并予以适当地鼓励。聚焦，及时引回组员投入小组，关注他人。 ③尝试将问题放到小组中，运用小组动力共同面对和解决，在家庭间相互学习和借鉴。 ④社工主要承担引导者角色，同时对于没有参与情境扮演的家庭，需运用全场回应充分调动其参与
5 分钟	总结及预告	活动总结： ①邀请组员分享本次活动感受。 ②社工总结，布置家庭作业（子女组），并预告下次小组活动的时间、地点	家庭作业（子女组）	见附件3.7。 ①子女组组员下次活动需带上学校所布置的作业。 ②社工需留意，尽量有意识提供机会，邀请一些在整个活动过程中参与不多的组员进行活动感受分享

附件 3.1　互动问答

- 中心共有多少位工作人员？
- 我们亲子功课辅导小组活动的总名称叫什么？
- 参加"学习轻松 D"亲子功课辅导小组第二节活动的家庭有几个？
- 在第二节子女组活动中，热身游戏的名字叫什么？

- 在第二节家长组活动中，热身游戏的名字叫什么？

附件 3.2 互相认识

以家庭为单位进行，给每个家庭 1 分钟的自由交流讨论时间，让家长与孩子商量如何介绍自己的家庭（比如姓名、兴趣爱好等），接着邀请孩子作为其家庭代表来介绍自己和自己的妈妈（或爸爸），每个家庭介绍完之后，将会得到热烈的掌声鼓励。

附件 3.3 热身游戏：鲜花朵朵开

游戏内容

全体成员围圈逆时针走动，主持人在中间，喊出口令："秋天到，百花开"，全体成员需问"开什么花"，主持人需叫出一种花名，全体成员再问"开几朵"，当主持人说出花开的数量时，全体成员按照数字自由组合，若组合的人数和主持人说得不相符，该组成员则需以抽签的方式接受处罚。

备注：受到"惩罚"的组员需抽签回答相应的内容，这些内容与家长、孩子在学习期望、学习习惯方面有关，初步引导双方对此认识与了解。

附件 3.4 主题游戏：心目中的你和我

游戏内容

将大组分为家长组和子女组 2 个小组，给小组每人各发放一张动物图纸，在 3 分钟时间内，完成以下内容。

- 邀请家长组每人在动物图纸上选择最能代表孩子的 1~2 个动物（特质、性格、爱好、习惯等），并在纸上写下他们对子女的学习期望（我们心目中的孩子）。

- 邀请子女组每人在动物图纸上选择最能代表爸爸/妈妈的 1~2 个动物（特质、性格、爱好、习惯等），并在纸上写下他们对家长的学习期望（我们心目中的爸爸妈妈）。

在完成以上环节之后，收回纸条。社工首先邀请家长组分享，同时将其对孩子的学习期望公开，询问孩子达成其期望的意愿与程度，接着再邀请孩子表达自己对家长的学习期望，通过双方期望对比，相互了解彼此的期望，鼓励双方多关注和关心彼此。

【孩子工作纸】

孩子：

亲爱的小朋友，在平时学习生活中，想想你心目中的爸爸/妈妈的形象是什么样子的呢？会像哪种动物？请用一种动物来形容，能够表现出他/她的特征、性格、爱好、习惯等，在圆圈中写下这种动物的名称，并写上在学习方面，对自己的爸爸/妈妈有什么样的要求？你希望他们是怎样的？

孩子姓名：_____

我心目中的爸爸/妈妈

【家长工作纸】

家长：

亲爱的家长，在平时的学习生活中，想想你心目中的孩子的形象是什么样子的呢？会像哪种动物？请用一种动物来形容，能够表现出他/她的特征、性格、爱好、习惯等，在圆圈中写下这种动物的名称，并写上在学习方面，对自己的孩子有什么样的要求？你希望他/她是怎样的？

家长姓名：_____

我心目中的孩子

附件 3.5　主题游戏：学习习惯对对碰

不良习惯知多少

　　亲子组员围成圈而坐，以"音乐传球"的形式进行，时间为 6 分钟，当音乐停止，拿到球的家长组员说出一个子女在学习方面的不良习惯，而拿到球的子女组员则选取家长组员说出的一个不良习惯，说明其产生的原因。之后社工就组员提到的不良习惯及相关原因作总结。

分组情景练习

　　每个家庭为一小组，根据以上环节所提到的，结合日常生活情况，自由选取其中一个情景进行自由演练，即"就孩子的一个不良学习习惯，家长的反应是什么"，练习时间为 5 分钟。

　　备注：社工准备一定的情景及工作纸备用。

分享

在家庭的自由练习环节，社工需善于观察，从中选取较为典型的情景，然后在角色扮演自由练习后，邀请其中一至两个家庭出来现场情景扮演，接着其他家庭分享和回馈参与表演家庭。主要从以下方面分享：

- 情景中讲述什么事情？
- 孩子的不良学习习惯是什么？
- 情景中家长的反应是什么？
- 情景中家长与孩子的感受和心情各是什么样的？
- 最后怎么解决？
- 家长有没有给予孩子鼓励与支持？如果有，表现在哪些地方？
- 情景中家长和孩子说话的态度、方式有什么可以让我们学习的地方？
- 如果你是情景中的家长和孩子，你会如何做？

最后，社工反映与澄清亲子在学习习惯方面的期望与压力，再次强化双方多理解和体谅。

附件3.6　情景扮演：学习真累和学习真快乐

情景：妈妈回家后发现小明在玩电脑而没有做功课

A 剧

小明读4年级，非常喜欢玩电脑。

一天，妈妈下班回来，推门一看，小明又在专注地玩电脑。

妈妈顿时火冒三丈，冲过去就将小明手上的鼠标抢了过来，把电脑给关了，然后逼他去做作业，自己进了厨房。

发过火后，妈妈反而冷静了，觉得自己有点过分，根本无心烧饭，想想小明也肯定没有心情做作业，就再次推开小明的房门。

小明一边流泪一边发呆，根本没拿起书本学习。

B 剧

小明读4年级，非常喜欢玩电脑。

一天，妈妈下班回来，推门一看，小明又在专注地玩电脑。

妈妈顿时火冒三丈，冲过去就将小明手上的鼠标抢了过来，把电脑给关了，然后逼他去做作业，自己进了厨房。

发过火后，妈妈反而冷静了，觉得自己有点过分，根本无心烧饭，想想小明也肯定没有心情做作业，就再次推开小明的房门。

小明一边流泪一边发呆，根本没拿起书本学习。

妈妈冷静了一下，就过去对小明说："我们重新开始说说刚才这件事好吗？"

小明不理睬，继续哭。

"我只是不想你把太多的时间放在玩电脑上，你玩多久了？"

小明终于开口了："今天放学晚了，回家有点累，我想玩一下就去做作业。"

妈妈继续问，"你想玩多久？"

"十分钟。"

"好吧，就玩十分钟，你自己控制，然后去做作业。"

谈话结束，妈妈再次将电脑打开。十分钟后，小明自觉地开始做作业了，那天的作业也写得特别认真。

附件3.7 子女组家庭作业

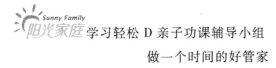

阳光家庭学习轻松 D 亲子功课辅导小组

做一个时间的好管家

姓名：＿＿＿＿＿＿＿＿

亲爱的小朋友们：

你知道一天只有 24 个小时吗？那么你每一天的时间是怎样分配的呢？请在下周时间内，根据你每一天的生活学习情况，统计时间后在对应的内容上写下相应的时间，并在下次"学习轻松 D"亲子功课辅导小组第 4 节活动时带过来哦。

时间 \ 我做的事	上课	温习/做功课	娱乐/游戏/运动	吃饭/睡觉	其他（与家人、同学、朋友倾谈和聊天……）
星期一	_____小时	_____小时	_____小时	_____小时	_____小时
星期二	_____小时	_____小时	_____小时	_____小时	_____小时
星期三	_____小时	_____小时	_____小时	_____小时	_____小时
星期四	_____小时	_____小时	_____小时	_____小时	_____小时
星期五	_____小时	_____小时	_____小时	_____小时	_____小时

思考以下问题：

1. 在这一周时间里，除了上课之外，你花了最多时间在哪方面？

_____

2. 你希望花更多时间在哪方面？哪些活动可以减少时间？

_____

第 4 节

家长组

目的：

　　帮助家长认识时间管理对孩子学习与成长的重要意义，学习指导孩子进行科学的时间管理。

程序：

时　长	目　标	内　容	物　资	备注/技巧
5 分钟	建立关系，回顾及预告	开场白：欢迎组员，回顾上节活动内容，介绍本次活动内容	椅子 8 把	鼓励组员的参与，简单带领回顾
10 分钟	促进组员之间相互熟悉，活跃气氛	热身游戏：齐齐做	不干胶纸若干水性笔	见附件 4.1。游戏带领，并通过现场增加难度的方法提升游戏的刺激性，另外进行简单的游戏解说

时 长	目 标	内 容	物 资	备注/技巧
20分钟	帮助家长认识自己的时间安排与了解孩子的时间安排及计划	主题游戏：时间馅饼 ①家长根据自己每天的时间安排，在工作纸上标出活动内容并涂鸦心情颜色；家长完成后，请她们分享哪些时间是有效的时间安排？哪些时间可以再进一步利用或完善。 ②引导家长了解子女的时间安排及计划，进一步完善在子女学习过程中家长应当发挥的作用及方式	工作纸1张 工作纸2张 彩笔三盒 油性笔	见附件4.2。 按照活动事先设计的流程，带领家长进行活动。期间，鼓励发言，并重点聚焦，同时运用团体动力，帮助组员之间建立支持
25分钟	协助家长认识如何帮助孩子进行科学的时间管理	分组讨论： ①辅导功课到几时？ ②家长在子女学习中应当充当什么样的角色？ ③怎样去指导孩子制订学习计划并监督实施	学习资料若干	见附件4.3、附件4.4。 倾听组员分享，澄清相关的内容和期望，引导组员之间建立支持的关系，使主题聚焦
10分钟	总结及预告	活动总结： ①邀请组员分享本次活动感受；社工总结。 ②并通知下次小组活动的时间、地点	—	总结，感谢，说明下次活动内容和活动时间

附件4.1 热身游戏：齐齐做

游戏内容

社工事先设定一些词语，如孩子、时间、效率、烦恼、管理等（和本节活动主题相关），然后配以每个词语一个动作。社工事先告诉组员每一个词语配以什么动作，然后喊出词语的名称，由组员自行做动作。训练组员的记忆力和反应力。为增强活动的灵活性，社工可邀请其他组员做主持人，或加快做动作的速度。

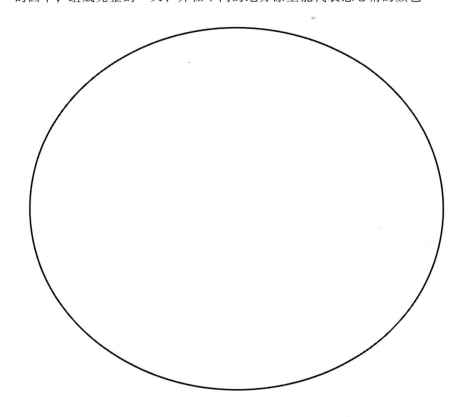

附件 4.2　主题游戏：时间馅饼

姓名：＿＿＿＿＿＿

生活，很忙碌，每天都有不同的内容……

请根据您的实际情况，将每天大概所做的事情及花费的时间写在下面的圆中，组成完整的一天，并在不同的地方涂上能代表您心情的颜色……

1. 您觉得自己最开心的时间是：＿＿＿＿＿＿＿＿＿＿＿＿＿＿＿＿＿＿

2. 您觉得自己最有效的时间是：＿＿＿＿＿＿＿＿＿＿＿＿＿＿＿＿＿＿

3. 对您来说最无聊的时间是：＿＿＿＿＿＿＿＿＿＿＿＿＿＿＿＿＿＿＿

附件 4.3　分组讨论

姓名：＿＿＿＿＿＿

每天，面对孩子，您知道她/他的时间分配是怎样的吗？

请根据孩子的实际情况，将每天所做的事情及花费的时间写在下面的圆中，组成完整的一天……

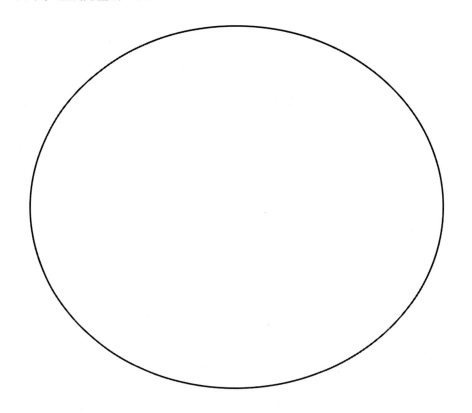

1. 孩子哪些安排是有效合理的：_____

2. 哪些时间是意义不大需要调整的：_____

3. 你打算如何帮助孩子合理安排时间：_____

附件 4.4　安排计划表需注意的事项

- 保证充足睡眠。

- 科学、合理（有动有静，体力智力相结合）。

- 适当进行家务劳动及生活技能训练。

- 鼓励多样化安排（参加社交活动、游戏、公益服务等）。

- 家长与孩子共同讨论，决定时间安排（如共同决定奖惩措施等）。

- 实施计划最重要，在这一过程中家长负责监督。

- 评估后进行完善和调整（平时、寒暑假时候应有所不同）。

子女组

目的：

协助组员认识良好时间管理的重要性，培养合理安排和利用时间的好习惯。

程序：

时 长	目 标	内 容	物 资	备注/技巧
10分钟	加深社工与组员关系	①社工进行自我介绍，同时介绍功课辅导义工、介绍小组活动的目的和内容。②社工就中心及小组的内容与组员互动问答（共5题），回答正确的皆可奖励一朵印花作为家庭累积。③小组规则介绍及强化	椅子8把互动问题5个	见附件4.1。延用互动问答方式进行提问，调动组员充分参与
25分钟	协助辅导组员的功课，从而建立正确学习态度	功课辅导时间：参与组员在一起做作业，由中心两名义工协助辅导组员的功课，不仅是对具体作业的辅导，更重要的是引导组员思考，寻找解题的方法和技巧	桌椅若干备用试题（脑筋急转弯）	见附件4.2。①强调小组规则，强化正面行为及奖励，但对违反规则的组员也会受到惩罚，促使良好活动秩序的维持。②协助义工建立"资深功课辅导员"权威与角色。③社工主要承担协助者角色，适当提醒
5分钟	破冰，活跃现场气氛，带出主题	热身游戏：小手摆	惩罚条电脑电源背景轻音乐	见附件4.3。①清楚地说明游戏规则，并做示范，让组员都能理解。②鼓励组员开放参与运用小组集体力量观察与监督，共同承担责任，同时亦可提升组员的参与意识

续表

时长	目标	内容	物资	备注/技巧
15分钟	协助组员了解良好时间管理的重要性	主题游戏：我的学习生活怎样安排	白板 白板笔 作息图工作纸 粘胶	见附件4.4。 ①充分运用协助义工的资源，发挥其特长。 ②引导比较重要，但不宜加入社工的主观色彩，需客观引导，并且鼓励组员选择和使用适合个人特质的时间表
30分钟	协助组员培养合理安排和利用时间的好习惯	①主题游戏：学习时间好管家。 ②案例：怎样帮助小米	康乐球 背景轻音乐 工作纸（案例） 家庭作业 笔 白板 白板笔	见附件4.5、附件4.6。 ①社工主要发挥引导者、协助者作用，掌控小组全场节奏需考虑到组员个人差异与不同。 ②鼓励组员间多互动交流，如遇到不懂的地方可询问他人
5分钟	总结及预告	活动总结： ①邀请组员分享本次活动感受。 ②社工总结，并预告下次小组活动的时间、地点	白板 白板笔	表扬与鼓励

附件4.1 互动问答

• 在小组第一节"Oh！神奇侦探"中，关于最明显的两个特征，拥有以下特征的组员是谁？"我每天穿着蓝色的衣服；我喜欢运动。"

• 在小组第一节"Oh！神奇侦探"中，关于最明显的两个特征，拥有以下特征的组员是谁？"我眼睛大大的；我身体比较瘦。"

• 在小组第三节活动中，热身游戏的名字叫什么？

• 在小组第三节活动中，"心目中的你和我"环节是干什么的？

● 在小组第三节活动中,"学习习惯对对碰"环节,有哪几个家庭出来表演了?

附件 4.2　功课辅导时间

强调小组规则和纪律,对于完成作业较快的组员要求保持安静,可检查功课,或借阅中心儿童天地的书籍,或派发备用的试题给他们做,以便其能够耐心地等待小组互动环节。

附件 4.3　热身游戏:小手摆

（游戏内容）

社工带领组员玩"小手摆"游戏,完成以下 4 个动作:

● "做功课"的动作:先伸出右手,再伸出左手食指,在右手掌心比画。

● "温习"的动作:伸出双手,掌心向内,眼睛望着双手。

● "游戏"的动作:伸出左脚,再双手握拳运转。

● "休息"的动作:双手合掌,轻轻放在左肩膀上,头向左边歪,作睡眠状。

当社工发指令时,组员需统一做出相应的动作;若有组员动作做错,则将会受到一定的"惩罚"。

附件 4.4　主题游戏:我的学习生活怎样安排

（游戏内容）

出示"做功课""温习""游戏""休息"4 个作息图,邀请三位组员根据平时的生活排列作息图的次序,接着邀请其他组员举手发言,自己平时属于哪一类次序(或与这三位组员的次序不同),现场作统计,且引导组员分享每一种时间安排可能带来的好处与不良影响有哪些,不同的时间安排可能导致不同的结果,强化时间管理的重要性。

工作纸：读书时读书，游戏时游戏

休息

游戏

温习

附件 4.5　主题游戏：学习时间好管家

游戏内容

　　以"音乐传球"的形式，引导组员分享上一次活动布置的家庭作业，在上课、温习/做功课、娱乐/游戏/运动、吃饭/睡觉、其他（与家人、同学、朋友倾谈和聊天……）等要做的事情上，是怎样分配时间的？并在白板上写出时间统计，带领其他组员回应。

讨论

- 一天只有 24 小时，除了上课之外，你花了最多时间在哪方面？
- 你希望花更多时间在哪方面？哪些活动可以减少时间？

附件 4.6　案例：怎样帮助小米

案例

　　小米今年 7 岁，平时就是个电视迷，从周一至周五，每天只要从学校回家，就会熟练地拿着遥控器，趁妈妈做饭之机，看上一个半小时的电视。晚饭后，通常还会看上一段时间卡通片才肯在妈妈的督促下洗澡睡觉。

　　小米每天除了上课外，温习和做功课的时间只有半个小时，看电视一般都超过 3 个小时。有时候，她也是边吃饭边看电视，跟家人、同学之间的聊天时间基本没有。

　　小米每天长时间窝在沙发里看电视，整天精神委靡，懒洋洋的。因为看电视多了，作业也懒得做，应付了事，上学也常常迟到，每天就嚷着要看电视，或者周末吵着要出去玩。一旦爸爸妈妈不同意带她出去玩，她就闹情绪，发脾气。

通过以上分享，协助组员初步学习如何合理分配时间。

讨论分享

请组员讨论案例中小米的时间安排是否合理，该怎样安排更好。接着邀请 2~3 名组员分享。通过此环节，进一步加强组员合理安排和利用时间的练习与运用，并倡导组员在日常学习中可尝试练习使用。

第 5 节

家长组

目的：

1. 认识专注力在孩子学习中的重要性。
2. 帮助家长学习训练孩子专注力的方法。

程序：

时 长	目 标	内 容	物 资	备注/技巧
5 分钟	建立关系，回顾及预告	开场白：欢迎组员，回顾上节活动内容，介绍本次活动内容	椅子 8 把	鼓励、赞赏组员的出席，简单带领回顾
10 分钟	促进组员之间相互熟悉，活跃气氛	热身游戏：捉泥鳅	背景音乐	见附件 5.1。观察组员的表现，提醒游戏过程的规则，投入到组员的活动情绪中，并依据组员到达的热烈程度，调整音乐，以便使游戏高潮时结束

续表

时　长	目　标	内　容	物　资	备注/技巧
20分钟	帮助组员认识什么是专注力及了解孩子不专注的原因	讨论： ①专注力的概念。 ②不专注的原因有哪些	材料纸 白板 白板笔	见附件5.2、附件5.3。 引导组员思考，整合组员的意见，形成统一的概念和对问题的理解
15分钟	帮助组员学习专注力训练的方法	①短暂记忆＋图像记忆法训练。 ②我能记多少？社工念出一些词语，请组员用一分钟时间记在脑子里，然后社工给每人发放一张工作纸，让组员凭自己的记忆选择曾经出现过的词语，看看找出了多少个	工作纸1张 笔	见附件5.4。 赞赏组员的表现，鼓励组员分享及提炼记忆的方法，引导进行图像记忆
15分钟	帮助组员学习专注力训练的方法	社工讲解：专注力训练法	工作纸2张 笔	见附件5.5、附件5.6。 社工讲解及说明，做引导者
15分钟	帮助组员学习专注力训练的方法	①故事记忆法、6W温习法训练。 ②总结：每个人有不同的学习方法，没有所谓最好的方法，有些方法较适合某些人，但如果有各种不同方法，我们便可以有更多选择	工作纸3张 笔	见附件5.7。 观察组员的表现，赞赏组员的投入和训练的成绩，引导组员分享

时　长	目　标	内　容	物　资	备注/技巧
10分钟	总结及预告	活动总结： ①邀请组员分享本次活动感受。 ②社工总结，并通知下次小组活动的时间、地点	—	倾听组员的反馈，平等协商，尊重组员关于时间讨论的意见，并说明相关的安排

附件5.1　热身游戏：捉泥鳅

游戏内容

以"捉泥鳅"的儿歌为背景音乐，组员围成一个圈朝着逆时针方向走动，当歌词唱到"泥鳅"二字时，全部组员需要向后转身，然后朝着相反方向走动，以此类推，直到歌曲全部结束。

附件5.2　专注力的概念

什么是孩子的专注力？所谓专注力，就是我们常说的注意力，对孩子来说，是指他们能把视觉、听觉、触觉等感官集中在某一事物上，达到认识该事物的目的。专注力是一切学习的开始，是孩子最基本的适应环境的能力。人的注意力，受多方面因素的影响，注意力缺陷，常常是许多学习差学生的共同特点。通过研究发现，儿童早期进行注意力训练，是保证孩子以后学习的关键。其实，只要家长了解了注意力训练的方法，完全可以在家庭中开展。

附件5.3　不专注的原因有哪些

一是身体原因。有些孩子偏食，本来是该吃什么吃什么，由于家长的溺爱却成了想吃什么吃什么，造成孩子许多成长元素的缺乏。

二是运动原因。现在的孩子大多缺乏体育锻炼，其实运动最有利于孩子各项能力的培养。因为在运动中，孩子的肌肉、神经和感官都要相互配合，才能完成要做的动作。

三是心理原因。心理原因有很多，比如伙伴关系、师生关系都会影响到孩子的专注力，但最重要的是亲子关系。父母的教育方式和养育态度直接影响着孩子的专注力。父母的过度呵护可以说是孩子专注力差的主要原因。由于现在只有一个孩子，父母疼爱有加，本来应该孩子完成的事情却由父母来代劳，时间久了，孩子就会养成严重的依赖心理。因为很多事情是不需要自己动脑筋去完成的，作业错了爸妈给检查，上课没有听明白父母会请家教，这样一来，孩子的专注力必然会下降。

附件5.4　专注力训练：我能记多少

各位家长：

　　现在请你凭你的记忆，你觉得哪些是社工刚刚念过的词语？请你在这些词语下面打"√"，看看你找对了几个？

老虎	石头	月亮	太阳	书
青蛙	猫	树木	小屋	小溪
自行车	牛	山	小桥	火车
鲜花	木马	池塘	鱼	草地
太阳帽	飞机	眼镜	湖	花园
菊花	马车	小船	小鸟	乌龟
电脑	苹果	香皂	蛋糕	电灯

附件5.5　专注力训练法测试工作纸

火眼金睛就是我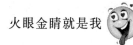

下面每行中都有一些两两相邻、相加等于10的成对数字，在每对相加等于10数字的下面画上线，例如：87946367823691

82654836982473896474676479273468245839212569825545 89103

73957486901028567833281817461564812012996553566298 74136

92877456913619394616536421198756321556322986653747 83665

附件5.6　专注力训练方法

- 运用积极目标的力量。
- 培养对专心素质的兴趣。
- 要有对专心素质的自信。
- 善于排除外界干扰。
- 善于排除内心的干扰。
- 节奏分明地处理学习与休息的关系。
- 空间清静。
- 清理大脑。
- 对感官的全部训练。
- 不在难点上停留。

附件5.7　故事记忆法、6W温习法训练

短暂记忆法

1. 词语记忆大考验。

第一组：狮子、大象、猴子、犬鹅、骏马、水牛、猕猴桃、火龙果、香蕉、苹果。

第二组：农民工、小海军、人民子弟兵、社会工作者、来深建设者、口香糖、铁皮柜、咖啡杯、圣诞老人、呼啦圈。

2. 注意力的训练贵在孩子的坚持，重在家长的参与。

游戏训练法在训练次数的安排及学习材料内容的安排上应遵循的原则是：从小到大、从短到长、从少到多、从易到难。以下几个活泼有趣的方法，不妨一试：玩扑克、开火车、顶乒乓球、给数字画线（在某个数字下画线，如画"8"；在两个相同的数字下画线；在两两相邻的数字下画线，这两两相邻的数字是其和等于10的两个数字）。

指读数字：将1~25的数字卡片顺序打乱放在方格里，让7~8岁的儿童在最短的时间内按顺序指出。7~8岁儿童完成时间是30~50秒，平均40~42秒；正常成年人看一张图表的时间大约是25~30秒，有些人可以缩短到十几秒。可以多制作几张这样的训练表，每天一练。

复述数字：大人一开始先报简单的几位数，让孩子复述，大人再不断

地增加一位数，让孩子复述。每次只增加一位数。比如，大人报"256"，孩子重复一遍，大人再报"2568"，孩子再重复，大人再报"25681"，孩子再重复，以此类推。孩子能记住的越长越好，但也要看程度适可而止。坚持每天一练。孩子在不断复述当中，注意力必须高度集中，从而既锻炼了记忆力，又锻炼了注意力。

智力训练：比如走迷宫；找图中所隐藏的动物；在一大堆杂乱无章的图中找出一样东西；找相似图形中的异同（同中找异，异中找同）；比较图的大小长短；记住物品（在规定的时间内把一页图中的物品记住，然后合上书让他报出来）。

堆竹签：家长把多根竹签随意搭在一起，让孩子小心翼翼地一根一根拿起来，力求做到每拿起一根时不触动其他的，数量由少到多加大难度。

图像记忆法（一）

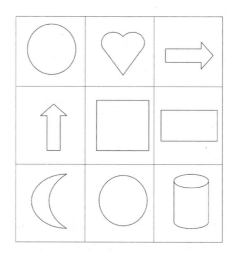

问题：

1. 长方形在图表的哪个位置？

2. 向上的箭头在图表的哪个位置？

3. 圆形除了在第一个方格外，在哪个位置还有？

图像记忆法（二）

　　青蛙　自行车　鲜花　鱼　树木　草地　太阳帽　小船　乌龟　石头
小鸟　小桥

故事记忆法

星期六早上，我一早便被闹钟吵醒了，接着我便到洗手间用电动牙刷刷牙和洗脸，然后吃早餐。早餐有一个鸡蛋和两根香肠，我还喝了一杯柠檬茶。吃完早餐后，我便回房温习功课，有语文、数学和英语。十一点整，我便约了小明去打羽毛球、篮球、排球和乒乓球。

6W 温习法

运用故事记忆法里的例子，引导组员如何用 who（谁）、what（什么）、why（为什么）、when（何时）、where（哪里）、how（如何）去探讨故事（课文）内容及协助记忆，通过练习，原来 6W 也可以应用在阅读上，改善温习技巧。

- 分享 6W 学习法对他们理解文章有什么帮助。
- 鼓励将应用 6W 学习法于日常学习中。

子女组

目的：

协助组员训练专注力。

程序：

时　长	目　标	内　容	物　资	备注/技巧
10分钟	加深社工与组员的关系	①社工进行自我介绍，同时介绍功课辅导义工、介绍小组活动的目的和内容。 ②社工就中心及小组的内容与组员互动问答（共4题），回答正确的皆可奖励一朵印花作为家庭累积印花。 ③小组规则介绍及强化	椅子8把 互动问题4个	见附件6.1。 ①运用互动问答方式进行提问，促使组员投入小组。 ②强调小组规则，强化正面行为及奖励
25分钟	协助辅导组员的功课，从而养成正确学习态度	功课辅导时间：参与组员在一起做作业，由中心两名义工协助辅导组员的功课，不仅是对具体作业的辅导，更重要的是引导组员思考，寻找解题的方法和技巧	桌椅若干 备用试题（脑筋急转弯）	见附件6.2。 ①协助义工建立"资深功课辅导员"权威与角色。 ②社工主要承担协助者角色，适当提醒
5分钟	破冰，活跃现场气氛	热身游戏：说不动就不动	惩罚条 电脑 电源 背景轻音乐	见附件6.3。 清楚地说明游戏规则，并邀请组员作示范，鼓励组员开放参与，自由发挥想象。当个别组员遇到困难不知如何做动作时，可寻求其他组员的相互帮助
15分钟	训练组员的听觉专注	听觉专注训练	工作纸 笔 白板 白板笔 秒表	见附件6.4。 说明规则，引导分享，非单纯练习，并总结与整合所有组员使用的训练听觉方法，并鼓励日常学习使用

时 长	目 标	内 容	物 资	备注/技巧
15分钟	训练组员的视觉专注	视觉专注训练	工作纸 笔 白板 白板笔 秒表	见附件6.5。 ①鼓励组员积极吸取上一环节听觉训练的经验，因为有些方法是相通的。 ②关注小组动力，比如"受挫"组员的信心及投入
20分钟	协助组员学习三种训练专注力的方法	学习图像记忆法、故事记忆法、6W温习法 ①邀请组员分享自己曾经使用的学习方法，例如：用口背诵、分类、用图像、找出关系，等等。 ②社工逐一介绍讲解三种训练专注力的方法，并作总结。 ③社工引导组员了解良好专注力对学习的重要性，并鼓励组员在日常学习中运用专注技巧	白板 白板笔	①社工转为较多主导和掌控，同时担当调解人。 ②注重关注小组动力，同时运用正强化、团体压力来约束其遵守小组规则，适当将一些问题抛出来共同讨论解决，或个别跟进，或作冷处理
5分钟	总结及预告	活动总结： ①邀请组员分享本次活动感受。 ②社工总结，并预告下次小组活动的时间、地点	白板 白板笔	社工引导如何解决

附件5.1 互动问答

- 在第4节活动中，有几个家庭出席小组活动？
- 在第4节活动中，热身游戏的名字叫什么？
- 在第4节活动中，"怎样帮助小米"案例中的小米，她遇到了什么问题？
- 谁能最快说出参加现场活动的3位小朋友的名字（除自己之外）？

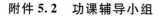

附件 5.2　功课辅导小组

　　强调小组规则和纪律，对于完成作业较快的组员要求保持安静，可检查功课，或可借阅中心儿童天地的书籍，或派发备用的试题给他们做，以便其能够耐心地等待小组互动环节。

附件 5.3　热身游戏：说不动就不动

游戏内容

　　放节奏感较强的音乐，让全体组员随着音乐做动作。当音乐突然停止时，大家的动作也要立即停止，保持姿势不变，直到下次音乐响起。如：组员正在做踢腿动作时，音乐突然停止，那么就保持这个姿势不动，看其能否立即静止不动并保持身体平衡。

　　若有组员在音乐停止时还在动，则将会受到一定的"惩罚"。

附件 5.4　听觉专注训练：我能记多少

游戏规则

　　社工念出一些词语，请组员用一分钟时间记在脑子里，然后社工给每人发放一张工作纸，让组员凭自己的记忆选择曾经出现过的词语，看看找出了多少个。

讨论分享

　　邀请组员分享感受，分享训练听觉专注力，有哪些方法与技巧？

游戏内容

各位小朋友：

　　现在请你凭记忆，你觉得哪些是社工刚刚念过的词语？请你在这些词语下面打"√"，看看你找对了几个？

老虎	石头	月亮	太阳	书
青蛙	猫	树木	小屋	小溪
自行车	牛	山	小桥	火车
鲜花	木马	池塘	鱼	草地
太阳帽	飞机	眼镜	湖	花园
菊花	马车	小船	小鸟	乌龟
电脑	苹果	香皂	蛋糕	电灯

附件 5.5 视觉专注训练：火眼金睛就是我

【游戏规则】

社工给组员发一张列有两道测试题的工作纸，第一题中组员需在单词中找出字母"o"，并在其下方画线，例如 home。第二题中组员需找出每行数字中的一些两两相邻、相加等于 10 的成对数字，在每对相加等于 10 数字的下面画上线。

社工在练习开始前确认每一位成员了解练习内容和要求，并提醒组员一旦开始做就不可以停下来直到做完为止。鼓励组员要细心和快速，奖励完成较快且正确的组员，他（她）将获得集体爱的掌声鼓励。

社工邀请组员分享感受，分享训练视觉专注力，有哪些方法与技巧？

【游戏内容】

 在下列英语单词中找出字母"o"，并在其下方画上线，例如

home.

home	when	back	work	this	good
enjoy	polite	reading	club	everyone	born
after	slim	long	music	hard	swimming
short	wear	glasses	hobby	badminton	volleyball
court	football	field	swimming	pool	always
hour	week	run	hour	then	sometimes
often	dinner	grandparent	restaurant	sports	news
score	player	team	member	when	goal
next	World	age	birthplace	match	well
lesson	work	where			

下面每行中都有一些两两相邻、相加等于 10 的成对数字，在每对相加等于 10 的数字的下面画上线，例如：87946367823691

82654836982473896474676479273468245839212569825545 89103

739574869010285678332818174615648120129965535662987 4136
928774569136193946165364211987563215563229866537478 3665

第 6 节

合并组

目的：

1. 巩固第 4、第 5 节小组活动成果，强化时间表制定与专注力技巧的训练。

2. 小组回顾、总结与评估。

程序：

时　长	目　标	内　容	物　资	备　注
5 分钟	介绍活动	开场白：社工就前两节小组活动的内容与组员互动问答，介绍本节活动内容与流程	椅子 16 把 互动问题 5 个	见附件 7.1
10 分钟	破冰，活跃现场气氛，初步训练组员的专注力	热身游戏：说不动就不动	惩罚条 电脑 电源 背景轻音乐	见附件 7.2
15 分钟	强化亲子双方专注力技巧训练	专注力训练：孩子家长齐记忆	工作纸 笔 秒表	见附件 7.3
25 分钟	强化亲子双方合理制定时间表	主题游戏：我们的时间由我们做主	工作纸 笔 秒表 白板 白板笔	见附件 7.4

时　长	目　标	内　容	物　资	备　注
20分钟	回顾与总结整个小组，强化活动目标	小组历程回顾视频 小组分享： ①社工派发工作纸（坐标），邀请每个家庭评估整个小组过程中的感受；家长与孩子在纸上写上对方的改变，或对对方的新发现，也可写上鼓励的话。 ②写完后邀请几个家庭在小组中分享他们印象最深刻、最有收获的部分等	视频 笔 工作纸	见附件7.5
5分钟	小组评估	社工派发子女组和家长组的问卷，组员填写评估意见	笔 意见反馈表	见附件7.6
10分钟	巩固小组成果，完结小组活动	总结表彰： ①社工总结和奖励在整个小组活动中表现优异的家庭，告知组员获奖原因及在小组中的表现。 ②预告中心近期活动。 ③集体合影留念	奖状 奖品 KT光荣榜 近期活动宣传单 相机	见附件7.7

附件6.1　互动问答

• 在第四节活动中，有几个家庭出席小组活动？

• 在子女组第四节活动中，热身游戏的名字叫什么？

• 在子女组第五节活动中，热身游戏的名字叫什么？

• 在家长组第五节活动中，学习了哪几种专注力训练方法？

• 谁能最快说出参加现场活动的2位小朋友和1位家长的名字？（除自己家庭之外）

附件6.2　热身游戏：说不动就不动

游戏内容

放节奏感较强的音乐，让全体组员随着音乐做动作。当音乐突然停止时，大家的动作也要立即停止，保持姿势不变，直到下次音乐响起。如：组员正在做踢腿动作时，音乐突然停止，那么就保持这个姿势不动，看其能否立即静止不动并保持身体平衡。

若有组员在音乐停止时还在动，则将会受到一定的"惩罚"。

附件6.3　专注力训练：孩子家长齐记忆

游戏规则

以家庭为单位，每个家庭派发一张空白纸，社工念一组词语，念完后由协助社工派发一支笔，在一分钟时间内，亲子组员共同合作写下社工念的词语，之后确认答案，且邀请3个家庭分享他们在过程中使用了哪些专注力训练方法？同时亲子双方合作情况如何，社工也反馈所观察到的情况。

共念两组词语，训练家长和孩子的专注力以及亲子双方的配合能力。

游戏内容

第一组：青蛙、眼镜蛇、蝴蝶鱼、恐龙、黄牛、山羊、狐狸、乌龟、飞鸟、小白兔

第二组：中央空调、办公室、笔记本、长凳子、芒果树、小蜜蜂、后花园、小义工、英语、高架桥

附件6.4　主题游戏：我们的时间由我们做主

游戏内容

根据说明，在8分钟时间内，邀请家长和孩子共同讨论制订下一周的家庭时间计划表（以孩子为主），计划表需分配有孩子的学习、生活、娱乐时间，家庭出游时间等内容，完成之后邀请2~3个家庭进行分享，社工引导组员分享。

分享

孩子：是否有参与？是不是双方共同讨论商量过的计划？最期待计划有哪些内容？在制订过程中你的爸爸/妈妈有哪些表现好的地方？比如是不是能够耐心地听你说？有没有给你更多表扬和鼓励？

家长：孩子有一同参加讨论吗？有没有尊重孩子的想法和意见？你认为孩子的表现如何？有没有发现孩子的优点并及时进行表扬？

讨论

所规划的时间是否合理？计划能否实施？怎样分工促使计划顺利进行？爸爸妈妈应扮演的是什么角色？

社工鼓励组员将制定的计划进行实践，建议其他家庭成员一同参与。

家庭时间计划表

各位家长和孩子，请你们一起讨论关于下一周你们的家庭生活计划，主要是从孩子的学习、生活、娱乐等方面出发，共同制订家庭时间计划表，并实践于日常生活中。

参考内容	时间 \ 星期	一	二	三	四	五	六	日
1. 起床/梳洗 2. 做功课/温习/课外阅读 3. 早餐/午餐/晚餐 4. 休息 5. 与家人一起聊天	上午							
6. 看电视/玩电脑 7. 走访亲戚 8. 兴趣班（课外学习） 9. 帮忙做家务 10. 家庭出游	下午							
11. 其他 设计时需注意：注重均衡发展（有温习、休息、游戏等）；切合个人兴趣及需要；配合家人的生活习惯及节奏	晚上							

本时间表自　　年　　月　　日起开始实施。　　　家长签名：　　　　孩子签名：

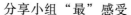

附件 6.5　小组回顾及总结

分享小组"最"感受

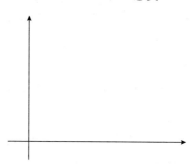

1. 参加小组，你有什么感受，有什么收获？

2. 小组活动过程中，什么令你印象最深刻？最开心的？

3. 妈妈，你觉得孩子有什么改变，或者你对她/他有什么新发现吗？

4. 小朋友，你觉得妈妈有什么改变，或者你对妈妈有什么新发现吗？

5. 给对方一句鼓励。

附件 6.6　活动意见反馈表

评估意见表（家长组）

请"√"出或填写最能代表您意见的答案。您的意见将会被保密，而您给予的意见并不会影响您现时或将来所接受的服务。现诚意邀请您抽空填写问卷，完成后请交予有关职员。多谢合作！

1. 到现在为止，孩子的学习带给我的压力有多大？

A. 压力很大　B. 有一些压力　C. 比较少压力　D. 没有压力

若给我的压力打一个分，0－10 分，我会给自己打几分？（压力越多，分数越高）_____

2. 请思考，我对孩子的学习有怎样的期望？_____

3. 我希望孩子的学习达到什么样的状态或目标，如果以成绩来衡量，你希望是_____分。

如果你还有其他的衡量标准，请列出：_____

4. 比起参加活动以前，孩子的学习习惯是否有改善？A 是；B 否

如果是，请说明理由：_____

5. 在活动中，我是否学会了至少一种帮助孩子做功课的方法？A 是；B 否
   如果是，请列出 _____

6. 比起参加活动之前，在帮助孩子辅导功课方面，我觉得 _____
   A. 容易很多   B. 容易一点   C. 一般   D. 比较困难   E. 很困难
   如果你选择 A 或 B，请说明原因 _____

7. 因为孩子做功课的事，我与孩子之间发生冲突或者关系紧张（如不开心）的情况如何 _____
   A. 几乎每天都发生   B. 经常发生   C. 偶尔几次发生
   D. 很少发生   E. 没有发生过

8. 通过参加本次活动，对我与孩子的关系是否有提升或改善？ _____
   A. 关系提升很多   B. 关系提升一些   C. 还是和原来一样
   D. 没有原来的关系那么好   E. 不清楚

9. 通过参加本次小组活动，对我的帮助有哪些？
   _____

10. 通过参加本次小组活动，对孩子的帮助有哪些？
    _____

其他评价

评估项	非常同意				非常不同意
11. 我满意活动的时间安排	5	4	3	2	1
12. 我满意活动的形式	5	4	3	2	1
13. 我满意活动的场地	5	4	3	2	1
14. 社工表现：					
14.1 我满意社工的工作表现。	5	4	3	2	1
14.2 我满意社工的工作态度	5	4	3	2	1
15. 我投入此活动	5	4	3	2	1

姓名：_____   日期：_____

评估意见表（子女组）

1. 参加这个小组活动，我的感受怎么样？

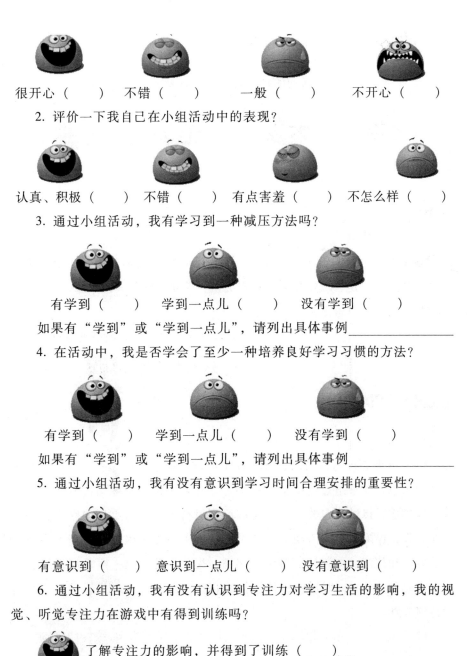

很开心（　　）　　不错（　　）　　一般（　　）　　不开心（　　）

2. 评价一下我自己在小组活动中的表现？

认真、积极（　　）　　不错（　　）　　有点害羞（　　）　　不怎么样（　　）

3. 通过小组活动，我有学习到一种减压方法吗？

有学到（　　）　　学到一点儿（　　）　　没有学到（　　）

如果有"学到"或"学到一点儿"，请列出具体事例＿＿＿＿＿＿＿＿

4. 在活动中，我是否学会了至少一种培养良好学习习惯的方法？

有学到（　　）　　学到一点儿（　　）　　没有学到（　　）

如果有"学到"或"学到一点儿"，请列出具体事例＿＿＿＿＿＿＿＿

5. 通过小组活动，我有没有意识到学习时间合理安排的重要性？

有意识到（　　）　　意识到一点儿（　　）　　没有意识到（　　）

6. 通过小组活动，我有没有认识到专注力对学习生活的影响，我的视觉、听觉专注力在游戏中有得到训练吗？

了解专注力的影响，并得到了训练（　　）

不太了解专注力的影响，但得到训练（　　）

不了解，也没得到训练（　　　）

7. 我觉得带领小组活动的社工表现怎么样？

非常好（　　　）　　　不错（　　　）　　　一般（　　　）　　　不好（　　　）

附件 6.7　奖状

_____家庭：

在"学习轻松 D"亲子功课辅导小组活动中，经福田区景田阳光家庭综合服务中心评定，成绩显著，表现突出，荣获 <u>最佳表现家庭奖</u> 。

特发此状，以资鼓励。

深圳市妇联景田阳光家庭综合服务中心
年　　　月　　　日

🏠 专业反思

1. 收获

（1）专业态度与技巧的提升。社工能较好地承担统筹者、组织者和带领者的角色，在小组过程中坚定社会工作专业价值，始终保持专业精神态度，以尊重、接纳、包容、个别化等原则对待组员，与组员建立了良好的专业关系，保障了小组活动的顺利举行。社工在小组中适当运用了小组活动的方法和技巧，如鼓励、赞赏、回馈、聚焦、总结等，注重加强组员之间的沟通和互动，同时运用团体压力强化正面行为，让组员感受到小组的支持和鼓励。

（2）服务方式多样化运用。该小组以体验式学习为主，通过互动游戏、情景扮演、故事分享、视频学习、技巧讲解、强化训练等进行小组活动，使用多种活动手法，充分吸引了组员的积极参与。

（3）注重资源整合。在整个小组过程中发挥资源联络人角色，积极整合有相关功课辅导经验的资深义工资源，为小组活动的开展提供了多元化资源支持。

（4）后续跟进及时把握。针对小组中个别组员的"捣乱"行为，破坏小组纪律，在小组结束后社工及时与其个别面谈跟进，背后的原因涉及亲子关系、家庭关系问题，在组员及家长的意愿下，考虑以个案形式跟踪服务。

（5）社区亲子功课辅导服务经验得以进一步探索与积累。该小组活动切合亲子双方需要，通过亲子双向的系统改变来促进整个家庭系统改变的方式，将亲子功课辅导的主题融入小组内容中。一方面借由"功课辅导"的形式，让孩子在巩固课业知识的同时，提升学习的兴趣、减轻学业压力；另一方面，家长参与小组，可以让他们更多地了解孩子各方面的能力、澄清期望、减轻压力、制订切实可行的教育计划，亦可通过此类服务增进亲子之间的相互了解和沟通，促进融洽和谐的亲子关系。

2. 不足与反思

（1）对活动时间和小组进程的把握需要再提升。如活动的开始时间和结束时间，尽量不拖延。活动过程中，需要在时间方面有更多的把握。

（2）关于活动形式的设计。尽管社工在活动形式的动静设计方面有了较高的认识，可是在实际的操作中不够娴熟，需要更多的操练，以更好地掌控活动的气氛，带出活动的目标。

（3）在亲子合并组中，社工的语言把握需要进一步澄清。对于亲子类活动，社工的语言使用更具讲究，是使用家长语言，还是儿童语言，这些还需要根据环节、内容来选择和把握，并且可多学习和了解什么情况下使用哪种语言更佳。

（4）社工的带领与回应、活动后的讲解和总结等技巧需逐步提高。如在带领过程中，如何更好地把握团体动力和利用组员内部资源，社工的讲解和组员分享的内容如何更好地结合，都需要进一步的掌握和提升。

亲子手工坊

阳光家庭初级督导　韦宗均

海珠阳光家庭　　张　蕾

海悦阳光家庭　　谭　凌

盐田阳光家庭　　杨林荣

🏠 服务背景

随着当今社会生活节奏的加快，物质生活水平的提高，父母对子女的期望越来越高，但他们投入家庭教育的时间却越来越少。尤其是在 4～6 岁的幼儿教育中，父母对亲子间如何进行有效沟通存在极大的需求。

经观察及沟通交流得知，在众多的亲子活动中，父母对提供亲子互动的时间和机会较为看重，平日与孩子相处时间较少的双职工家庭父母对此的需求尤甚。因此，家长更愿意配合孩子的兴趣及动手、动口、动脑、动身能力的表现机会而参与亲子活动。

把亲子教育的技巧贯穿在亲子互动的过程中，并练习内化为家庭日常生活的习惯，正是阳光家庭的家庭服务领域关于居民需求与服务提供相结合的一个亮点。亲子手工坊在阳光家庭不断尝试、推行中，经过五年的反思，服务水平已渐渐成熟，并在不同的阳光家庭加以学习与推行，成为了阳光家庭的特色与品牌。

现将 4～6 岁的亲子手工坊范本总结如下，有志于推行亲子教育的社工可作参考。我们期望在彼此学习中，使服务更上一层楼！

🏠 服务特色

社区居民普遍喜欢参与一些能与孩子一起游玩的活动，因此亲子一起做手工的活动形式是十分受欢迎的。我们把握这个良机，设计亲子手工坊，让家长与小孩一起活动之余，融入亲子管教技巧，促进亲子关系，以活泼形式带出教育意义。

手工 ＋ 知识 ＋ 游戏 →和谐家庭关系

通过亲子手工坊这一平台，以亲子合作制作手工及游戏的方式，在家庭互动中探讨教育子女的观念和方法，帮助子女更好地面对成长的任务和危机，促进家人和谐相处，实现共同成长。

🏠 服务对象

4~6岁儿童及其家长。

🏠 服务人数

6~10个家庭为宜。

🏠 服务目标

1. 促进亲子间的互动和沟通。
2. 提升家长对子女管教的能力。

🏠 服务内容

本系列服务主要是根据埃里克·埃里克森（Eric H. Erikson）的心理社会阶段理论，结合4~6岁儿童心智成长的需要，设计了两期有关亲子沟通的活动，另外按照儿童情绪发展的需要，也设计了第三期的活动，期望这三期小组活动能作为亲子手工坊的样板，社工们可按不同年龄儿童的特征及家长管教的需要来开展多姿多彩、形式各样的亲子手工坊。

期数	名称	重点
第一期	赞赏的技巧	提升家长使用赞赏技巧的能力

续表

期数	名称	重点
第二期	听、说、夸、斥	从沟通要素：听、说、夸、斥四个方面进行演绎，引出亲子教育的"双赢"原则
第三期	培养孩子的情绪管理能力	让参加者对情绪有基本的了解及掌握基本处理儿童情绪的技巧

第一期　亲子手工坊——赞赏的技巧

🏠 服务理念

在亲子关系中，不平等是绝对的，而平等是相对的。一般是父母处于管教、培育的主导地位，而子女处于从属地位，特别是对于年幼的子女来讲，父母应该成为孩子的权威而不是相反。亲子关系的好坏对孩子以后的个性、情感以及人际关系的形成和发展起到关键性的影响作用。

美国心理学家埃里克森的"人格发展八阶段论"指出，学龄初期（4～7岁）儿童的特征属于主动对内疚的冲突。他认为：在这一时期如果幼儿表现出的主动探究行为受到鼓励，幼儿就会形成主动性，这为他将来成为一个有责任感、有创造力的人奠定了基础。如果成人讥笑幼儿的独创行为和想象力，那么幼儿就会逐渐失去自信心，这使他们更倾向于生活在别人为他们安排好的狭窄圈子里，缺乏自己开创幸福生活的主动性。当儿童的主动感超过内疚感时，他们就有了"目的"的品质。埃里克森把目的定义为"一种正视和追求有价值目标的勇气，这种勇气不为幼儿想象的失利、罪疚感和惩罚的恐惧所限制"。

因此，在管教此年龄段的幼儿时，父母应注意多积极鼓励及赞赏子女的行为，培养儿童的自信心和责任感。

🏠 服务目标

1. 促进亲子间的互动和沟通。

2. 提升家长使用赞赏技巧的能力。

服务设计

共 5 节，每节约 90 分钟。

服务评估

1. 评估方法：

社工评估（含问卷及现场观察）、参与者口头评估及填写《参加者意见反馈表》。

2. 评估指标：

目标达成情况占 50%，参与者意见占 30%，出席率占 20%，综合评估结果达 75% 以上方为达标。

服务内容

第 1 节　我有我可以

目的：

让家长分享被称赞的感受，从而意识到赞赏及鼓励对孩子成长的重要性。

程序：

时　长	目　标	内　容	物　资	备注/技巧
10 分钟	澄清小组的相关事项	询问组员期望，然后介绍小组的内容、目的、形式、流程、规范，澄清组员的期望和疑问，订立及签署小组契约	小组相关信息材料	见附件 1.1。订立小组契约的原则

时 长	目 标	内 容	物 资	备注/技巧
10分钟	增进组员的认识和了解，初步建立小组认同感和归属感	社工介绍小组，组员相互认识	纸和笔	如果小朋友太害羞，可允许父母代为介绍
10分钟	活跃现场气氛，增进组员亲密感	游戏：一元五角（游戏获胜者给予奖励）	小礼品	见附件1.2。游戏"一元五角"通过肢体的接触拉近了组员间的距离，很好地达到破冰的目的
10分钟	引出话题——赞美及其意义	小时候爸爸妈妈给自己印象最深刻的赞美是什么？结果如何？	—	准备一些成功的赞美案例或社工自己的例子
20分钟	启发家长进行思考，强化家长对赞美重要性的认知	从"罗森塔尔效应"引发的思考	—	见附件1.3
30分钟	推动家长在手工制作过程中使用赞美技巧	手工制作——草莓	橡皮泥	在手工制作过程中观察组员对赞美技巧的使用情况
10分钟	使家长深入感受赞美对孩子的影响，增强组员对工作坊目的的认知，引出下节主题"传情达意"	分享：谁在手工制作过程中使用了赞美的技巧？感觉效果是否明显？小孩有什么反应？这样的赞美对小孩会有什么好处？应该注意什么	—	询问小朋友听到家长的鼓励开心吗？是否希望家长给予更多的鼓励

附件1.1 订立小组契约的6大原则

- 共同订立。
- 主体是"我们"。

- 注意正面。
- 自我实现。
- 所有人签名。
- 每次都张贴。

首节小组中，"澄清小组期望"环节对小组进程的发展有重要影响。一位妈妈在该环节告知社工她以为"只是来和孩子一起做做手工，没想到内容这么丰富"，而部分组员也表达了类似的想法。但当社工进行澄清以后，明显感受到组员的重视以及对小组态度上的转变。首节小组手工制作环节让父母与子女一起度过了一段愉快的时间，而手工制作后分享环节社工对问题的提出及分享，则让部分没有准备或平时没有赞赏意识的家长感到小组"没那么简单"。而由于社工未设置制定小组契约环节，在小组活动过程中出现了组员离席、接听电话、私下讨论其他内容等情况，由此可以认识到首节订立小组契约确有必要。

附件1.2　游戏：一元五角

游戏内容

组员中每位大人价值一元钱，每位小孩价值五角钱。游戏过程中，社工将给予组员指令如"三元五角"，则全体组员必须想办法凑足指令所要求的数目，成功凑够数目的小组即可获得小礼品。游戏可进行多次，社工认为气氛达到预期则即刻停止游戏。

附件1.3　罗森塔尔效应

美国著名的心理学家罗森塔尔教授在教育学和心理学上有一个著名的实验。

他把一群小白鼠随机地分成两组：A组和B组，并且告诉A组的饲养员说，这一组的老鼠非常聪明；同时又告诉B组的饲养员说他这一组的老鼠智力一般。几个月后，教授对这两组的老鼠进行穿越迷宫的测试，发现A组的老鼠竟然真的比B组的老鼠聪明，它们能够先走出迷宫并找到食物。

于是罗森塔尔教授得到了启发，他想这种效应能不能也发生在人的身上呢？他又来到了一所普通中学，在一个班里随便地走了一趟，然后就在学生名单上圈了几个名字，告诉他们的老师说，这几个学生智商很高，很聪明。过了一段时间，教授又来到这所中学，奇迹又发生了，那几个被他选出的学生现在真的成为了班上的佼佼者。罗森塔尔教授这时才对他们的老师说，自己对这几个学生一点也不了解，这让老师们很是意外。

为什么会出现这种现象呢？是期望这一神奇的魔力在发挥作用。罗森塔尔教授是著名的心理学家，在人们心中有很高的权威，老师们对他的话都深信不疑，因此对他指出的那几个学生产生了积极的期望，像对待聪明孩子那样对待他们；而这几个学生也感受到了这种期望，也认为自己是聪明的，从而提高了自信心，提高了对自己的要求标准，最终他们真的成为了优秀的学生。

这就是著名的罗森塔尔效应。

第2节　传情达意

目的：

让家长学习赞美孩子的正确技巧，尝试运用相关知识称赞和欣赏孩子。

程序：

时 长	目 标	内 容	物 资	备注/技巧
10分钟	让组员注意力回归小组当中，引出本节主题	①回顾上节主题和小组期望。②制定小组契约。③风云榜（奖励大红花）。④介绍本节主题	风云榜 大白纸 小组契约	①风云榜奖励既要有原则性又要有随机性。②原则性体现在每节对出席小组及遵守契约的组员给予奖励。③随机性体现在小组中只要出现正面积极行为即时给予奖励
10分钟	活跃气氛、增进亲密感	互动游戏：孤岛生存	报纸 小礼品	见附件2.1

续表

时 长	目 标	内 容	物 资	备注/技巧
5 分钟	从游戏过渡到本节需讲授的知识	谁在游戏中赞美了小孩？你对小孩说了什么（引出赞赏的技巧）	—	—
15 分钟	让父母学习正确的赞赏孩子的技巧	讲解：使用赞赏的技巧	大白纸	见附件 2.2。将技巧写在 KT 板上并贴出，以便组员需要使用时可以随时看到
30 分钟	让组员在手工制作过程中体验赞赏技巧的使用	手工制作——汉堡包	橡皮泥	—
10 分钟	让组员分享手工制作过程中对赞美技巧使用的经验	分享：在手工制作过程中你看到了什么？你当时的感觉怎么样？使用赞赏技巧后子女行为是否有所改善，你发现了什么？你觉得以后遇到类似情况会怎么做	4F 原则	见附件 2.3
5 分钟	巩固小组知识，引出下节主题	回顾本节内容，布置家庭作业，告知下节主题	家庭作业	见附件 2.4

附件 2.1 游戏：孤岛生存

游戏内容

　　将组员分成两个小组，并给每个小组一张报纸，要求所有组员必须站在报纸上维持 5 秒钟不动。站在报纸上全体组员均不得超出报纸的界限，否则游戏结束。随着游戏的深入，逐渐增加难度，将报纸的面积减少（对折），最终报纸面积最小的组别获胜。如果报纸面积相同，则坚持时间长者获胜。

备注：为了让小朋友更加了解规则并投入游戏，社工可将游戏规则解说得更加富有趣味性。比如设想有一天发洪水，所有人都被困孤岛。而且洪水将许多大鲨鱼、食人鱼带到孤岛的周围。鲨鱼和食人鱼都饿极了，等着大家掉进水里。（问小朋友想不想掉进水里）……

洪水更大了，孤岛又被淹了一半……

附件 2.2 讲解：使用赞赏的技巧

1. 具体指出孩子的行为，强化孩子的正面行为。

2. 表述背后的意义，增强孩子的责任意识。

3. 表述父母的感受，有助于提升孩子的自尊感。

使用赞美技巧的注意事项：即时赞赏、具体清晰、使用奖励。

赞赏示范：你做完功课自己把文具收拾好（具体行为），减少妈妈的工作负担（意义），妈妈觉得很开心（感受）。

附件 2.3 4F 原则解说技巧

• FACTS（事实）：活动过程中真实发生的事件或情境。可以提问的问题，例如：刚才发生什么事？跟着发生什么事？最难忘/最不同/最有趣的是什么？

• FEELINGS（感受）：活动过程中产生或经历的感受。可以提问的问题，例如：说出你所经历的感觉。你觉得这次经历与以往哪些经历最相似？你在什么时候最能觉察到自己控制/表达情绪？

• FINDINGS（发现）：活动过程中的发现和体会。可以提问的问题，例如：你发现了什么？最有/没有价值的是什么？有什么帮助/阻碍你的学习？

• FUTURE（将来）：活动过程的所学如何运用到将来的工作/生活中。可以提出的问题，例如：这次经历对你的将来有什么好处？你想从这次经历中带走什么？为什么？怎样做？什么时间做？

"事实→感觉 →发现 →将来"构成组员经验学习的循环。

附件 2.4　家庭作业

您的子女在这一周内，有什么好行为值得你赞赏？

子女正面行为	赞赏说话	奖励方法

家长签名：

第 3 节　赞不绝口

目的：

1. 让家长学习赞美孩子的正确技巧。

2. 强化儿童恰当的行为。

程序：

时　长	目　标	内　容	物　资	备注/技巧
15 分钟	让家长分享赞美技巧使用的经验	①回顾小组内容。 ②分享作业。 ③本节主题	家庭作业纸 小组契约 赞赏技巧板	奖励准时完成作业的家庭
15 分钟	①促进组员之间的合作和交流，让家长尝试发现小孩的优点并练习赞美技巧。 ②促进小孩对家长的关注，增进亲子关系	互动游戏：同心寻亲 讨论： ①小孩之间如何合作。 ②小孩觉得家长的特点（优点）在哪里。 ③家长看到小孩在活动过程中有什么优点，给予赞美	椅子 礼物	—

续表

时 长	目 标	内 容	物 资	备注/技巧
25分钟	促进小孩之间的交流与合作	两个小朋友合作制作橡皮泥——泥人	橡皮泥	—
25分钟	①巩固赞美技巧的把握程度。②促使家长之间互相交流赞美的经验	赞美无敌——家长分组练习赞美技巧并展示讨论：①赞美技巧练习时是否有困难？在日常运用中是否也有困难？应该如何克服。②大家有什么好的经验和建议？运用过程中应该注意哪些事项	赞美技巧练习案例纸	（小孩、家长两部分同时进行）见附件3.2。社工从旁观察以便总结分享时有实际例子与家长分享
30分钟	为家长尝试使用赞美技巧提供机会	家长协助小孩制作橡皮泥——胡萝卜，家长可以尝试对自己的孩子或同组家长的孩子使用赞美技巧	—	—
10分钟	促使组员分享	分享经验、小组总结	—	—
5分钟	促进小孩保持良好的表现	"今天我是乖宝宝"风云榜评奖	风云榜纸	—

附件3.1 游戏：同心寻亲

游戏内容

家长并排坐成一排，小孩子两人一组，一个小孩蒙眼睛，另一个小孩以非语言的形式引导该小孩通过障碍找到家长。蒙眼睛的小孩需要通过触摸家长，猜猜是不是自己的亲人，猜中者为胜。

附件3.2 赞赏技巧案例练习纸

以两人为一组进行分组练习，一人扮演家长，另一人扮演小朋友。每个情境扮演结束后角色互换。

- 女儿放学回家主动完成功课后再打开电视看动画片，你对孩子说……

- 早上儿子准点起床并且自己穿好衣服，你对孩子说……

- 老师夸奖你的小孩今天在学校表现很好，回到家中你对孩子说……

- 女儿见到邻居老奶奶主动和她打招呼，你对孩子说……

- 今天上学小孩要求自己背书包，不用你帮忙拿，你对孩子说……

第4节　良师益友

目的：

1. 提供更多机会让家长加强对孩子奖励技巧的练习。

2. 促进小孩之间的互动和交流。

程序：

时　长	目　标	内　容	物　资	备注/技巧
5 分钟	巩固知识	上节内容回顾	赞赏技巧板	—
20 分钟	热身、促进组员间的合作和交流，促使家长使用鼓励和赞美的语言	热身游戏：杯中取物	绳子 5 个一次性纸杯 5 双筷子 5 张奖品条 10 份奖品	见附件 4.1。 小孩行动时，家长需要尝试使用鼓励和赞美的语言给小孩以支持
10 分钟	为家长即将使用奖励的方法做铺垫，促使家长尝试使用不同的奖励方法	①前进无限量：每个家庭中家长和小朋友共同设计一个奖励的动作和一句奖励的语言，完成者获红花一枚。 ②讨论：奖励对于家长和孩子的意义是什么	风云榜 大白纸	—

续表

时 长	目 标	内 容	物 资	备注/技巧
25 分钟	促进小组组员合作交流	组员合作制作橡皮泥——比萨和水果	橡皮泥	—
25 分钟	让家长多了解奖励的方法	家长交流不同的奖励方法	大白纸白板笔	（两部分同时进行）奖励可以是物质奖励，也可以是精神奖励。方法宜多元化，有物质奖励（比如奖励一个玩具），也有精神奖励（比如奖励周末一家人出去旅游）
15 分钟	巩固家长对于奖励技巧的使用	组员齐做橡皮泥，家长在小朋友完成作品后，用"前进无限量"环节的动作和语言或自己感兴趣的方法给予孩子奖励	—	—
15 分钟	总结	总结、评选今日乖宝宝让家长回家后尝试使用赞美和奖励的技巧	红花纸红蜡笔	—

附件 4.1 热身游戏：杯中取物

游戏内容

绳子上挂着五个杯子，两个小孩合作在 1 米左右的地方想办法将杯子中的奖品条取出，可用筷子作为道具。

第5节　我们共同成长

目的：

1. 分享参与小组活动的感受及对小组活动的建议，强化赞赏技巧。
2. 增强组员的凝聚力，提供互助交流平台。

程序：

时长	目标	内容	物资	备注/技巧
10分钟	巩固小组知识	前四节小组活动内容回顾	赞赏技巧板 小组契约 风云榜	—
15分钟	热身、促进组员间的合作和交流	热身游戏：虫虫赛跑	剪了小洞的报纸5张	见附件5.1
15分钟	促进孩子对家长多一些关注和了解，促进亲子关系和谐，练习赞美动作	游戏：知心竞赛	问卷	见附件5.2。游戏时可以让先完成的小朋友在终点等待未完成游戏的小朋友
15分钟	促进组员合作交流	游戏：手忙脚乱	16宫格	见附件5.3。可用绳子在地上围出均等的16格
15分钟	①促进组员更多地交流赞美的经验，强化使用赞美技巧。②评估小组成效	组员共同交流赞美技巧的经验及一些批评的经验，了解组员对小组的满意情况（对比第一节的期望）及一些建议	茶点 期望建议表	见附件5.4
5分钟	了解组员对小组整体情况的满意程度	组员填写评估表，社工简单访谈组员对小组内容的满意程度	评估表10份	见附件5.5
5分钟	结束小组	总结、合影、评选优秀组员及告知领取小组合照事项	红花贴纸 红蜡笔 相机	—

附件 5.1　热身游戏：虫虫赛跑

游戏内容

组员分两组竞赛，每人头上套张报纸，两人合作，一个人拉住另一个人的报纸从一头走到另一头，再换另一个人拉报纸返回，换另一对。以报纸保存完好和速度作为竞赛内容。

分享

大家如何分配角色？合作有哪些好的和不好的经验？

附件 5.2　游戏：知心竞赛

游戏内容

先由家长填一张问卷，然后主持人提问小朋友，谁的答案和家长一致，每对一题往前进一步，以先答对 6 题的小朋友为胜。

竞赛问题

小朋友姓名：

1. 妈妈/爸爸（两者选其一即可，下同）最喜欢吃的水果是什么？
2. 妈妈/爸爸最喜欢的颜色是什么？
3. 妈妈/爸爸最喜欢做的事情是什么？
4. 妈妈/爸爸今年多大？
5. 妈妈/爸爸的电话号码是多少？
6. 妈妈/爸爸最习惯说的一句话是什么？

分享

小朋友觉得对家长了解吗？平时会不会关注家长？应多给家长一些关注，同时家长也应多给小朋友一些关注。家长给予小朋友上节中所商议的赞美动作。

附件 5.3　游戏：手忙脚乱

游戏内容

- 预先划定一个区域，将其分为不同格子（可按颜色、数字分）。
- 3~4 人为一组，社工发号施令，每个人必须用脚或手根据社工的指示，放到指定的格子中（如：左手放红色格）。

分享

完成是否有难度？难在哪里？觉得容易的话是如何互相配合的？

附件 5.4　组员期望建议表

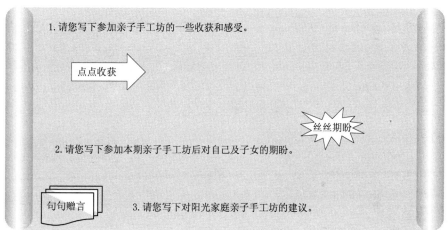

附件 5.5　亲子手工坊（赞赏的技巧）参加者意见表

名称	亲子手工坊——赞赏的技巧	编号				
评 估 项		非常同意				非常不同意
1. 我认为小组达到如下目标：						
1.1 促进亲子互动、沟通。		5	4	3	2	1
1.2 提升家长赞赏孩子的技巧。		5	4	3	2	1
1.3 让家长学会运用奖励的方法激励孩子。		5	4	3	2	1
1.4 为孩子获得成功性体验提供平台及支持		5	4	3	2	1
2. 我满意小组的时间编排		5	4	3	2	1

名称	亲子手工坊——赞赏的技巧	编号			
评 估 项		非常同意			非常不同意
3. 我满意小组的形式		5	4	3	2	1
4. 我满意小组的场地		5	4	3	2	1
5. 我满意小组各节的内容：						
5.1 赞赏及鼓励对孩子成长的重要性故事分享及理论介绍。		5	4	3	2	1
5.2 赞赏具体技巧的学习及尝试。		5	4	3	2	1
5.3 赞赏具体技巧的练习，经验交流。		5	4	3	2	1
5.4 奖励技巧的学习及练习。		5	4	3	2	1
5.5 亲子协作能力锻炼，小组回顾、总结		5	4	3	2	1
6. 社工表现：						
6.1 我满意社工的工作表现。		5	4	3	2	1
6.2 我满意社工的工作态度		5	4	3	2	1
7. 我投入此活动		5	4	3	2	1

8. 其他意见：

参加者姓名		日期	

🏠 专业反思

记得在中山大学参加小组导师训练课程学习时，导师说，要把小组带领好绝非易事。完整地按照流程将小组开展下来，灵活地应对小组中各种突发的情况，时刻保持对组员的关注、支持和同理，在这样的要求下带领一节小组，对社工的要求是很高的，甚至有时会感觉身心疲惫。而我们的确也从这个小组中看到许多有待改进的地方。

1. 如何更好地进行框架操控，考验社工的基本功。比如小组第一节结束后发现第一环节与第二环节的内容需要调换次序，否则第一环节即进入自我介绍让组员感觉比较唐突，且无法达到"建立小组认同感和归属感"的目的；再比如在介绍小组活动过程中，由于社工未进行小组契约制定环节，而出现组员离席、接听电话、私下讨论等情况；又比如当破冰游戏带有竞争淘汰性时，对于年幼的小孩自信心会受打击，而且让不同年龄段的小孩进行竞赛这本身就不公平……这些情况的发生都反映出社工在对小组进行设置时缺乏充分考虑。

2. 善用群体动力，发挥群体力量。小组是社工与组员们共同的小组，而不是社工的小组。小组带领过程中，组员总会抛出十分具体的问题以期望能从他们眼中权威身份的社工口中得到答案。然而，事情的结果往往是社工本身的阅历，又或者是准备中并未对这些临时抛出的问题有过思考，对于自己并不确定的问题，到底回答还是不回答往往会让社工觉得左右为难，而过于牵强的表述甚至会破坏小组现有的氛围。那么在这个时候，其实最好的方法是让小组的其他组员来进行回应，这样既能让提出问题的组员感受到其他组员的支持，又给了社工以思考的时间，真是一举两得的办法。

3. 游戏不难找，而真正好的游戏是社工带出来的。社工的工作手法中，利用游戏及其他的互动形式来带出问题，引导组员思考是常用技巧。然而同一个游戏，在不同情境下，社工稍微更改元素后，组员的体验就会大有不同。在本次小组中，我们带领了一些既切合主题，也能让组员从中有所收获的好游戏，但也有一些不能完全达到预期效果的，比如"孤岛生存"就难以让组员在游戏中运用赞美技巧，也较难引出游戏分享的内容。那么给社工的启发就是游戏应该多以孩子为主，让家长有更多的空间去观察和发现孩子的优点，并有适当的时间进行表扬。

4. 全程保持关注。当组员在玩游戏，尤其是做手工时，的确会让社工产生"趁机休息一下"的心理。然而，在小组中进行分享时会发现，我们拿大家刚刚在真实情境中共同经历的例子出来分享，是多么有借鉴性，对组员而言是多么的熟悉，更容易投入分享。因而，社工应该时刻提醒自己，全程保持对组员的关注，你的所看所思所想将对小组活动历程产生重要影响。

第二期　亲子手工坊——听、说、夸、斥

服务理念

第二期活动除参看美国心理学家埃里克森的人格发展八阶段论外，更意识到这年龄段的小孩也正在发展道德观念。瑞士心理学家皮亚杰（Jean Piaget）根据儿童对规则的理解和使用，对过失和说谎的认识及对公正的认识的考察和研究，把儿童道德认知发展划分为三个有序的阶段，其中，第二阶段：他律道德阶段或道德实在论阶段（3~7岁）具有以下几个特点。

1. 单方面的尊重权威，有一种遵守成人标准和服从成人规则的义务感。

2. 从行为的物质后果来判断一种行为的好坏，而不是根据主观动机来判断。

3. 看待行为有绝对化的倾向。道德实在论的儿童在评定行为是非时，总是抱极端的态度，或者完全正确，或者完全错误，还以为别人也这样看，不能把自己置于别人的地位看问题。

4. 赞成有原因的惩罚，并认为受惩罚的行为本身就说明是坏的，还把道德法则与自然规律相混淆，认为不端正的行为会受到自然力量的惩罚。

因此，在管教该年龄段的儿童以及发展其道德品格的过程中，父母应引导子女正确认识和理解规则、公正等道德行为，并辅以适当的奖惩制度和沟通模式，让儿童健康成长。

服务目标

1. 提供亲子互动平台，增进亲子关系。

2. 从沟通要素：听、说、夸、斥四个方面进行演绎，引出亲子教育的双赢原则。

服务设计

共5节，每节约90分钟。

🏠 服务评估

评估项	评估指标	权　重
服务人数	平均每节的出席人数不少于 5 个家庭	20%
目标操作化	在实际出席的家长中，至少有 75% 的家长认为通过亲子手工制作，能提供亲子互动平台，增加亲子沟通及互动的时间，此项打分在 3 分或以上，占 25%	70%
	在实际出席的家长中，至少有 75% 的家长表示能学习到亲子沟通方法和技巧，占 25%	
	在实际出席的家长中，至少有 75% 的家长表示能将亲子沟通方法和技巧运用于日常生活，此项打分在 3 分或以上，占 20%	
其他	至少有 75% 参加者对活动的场地及时间安排，社工的表现打分在 3 分或以上	10%

🏠 服务内容

第 1 节　赞赏的技巧

目的：

1. 订立小组契约。

2. 通过短讲和小贴士，让家长在短时间内学习赞赏的小技巧。

3. 在亲子手工的过程中实战运用技巧。

程序：

时 长	目 标	内 容	物 资	备注/技巧
5 分钟	让组员了解亲子手工坊的目的与重点	开场白：向组员介绍小组的目的及时间安排，澄清小组目标	活动时间表	见附件 1.1。派发活动时间表比口头告知更能明确活动时间
5 分钟	约束组员行为以保证小组顺利进行	小组契约：与组员一起订立	大白纸 马克笔	见附件 1.2。预先设想一些基本的规定
5 分钟	使用"代币制"原则以鼓励组员投入小组	愿望树：表现好的小朋友能在小组结束时满足一个小愿望	愿望卡 愿望盒子 笔 大白纸 马克笔	保留至小组结束时用，贯穿于整个小组
15 分钟	①组员间相互认识。②活跃小组气氛，调动组员积极性	组员自我介绍：孩子自我介绍后家长需说出今天发生的一件值得表扬的事	姓名贴 彩笔 小贴纸	①给每位小朋友小贴纸贴于愿望树上，以赞赏他们今天的表现。②强化组员参与小组的积极性——当众赞美
10 分钟	解说主题"赞赏的技巧"	小贴士：赞赏的技巧	小贴士	见附件 1.3。解说时孩子可能会出现捣蛋情况，社工可用"两两对望十分钟不做声"的小游戏来让他们保持安静
20 分钟	通过游戏练习赞赏的技巧——及时赞美	主题游戏：你比我猜。家长比画词语板上的词语，孩子猜，每个家庭猜 3 个词语	词语板	要求：孩子猜对，家长马上进行赞赏，并运用本节主题的技巧
20 分钟	透过亲子互动制作手工，练习赞赏技巧	手工制作海绵手工画。给儿童模板，要求儿童照着模板制作，尽量与模板一致，家长无需动手帮忙，但需要用语言指导	海绵手工画材料	社工需时刻提醒家长运用本节主题技巧，并赞赏做得好的家庭

续表

时 长	目 标	内 容	物 资	备注/技巧
5分钟	回顾、分享及强化本节小组学习的技巧	分享：回顾本节学习的技巧，并分享在手工及游戏过程中的运用情况	—	分享时，社工需指出赞赏与不赞赏的分别，以及对孩子成长的重要性
5分钟	协助家长将技巧应用于日常生活中	家庭作业： ①在未来的一周内，列出3次夸奖孩子的情况，在下一节小组分享。 ②收拾场地：培养活动结束后共同收拾场地的习惯	工作纸	见附件1.4。 社工需强调完成作业对技巧掌握的重要性，鼓励组员积极完成，并提醒下节活动时间

附件1.1 亲子手工坊活动时间表

节次	主题	备注
第1节	赞赏的技巧	—
第2节	一分钟斥责法——说的艺术	自备照片一张
第3节	一分钟斥责法——学会批评孩子	—
第4节	聆听的艺术	—
第5节	双赢的策略	自备愿望礼物
注意事项	①本期活动共五节，每周六晚19：30~21：00，请准时出席。 ②本期活动主要从"听、说、夸、斥"四个主题出发，通过"游戏＋技巧＋手工"的模式促进亲子关系。 ③活动过程中请务必照顾好孩子，保证孩子的安全。 ④遇特殊情况未能出席请提前请假；如对活动有任何疑问或建议，可致电阳光家庭咨询。 ⑤感谢您与孩子的参与和付出及对阳光家庭的支持！还望活动能助您促进亲子关系	

附件 1.2　订立小组契约

1. 准时出席，特殊情况未能出席需致电或亲临阳光家庭提前请假。
2. 家长有责任照顾好孩子，小朋友不能随意离席。
3. 注意安全，组员间互相帮助。
4. 爱惜场地设施及手工工具，结束后收拾场地。
5. 遵守秩序，听从社工安排。

附件 1.3　赞赏的技巧

● 坚持原则。由于溺爱，有些父母无原则地对孩子的种种行为加以赞美，造成孩子是非不清，骄横跋扈的坏习惯。孩子按大人的要求去做了并做得很好，就应该及时赞美，做了不对的事情，即使孩子哭闹，要赖皮也千万不要迁就他、说好话。否则，赞美就会失去原有的积极意义。

● 及时赞美。孩子做完某件事或正在进行中，就给以适当的赞美和鼓励，效果很好。如果一时忘记了，应该设法补上。如：孩子在老师的说服下，吃饭时终于肯吃蔬菜了，父母应立即予以赞美。

● 就事论事。不要直接赞美孩子整个人，而应该赞美孩子的具体行为。也不要夸大其词，这样会使孩子沾沾自喜，自以为了不起。如：孩子对七巧板十分感兴趣，常常拼出一些新颖的图案，"这孩子真聪明。"这种赞美很笼统，而应当就事论事，可以这样说："这个图案拼得真不错。"否则，言过其实的赞美会给孩子播下虚荣的种子。

● 当众赞美。孩子应当得到赞美时，可在别人的面前得到。孩子的良好表现当众表扬了，这就是双重的奖励。如，孩子的妈妈说："孩子很懂礼貌。"以后孩子总是十分小心地维持这种赞美，并且养成懂礼貌的好习惯，每次将客人送到门外，都会说："再见，请以后再来玩。"

● 掌握分寸。孩子经过努力做出了成绩，或者做完了他理所应当做的事情，他都应该得到赞美。但在日常生活中，注意不要重复赞扬某件事情，当孩子养成良好的习惯后，就可以适当减少对孩子这一方面的赞美。赞美孩子并给予适当的奖励或是亲吻、拥抱，都会给孩子奇妙的力量。

附件 1.4　家庭作业

1. 日期和时间：＿＿＿＿＿＿＿＿＿＿＿＿＿＿＿＿＿＿

2. 事件：＿＿＿＿＿＿＿＿＿＿＿＿＿＿＿＿＿＿＿＿＿＿

　＿＿＿＿＿＿＿＿＿＿＿＿＿＿＿＿＿＿＿＿＿＿＿＿＿＿

　＿＿＿＿＿＿＿＿＿＿＿＿＿＿＿＿＿＿＿＿＿＿＿＿＿＿

3. 夸奖情况：＿＿＿＿＿＿＿＿＿＿＿＿＿＿＿＿＿＿＿

　＿＿＿＿＿＿＿＿＿＿＿＿＿＿＿＿＿＿＿＿＿＿＿＿＿＿

　＿＿＿＿＿＿＿＿＿＿＿＿＿＿＿＿＿＿＿＿＿＿＿＿＿＿

　姓名：＿＿＿＿＿＿＿＿＿＿＿＿＿＿＿＿

第 2 节　一分钟斥责法——说的艺术

目的：

1. 初步认识"一分钟斥责法"。

2. 让家长面对孩子的不良行为时，学习如何同理对方的感受及需要。

程序：

时　长	目　标	内　容	物　资	备注/技巧
10 分钟	让组员回顾上节内容并分享彼此经验	分享上节家庭作业	愿望树 小贴纸	部分组员可能会忘记带作业纸或没有完成，社工要求家长现场思考并分享，强调家庭作业的重要性。分享完的家庭送小贴纸一枚贴于愿望树上
10 分钟	活跃气氛，调动组员积极性引入本节主题	热身游戏：击鼓传球（鼓声停时要求孩子回答社工的问题）	小鼓 球 小贴纸 工作纸	见附件 2.1。①预先设置一些关于学校规则、家庭生活习惯的问题让孩子回应自己的表现，以引出家长对孩子不良行为的思考。②愿望树贴纸奖励孩子积极分享

续表

时　长	目　标	内　容	物　资	备注/技巧
15 分钟	解说一分钟斥责法	小贴士：一分钟斥责法（重点短讲第 1、2 点）。游戏：棒打无情郎	小贴士	见附件 2.2、附件 2.3。为避免家长在学习过程中分散精力，让辅助社工把孩子带到一边玩棒打无情郎游戏
5 分钟	运用学习到的技巧回应孩子的表现	要求家长使用一分钟斥责法流程，回应孩子热身游戏的行为表现	—	主要练习同理对方的感受及需要，部分孩子没有不良行为表现，则引导家长对近期发生的行为作回应
15 分钟	通过游戏体验学习到的技巧	主题游戏：亲子贴脸。孩子带领蒙眼的家长把鼻子和嘴巴贴在脸谱上	大白纸脸谱眼罩	要求家长在游戏完成后与孩子相互交流表达感受，同理对方的感受和需要
25 分钟	通过亲子互动制作手工，练习赞美及斥责技巧	手工制作剪贴画：美丽的海底世界	小剪刀彩纸卡纸胶水彩笔照片（自备）	①提示家长观察和运用沟通技巧，如孩子剪贴错时运用沟通和赞美的技巧。②注意有家长会不听孩子意见而自作主张制作剪贴画
5 分钟	巩固学习到的技巧	家庭作业：在未来一周内记录孩子的不良行为及自己的反应、尝试采用一分钟斥责法的情况	工作纸	见附件 2.4。提醒下节活动时间
5 分钟	养成活动后收拾场地的习惯	亲子共同收拾场地	小贴纸	①鼓励孩子养成收拾的好习惯。②在愿望树上贴小贴纸表扬

附件 2.1　热身游戏：击鼓传球

游戏问题

- 在学校有同学抢你的玩具时，你会怎么做？
- 老师要求每个同学排队时一个跟着一个，你做到了吗？有同学不按老师要求做吗？
- 你有跟其他同学因为抢东西而打架吗？学校里有同学打架吗？那你怎么办？
- 你因为吃饭慢，被妈妈骂了，当时你有什么感受？
- 爸爸经常不在家，你总是不听妈妈的话，妈妈打你了，你会怎么跟爸爸说？
- 你每天晚上几点睡觉？其他同学呢？
- 你爱吃蔬菜吗？你不吃蔬菜妈妈会骂你吗？

附件 2.2　一分钟斥责法

家庭教育中，我们常常会碰到孩子批评不得，批评后不以为然、我行我素甚至顶嘴的表现。批评孩子一定要让孩子心服口服，这样才能达到教育孩子的目的，所以批评孩子时一定要讲究方法。

当孩子经常不接受批评时怎么办

- 任凭自己的情绪，对孩子发火。
- 不问缘由、不分青红皂白地批评。
- 不分时间、场合的批评。
- 贴标签、翻旧账的批评。
- 威吓式的批评。
- 边动手，边动口。
- 喋喋不休地批评。

这里，我们提供一种操作性很强的批评方法：

目的

有效指出孩子犯错的行为，并教导应该如何改过。

【流程】

1. 清楚指出子女犯错的具体行为及原因。

2. 说出自己的感受。

3. 沉默片刻。

4. 表示信任及支持，同理对方感受及需要。

5. 表达对子女的期望，用正面行为取代负面行为。

【原则】

简洁严肃、尊重子女

附件 2.3　游戏：棒打无情郎

【游戏内容】

组员分成两组围成里外两圈，中间站一"魔鬼"手持无情棒，外圈的组员需在魔鬼打下对应里圈的组员前喊出里圈其他组员的名字，输者出来换做"魔鬼"。

附件 2.4　家庭作业

1. 日期和时间：_____

2. 地点：_____

3. 子女犯错的行为：_____

4. 我的反应：_____

5. 运用一分钟斥责法的情况：_____

6. 孩子的反应：_____

姓名：_____

第3节　一分钟斥责法——学会批评孩子

目的：

1. 强化同理对方的感受及需要技巧。

2. 学习一分钟斥责法，如何引导孩子使用正面行为替代负面行为。

程序：

时 长	目 标	内 容	物 资	备注/技巧
10分钟	让组员回顾上节内容	分享上节家庭作业	愿望树 小贴纸	仍有组员会忘记带作业纸或没有完成，社工以减少一个贴纸为惩罚，并鼓励下节补交作业
15分钟	强化"同理对方的感受及需要"	热身游戏：亲子乒乓球 孩子及家长分别把乒乓球从起点运到终点，顺序是家长—孩子—家长—孩子	乒乓球 乒乓球拍	①游戏结束后预留3分钟时间要求家长运用上节技巧与孩子交流感受。 ②家长的速度总是比孩子快，会有家长想打破游戏规则而获得速度
15分钟	解说"一分钟斥责法"：如何引导孩子使用正面行为替代负面行为	小贴士：一分钟斥责法 游戏：踩老鼠	小贴士	见附件3.1、附件3.2。 为避免家长在学习过程中分散精力，让辅助社工把孩子带到一边玩"踩老鼠"游戏
20分钟	通过模拟试用学习到的技巧	把孩子与家长分开两组：①孩子组：引导孩子画出父母生气时候的画面。②家长组：2人一组模拟孩子惹自己生气后的反应，前后运用一分钟斥责法作情感效果对比	彩笔 白纸	引导家长作前后情感对比，鼓励家长将日常生活例子摆出来演绎，或采用上节孩子犯错的表现、家庭作业的情节等以防冷场。同时，家长未必能马上接受情景模拟的方式，社工可稍作示范活跃气氛，还可引导孩子用绘画的方式表达生气时的内心世界

续表

时 长	目 标	内 容	物 资	备注/技巧
20 分钟	通过亲子互动制作手工,练习信任、支持和表达期望的技巧	手工制作:剪纸花瓶或立体卡片	小剪刀 彩纸 卡纸 胶水	提示家长鼓励孩子采用正面积极的行为面对事情,如孩子对手工或对工具的使用不感兴趣等
5 分钟	让家长相互学习	分享交流经验:在手工过程中运用技巧的情况	—	少数家庭未完成手工作品的,社工需停止手工并提示尊重、认真听别人的分享
5 分钟	巩固学习到的技巧	①家庭作业:在未来一周内记录孩子的不良行为及自己的反应、尝试采用"一分钟斥责法"的情况。 ②收拾场地	工作纸	见附件 3.3。 提醒下节活动时间。 鼓励孩子养成收拾的好习惯

附件 3.1　一分钟斥责法 (见第 195 页)

附件 3.2　游戏:踩老鼠

【游戏内容】

　　每个组员身后腰间贴一条垂至地面的绳子,组员间在规定空间内用最快的速度把其他组员的绳子踩下来,并保护好自己的绳子,绳子最终未被踩下来的为赢。

附件 3.3　家庭作业 (同第 196 页)

第4节 聆听的艺术

目的：

1. 训练家长倾听语言及非语言信息。
2. 鼓励孩子以正面的方法说出感受。

程序：

时　长	目　标	内　容	物　资	备注/技巧
10分钟	让组员回顾上节内容	收集家庭作业并查漏补缺	愿望树小贴纸	社工检查家庭作业并对上交作业的组员给予小贴纸奖励
15分钟	带出本节主题——聆听，强化身体语言	热身游戏：亲子模仿秀。孩子先做动作，家长无条件模仿；请孩子代表做动作，全部人模仿	愿望树小贴纸	社工视情况鼓励不积极的组员参与游戏带领并多用赞赏的技巧，请其他家长对该孩子作赞赏鼓励
5分钟	解说聆听的技巧	小贴士：聆听的艺术	小贴士	见附件4.1。①解说时间短，孩子秩序基本能控制。②解说过程中多用上一环节的游戏来强化
20分钟	通过游戏让家长感受被指挥的感觉	主题游戏：机器人大战。家长蒙眼手执软棒，在指定的空间内轮流听从孩子的指挥打其他"机器人"	眼罩软棒	①游戏规则尽量简单宽松，孩子年龄比较小，表达能力和接受能力有限。②维持秩序，让其他家庭保持安静，务必遵守游戏规则

续表

时长	目标	内容	物资	备注/技巧
10分钟	分享感受,带出聆听的重要性	游戏分享:在游戏中家长的感受	—	社工引导家长说出被指挥的感受,同理孩子日常渴望得到聆听的感受
25分钟	通过亲子互动制作手工,练习聆听的技巧	手工制作:亲子共建塔。分享手工过程中的情况	报纸 剪刀 胶水	手工过程中,社工提示家长不要包办制作,聆听子女的创作感受
5分钟	为小组结束做准备	①提示下节活动:提醒家长实现孩子第一节许下的小愿望。②收拾场地	愿望盒子	①提醒下节活动时间。②鼓励孩子坚持收拾的好习惯

附件4.1 小贴士:聆听的艺术

聆听是沟通的基础,充分掌握后,对于建立良好的亲子关系有很大帮助。然而在权威教育下成长的父母,常扮演命令者的角色,对于孩子的反抗,会常不自觉地抱怨孩子都不听我的话,那我要如何去教育他?其实"聆听"跟一般人所讲的听是不一样的,一般的听是所谓"左耳进,右耳出",丝毫并没有放在心上,而聆听的听则是有目的、专注的听,完全将对方的话"记"下。但对于孩子的童言童语,父母几乎都是以"一般的听"来处理。聆听是沟通的基础,学习聆听的技巧则是父母所欠缺的,简述聆听的技巧如下。

1. 强化身体语言:所谓身体语言就是我们身体所表现的非语言,这种非语言又分为正面与负面的,举个例子来说:父母在管教孩子时,跷着二郎腿坐在椅子上看电视,叫孩子到旁边罚站反省,这是一种削弱权威的身体语言,成效不大。正确的态度应是两眼平视,眼神专注在孩子的身上,再谈其犯错的具体原因,让孩子能感到父母深切的亲情,达到纠正不良行为的目的。

2. 反射孩子的话:将孩子的话像一面镜子般接收过来后,反射回去给孩子,句子结尾以问号结束。在成长过程中,孩子的语言发展并不算成熟,容易用错词语，以致让父母做了错误的决定，而以问号反射给孩子，就像鹦鹉一样，能让孩子思考自己的话语，最后能因此修正自己的用词。

3. 请孩子举例说明：聆听孩子说话，请孩子举个例子来说明，让他可以回过头去整理他的想法和情绪，像说故事一样说出来，不仅有助于语言的发展，更可以找到解决的方法，甚至发现问题的症结。

4. 有效引导：有效引导孩子将心中的话，说得更清楚，说得更明白，将事实愈辩愈明，摊在阳光下讨论，父母就能更了解真相，以便做出正确的决定。

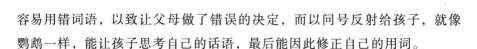

第 5 节　双赢的策略

目的：

1. 重温整个小组的管教技巧。
2. 寻找"双赢"的沟通模式。

程序：

时　长	目　标	内　容	物　资	备注/技巧
10 分钟	让组员回顾整个小组内容	游戏：五指山。让组员在白纸上印出手掌的形状，每一根手指回顾一节内容	白纸 彩笔 愿望树 小贴纸	先公布愿望树上的贴纸成绩，以激励组员最后一节争取表现优秀
15 分钟	热身，带出本节主题——双赢	游戏：亲子平衡球。亲子双手持棒棒将球从起点运至终点	棒棒 球	游戏中观察家长与孩子对高低、左右的平衡和配合及家长发出的指令
5 分钟	让家长关注亲子关系中的"平衡感"	分享亲子平衡的感受	—	提示游戏过程中观察到的表现
20 分钟	让家长深入感受亲子平衡	主题游戏：二人三足脚踏板。亲子齐站在脚踏板上，最快到达终点者为胜	二人三足脚踏板	①注意游戏安全。②在游戏的过程中，会有好胜的家长一味追求赢，不甘落后于人，而责备子女做得不好

续表

时 长	目 标	内 容	物 资	备注/技巧
5分钟	带出本节重点：亲子平衡的相处技巧	游戏分享：分享生活中与亲子平衡的相处技巧	—	运用游戏中观察到的亲子沟通例子回顾本节主题
25分钟	通过亲子互动制作手工，表达对阳光家庭和本期活动的感受	手工制作种子画："我心目中的阳光家庭"	卡纸 种子（绿豆、红豆、黑豆、瓜子壳、开心果壳、玉米片） 胶水 彩笔	提示家长不包办制作，尊重子女的创作，并引导其表达对阳光家庭的感情
5分钟	奖励组员投入小组	实现愿望卡上的愿望	愿望卡 礼物（家长自备＋中心准备）	上一节已提醒家长准备礼物，中心备用小纪念品以防礼物不足
5分钟	总结、评估活动成效	总结小组 填写意见表 合照 推荐阳光家庭其他活动 收拾场地	意见反馈表 相机	见附件5.1。①鼓励组员在小组结束后多练习所学技巧并联系分享，具体疑问及建议与社工面谈。②宣传阳光家庭其他活动

附件5.1　参加者意见表

小组参加者意见表

名称	亲子手工坊（第六期）				
评 估 项	非常同意				非常不同意
1. 我认为小组达到如下目标：					
1.1 通过亲子手工制作，提供亲子互动平台，增加亲子沟通及互动的时间。	5	4	3	2	1
1.2 在游戏和手工过程中，接触学习亲子沟通和亲子教育的小技巧。	5	4	3	2	1

续表

名称	亲子手工坊（第六期）				
评 估 项	非常同意				非常不同意
1.3 会把在亲子手工坊中学习到的亲子沟通方法和技巧运用于日常生活	5	4	3	2	1
2. 我满意小组的时间编排	5	4	3	2	1
3. 我满意小组的形式	5	4	3	2	1
4. 我满意小组的场地	5	4	3	2	1
5. 我满意以下小组各节的内容					
5.1 第1节：赞美的技巧。	5	4	3	2	1
5.2 第2节：一分钟斥责法——说的艺术。	5	4	3	2	1
5.3 第3节：一分钟斥责法——学会批评孩子。	5	4	3	2	1
5.4 第4节：聆听的艺术。	5	4	3	2	1
5.5 第5节："双赢"的策略	5	4	3	2	1
6. 社工表现：					
6.1 我满意社工的工作表现。	5	4	3	2	1
6.2 我满意社工的工作态度	5	4	3	2	1
7. 我投入此小组	5	4	3	2	1

8. 其他意见：

参加者姓名		日期	

专业反思

综上所述，在小组的带领过程中，社工总结以下部分细节和技巧供分享和参考。

1. 每节小组都会出现程度不同的状况，也获得不同的需求信息

（1）社工应在简介时对自己的角色作阐述，可采用昵称等让组员深刻认识你的方式。

（2）大部分该年龄段的家长参加亲子活动的其中一个共同的期望都是寻找机会锻炼孩子的胆量。

（3）赞赏时多采用非物质性的奖励，如掌声、拥抱等。

（4）上幼儿园的孩子一方面天性活泼，另一方面又初步接触学校课堂的制度约束，因此，留意部分中规中矩的孩子和活泼好动的孩子，并从中采用小组的规范来维持现场秩序，而又不失活泼气氛。

（5）在每节的游戏环节中，家长往往表现出认真的态度，孩子的配合以及出现害怕等感受时需要家长鼓励；大部分家庭在游戏中均表现出不计较输赢和奖品；游戏结束后很有必要预留时间和注重分享交流；尤其整体流程安排满、内容丰富的小节，会出现没有时间及时分享的情况。

（6）少数家庭参加活动不是与父母一起参与，而是爷爷奶奶陪同，会影响活动整体效果及组员间的关系，应在开组前提醒父母亲身参与。

（7）每一节设置检视上节家庭作业，强化家长融会贯通的技能。

（8）随着组员间的熟悉程度加深，不少组员在手工制作环节交流小组以外的生活和工作情况，建立微弱的支持网络。

（9）在手工制作的过程中，不少孩子在社工的引导下愿意分享手工材料，但家长不愿意，希望占有属于自己的整套手工材料，社工在带领时可运用赞赏等技巧强化孩子的正面行为。

（10）小组活动过程中，组员间越来越熟悉，男孩子容易出现打架的现象，尤其手工制作快的孩子发生意外事故的情况较多，社工需与家长共同化解矛盾，并引入本节活动的主题；强调家长照顾好孩子，尤其安全问题，会贯穿于整个活动。

2. 检讨各项内容及建议

（1）该活动招募情况并不理想，但实际出席人数却超出预计，因此，在开小组前需要严格确定人数上限，包括报名儿童的年龄差距，要有原则性的把握；同时需明确小组规则及请假制度，尽量减少缺席，控制组员流失，确保小组规模和顺利进行。

（2）手工坊的难度设置一般即可，目标操作性强的活动才能让组员吸收。

（3）社工短讲解说知识时，孩子往往按捺不住好动的情绪，此时可采取"平行小组"的形式，把家长和孩子分开，由另一社工带领孩子组，并以合适的形式向他们讲解技巧。

（4）游戏设计需不断考虑当次活动的主题，让家庭通过游戏学习并练习亲子教育方法是很"舒服"的，少了说教式的灌输，让学习轻松且惬意，家长对此种形式接受程度都比较高；及时回应和采用小组过程中的例子解说技巧。

（5）人手分工方面，有效利用义工资源，让社工从教导手工制作的环节中抽离，更好地观察及引导家长运用技巧。

（6）参加者中有组员希望可以适当增加孩子表演节目的环节，可见家长们十分希望孩子能有更多锻炼胆量和才艺的机会。

3. 值得延续和推广的经验

亲子手工坊无疑是阳光家庭各类活动中最受社区居民欢迎的，这点从招募情况可见一斑。刚刚结束的第六期手工坊，有组员用四个词诠释这个活动：笑声、知识、感动和特别的经历。下面我就用这四个词来剖析手工坊四个成功的元素：

（1）笑声：任何活动都不能缺少欢笑，甚至是深度治疗小组，社工也应该具备让服务对象"破涕为笑"的功力。心理学有一个"自己人效应"："假如你想说服人们你是对的，人们应当按照你的意见去做，那么，只是向人们提出良好的建议还是远远不够的，必须首先让人们喜欢你，否则，你的意图就会招致失败。"一个社工要带领好一个小组或者一个活动，甚至个案工作，让服务对象觉得你是"自己人"是很重要的。而用"笑声"做载体，有共同欢乐的体验，便可以很容易让对方喜欢上你和你的活动。

（2）知识：也就是我们常常说的寓教于乐或者是社工元素。笑过之后学到一点什么，玩过之后领悟一点什么。知识结构由浅入深，灌输手法更加亲民。

（3）感动：在活动过程中社工有意地设计一些环节，可以触动参加者，这样不但可以给参加者留下更深刻的印象，更能提高参加者的继续参与动机。

（4）特别的经历：相信这点与香港流行的"历奇"很像。之所以历奇可以流行起来，因为在这样的活动中，参加者可以得到在日常生活中难以获得的新体验。例如在手工坊中社工有意地设计"机器人大战"环节等。

实践证明，这样的设计会让家长对活动有新体验，保持组员对活动的兴趣。

第三期　亲子手工坊——培养孩子的情绪管理能力

🏠 服务背景

　　孩子的发展，除了受自身条件限制外，家庭环境也非常重要。家庭是提供家庭成员间情绪、身体及经济的互相扶持的社会系统，这是一种有着亲密、深度、连续及许诺的关系，并提供情绪的支持与安全感的场所。但是在情绪的影响下，家庭成员也会因为失望、冲突等因素导致家中成员彼此间的伤害。为人父母者如果可以尝试去察觉自己在情景中的解释习惯，学习控制自己的情绪，从不同方面理解孩子的行为，亲子问题的处理效果是比较乐观的。

🏠 服务理念

　　儿童在日常生活中会面对很多人和事，当中有令人高兴的、愉悦的，也有令人伤心的、愤怒的。培养儿童面对和学习控制自己的情绪是全面性发展的一部分，当儿童开始明白如何与他人沟通自己的思想和情绪时，儿童就不再被情绪所控制，而渐渐能够面对自己的情绪，对自己有更多的认识。

　　学习面对情绪包括以下几方面：

1. 察觉并说出情绪；
2. 接受情绪；
3. 用适当的方法表达情绪；
4. 面对别人的感受。

　　每个人都会有情绪，不光是成年人，还包括小孩子。可是每当小孩子哭的时候，成年人往往都不知道背后的真正意义。因此，本小组将围绕情绪这个关键词，通过与家庭一起讨论情绪的定义、如何看到孩子的情绪问题及情绪管理的技巧而展开。

　　近代认知发展理论，以瑞士心理学家皮亚杰（Jean·Piaget）的研究最为有代表性，皮亚杰以多年的时间，对儿童的思考过程进行系统化的深入研究。他深信一个被动的观察者无法得到认知，而必须通过分析等各种活动，自行去发掘或建立知识。同时强调儿童是一个自主的个体，自己会通过活动的经验，运用适应和改变的能力对世界建立一套认识或基本概念。又如儿童智能的增长是受个人与环境之间的互动、心智的平衡和生理成长等因素影响的。

因此，社工希望通过认知发展理论，与家庭建立起一个积极的互动模式，让父母明白如何去给儿童建立起一个适合的成长环境。

🏠 服务目标

1. 让参加者对情绪有基本的了解。
2. 让家长掌握处理儿童情绪的基本技巧。

🏠 服务对象

4 ~ 6 岁的儿童及其家长。

🏠 服务人数

4 ~ 8 个家庭为宜。

🏠 服务设计

共 5 节，每节约 90 分钟。

节 次	主 题
第 1 节	什么是情绪
第 2 节	为什么小孩子也有情绪
第 3 节	我该怎么处理小孩子的情绪
第 4 节	他哭了，我该怎么做
第 5 节	与孩子一同成长

🏠 服务评估

评估项	评估指标	权 重
服务人数	每节小组至少有 5 个家庭参加为达标	20%
目标操作化	1. 对情绪有基本的了解（至少 4 户家庭选择"是"） 　1.1 是否了解任何人都会有情绪，占 10%。 　1.2 是否了解情绪有正面和负面之分，占 10%。 　1.3 是否了解儿童闹脾气的原因是不定的，占 10% 2. 掌握基本处理儿童情绪的技巧（至少 4 户家庭掌握超过 3 种方法，40%） 　2.1 接纳孩子宣泄情绪。 　2.2 以不伤害自己或他人为原则。 　2.3 自己要保持冷静。 　2.4 安抚或表示明白其感受及需要。 　2.5 转移注意力。 　2.6 事后倾谈，教导正确表达情绪的方法	70%
其他	1. 至少 4 户家庭满意社工的表现，占 5%。 2. 至少 4 户家庭的参与积极性达 3 分及以上，占 5%	10%

🏠 服务内容

第 1 节　什么是情绪

目的：

1. 小组契约建立。

2. 小组组员相互认识。

3. 让组员理解情绪的定义。

程序：

时 长	目 标	内 容	物 资	备注/技巧
30 分钟	相互认识，介绍小组的内容、目的	①社工先向组员介绍自己。 ②然后介绍本节亲子手工坊及本次小组的内容、目的。 ③通过游戏"左右不分"让组员相互间认识，建立起简单的人际网络	—	见附件 1.1。 ①考虑到参与者的年龄，社工需要找回童真。进行游戏时，尽量带着童趣。 ②自我介绍之后，需要立刻澄清小组的内容及目的，让参与者看到他们能从这里获得什么，增强他们继续参与小组的动力
20 分钟	让组员理解情绪的定义	①提出问题，你认为什么是情绪？让组员进行讨论，社工根据现场的情况，适当地加入分享，并注意让沉默的组员表达自己的意见。 ②利用道具，让小朋友及家长对正面、负面情绪词语进行分类，这样就可以了解组员对于情绪的认知度。 ③社工总结：情绪的定义，情绪给我们生活带来的影响	大白纸 1 张 白板笔 1 支	首先是提出问题：什么是情绪？参与者会说出一些词语，社工将他们记录下来。然后再问他们，这些不同的情绪词语给我们生活带来的一些影响。最后将这些词语进行积极和消极的分类
15 分钟	小组契约建立	社工与组员协商，并达成一致的小组契约	大白纸 1 张 白板笔 1 支	①对于家长，把重点放在时间上。 ②对于小朋友，把重点放在纪律上面，利用小红花或者其他奖励，来规范他们的行为，防止他们过分活跃

续表

时 长	目 标	内 容	物 资	备注/技巧
5 分钟	评估本小节的活动效果	社工通过"高不高，由你定"的游戏进行小节评估	评估问卷 1 份笔 1 支	见附件 1.2。从这个小节评估，社工可以总结自己带领活动时的不足，及时进行调整
5 分钟	巩固学习情绪的定义	社工布置家庭作业	卡纸 6 份	见附件 1.3。家长与孩子分别记录他们一周的心情，写在相对应的格子内。社工在下节的小组中进行分享

附件 1.1 游戏：左右不分

游戏内容

- 小朋友分别站成两行，家长则站在小朋友的身后。
- 社工发令"左手"，小朋友及家长就应该举起相反的那只手"右手"。
- 社工可以发令，"向对面的人挥挥左手，然后说，你好，我叫……"；社工亦可以发令，"伸出你的左手，然后与对方握手，告诉他，很高兴认识你。"

附件 1.2 游戏：高不高，由你定

游戏内容

参与者闭上眼睛，利用手势回答社工的提问。满意或认可，就把手举起；不满意或不认可，就把手放在腿上。

本小节问题

1. 你满意社工的表现吗？
2. 你是否清楚情绪分正面情绪和负面情绪？

附件 1.3　家庭作业

时间		周日	周一	周二	周三	周四	周五	周六
	这个星期的情绪是什么?							
我们的心情	小孩							
	家长（自己）							

情绪简介

● 情绪是个体对外界刺激的主观的有意识的体验和感受，具有心理和生理反应的特征。我们无法直接观测内在的感受，但是我们能够通过其外显的行为或生理变化来进行推断。

● 情绪不可能被完全消灭，但可以进行有效疏导、有效管理、适度控制。

● 情绪无好坏之分，一般只划分为积极情绪、消极情绪。

● 由情绪引发的行为则有好坏之分、行为的后果有好坏之分。

情绪管理基本定义

● 情绪管理并非是消灭情绪，也没有必要消灭，而是疏导情绪并合理化之后的信念与行为。

● 情绪管理，就是用对的方法，用正确的方式，探索自己的情绪，然后调整自己的情绪，理解自己的情绪，放松自己的情绪。

● 情绪管理不是要去除或压制情绪，而是在觉察情绪后，调整情绪的表达方式。

第2节　为什么小孩子也有情绪

目的：

1. 巩固第一小节内容，情绪的定义及正、负面情绪的分类。

2. 让家长明白小孩子闹情绪的原因。

程序：

时　长	目　标	内　容	物　资	备注/技巧
10 分钟	让组员明白聆听的重要性	游戏：妈妈说，孩子说	—	见附件 2.1。 这个游戏简单，容易操作，类似于学校体育课中的列队口令。社工可以让参与者在活动室内跑动，增强趣味性
35 分钟	通过手工制作，让组员对小组的主题有一个基本的认识	制作面谱	橡皮泥 6 套 卡纸 8 张 牙签 1 包	让每个家庭都制作属于自己的面谱（能代表他们当时的心境），在上面用橡皮泥捏出表情
15 分钟	巩固上节小组内容，引出本小节内容	社工从组员的家庭作业中，寻找特别的例子让家长去讨论，看看小朋友的情绪有哪些，而且是因为什么事情引起的。通过小组的讨论，并带出小朋友闹情绪的四个原因： ①为了达到其目的。 ②逃避责任。 ③引起家长的注意。 ④受家长的影响。 说明这四个原因的时候，尽量运用家长自身的资源	大白纸 1 张 白板笔 1 支	找有负面情绪出现的例子进行讨论，为什么会不高兴？如果无任何例子可以用，则创造话题：如果有个小朋友想吃雪糕，可是他妈妈不给他买，他就哭了，你们说他为什么哭呢？这个例子有可能在很多小朋友身上出现过，为了达到自己的目的而哭泣。与参与者讨论完之后，则带出左边第 3 栏的四个要点

续表

时 长	目 标	内 容	物 资	备注/技巧
5 分钟	评估本小节的活动效果	社工通过"高不高，由你定"的游戏进行小节评估	评估问卷1 份笔 1 支	见附件 2.2
5 分钟	巩固本节内容：让家长在认同孩子闹情绪背后的需求，带出下一节主题	家庭作业：让家长观察孩子在本周内是否有发脾气，并尽量找出其背后的原因	卡纸 6 份	见附件 2.3

附件 2.1 游戏：妈妈说，孩子说

游戏内容

社工发出口令，组员则做出相应的动作。只有当社工的口令前有提到"妈妈说"或者"孩子说"时，此口令方为有效口令，组员需要做出反应。

分享

分享的时候，将重点放在聆听，让参与者意识到什么时候需要聆听。可以举例，孩子在闹情绪的时候，家长可以静下心来，听听孩子的感受；表达完自己的感受，孩子也需要听听妈妈说什么。

附件 2.2 游戏：高不高，由你定

游戏内容

参与者闭上眼睛，利用手势回答社工的提问。满意或认可，就把手举起；不满意或不认可，就把手放在腿上。

本小节问题

- 你满意社工的表现吗？
- 今天的手工制作，有让你放松心情吗？
- 今天的手工制作，是否可以让你们认识情绪？
- 你是否了解小朋友闹情绪的四个原因？

附件 2.3 家庭作业

为什么发脾气？							
时间	周日	周一	周二	周三	周四	周五	周六
小孩的情绪							
背后的原因							

第 3 节　我该怎么处理小孩子的情绪

目的：

1. 巩固上一小节内容：孩子闹情绪的四种原因。

2. 与家长分享处理孩子情绪的技巧。

程序：

时　长	目　标	内　容	物　资	备注/技巧
15 分钟	学习处理情绪的一个技巧：给自己冷静的时间	游戏：123，木头人	—	见附件 3.1
40 分钟	利用画画"发泄"自己的负面情绪	手工制作：心情剪纸画	A4 彩纸 21 张蜡笔 7 套圆珠笔 7 支固体胶 7 支	见附件 3.2

时　长	目　标	内　容	物　资	备注/技巧
25 分钟	巩固上节小组内容，引出本小节内容	上节小组中，社工给组员布置了家庭作业：寻找本周小孩闹脾气的原因	大白纸 1 张 白板笔 1 支	见附件 3.3。 围绕家庭作业进行讨论，如果家长都没有例子，可让他们回忆以前的生活，也可以用其他例子让家长进行讨论
10 分钟	评估本小节的活动效果	社工通过"高不高，由你定"的游戏进行小节评估	评估问卷 笔 1 支	见附件 3.4。 问题可围绕今天所讲的处理方式
5 分钟	巩固本节重点	家庭作业：寻找小孩子闹情绪的时候，尝试用所讲的技巧去处理	卡纸 6 份	—

附件 3.1　游戏：123，木头人

游戏解说

　　这个游戏很普遍，家长也都会玩，充满了欢乐。游戏分享时，可以将重点放在情绪来的时候，我们可以将时间冻结，给自己一些时间冷静一下。因为很多时候，无论是家长还是小孩，一旦情绪上来，就无法控制自己的行为。给自己一些冷静的时间，可以调整心态，也避免出现不恰当的行为。

附件 3.2　手工制作：心情剪纸画

　　给每个参与者一张白纸，然后让他们用笔在纸上画圈（一笔画完，中间不要断），一直画，让他们想象自己画的是烦恼，然后让他们将这张画满线圈的纸折起来，放在一旁。

给他们一张新的白纸，告诉他们现在是平静的心情，我们将画一幅画，有房子、河流、树木，然后让他们在上面涂上颜色。

附件3.3　短讲：如何处理孩子的负面情绪

- 让孩子宣泄情绪。
- 坚持原则但有爱的表达。
- 预防或制止危险及破坏行为。
- 安抚或表示明白感受及需要。
- 自己要保持冷静。
- 转移注意力。
- 以幽默感处理。
- 事后倾谈，教导正确表达情绪的方法。
- 不要视为大事，只作轻描淡写。

与组员一同分享上述处理负面情绪的技巧，多用角色扮演或者例子来分享处理负面情绪的方法。比如，当孩子哭的时候，我们先让他好好哭（让孩子宣泄情绪），然后作为家长的，表示很理解孩子伤心的感受，再询问他，能不能告知什么事情这么伤心。还可以利用幽默感，如哭多了就不漂亮了，来转移孩子的注意力。

附件3.4　游戏：高不高，由你定

游戏内容

参与者闭上眼睛，利用手势回答社工的提问。满意或认可，就把手举起；不满意或不认可，就把手放在腿上。

本小节问题

1. 你满意社工的表现吗？
2. 今天的手工制作，有让你放松心情吗？
3. 今天的手工制作，是否可以让孩子宣泄情绪？
4. 家长是否需要对孩子的情绪表示理解，同时又需要坚持原则呢？

第 4 节　他哭了，我该怎么做

目的：

1. 巩固上一小节内容：处理孩子情绪的技巧。
2. 与家长分享如何让孩子说出自己的想法。

程序：

时　长	目　标	内　容	物　资	备注/技巧
15 分钟	让组员明白用口说出自己感受的作用与好处	游戏：呜呜呜，什么事？	—	见附件 4.1
40 分钟	让儿童学习用口说出自己的情绪（感受）	手工制作：心情剪纸画	A4 彩纸 21 张 蜡笔 7 套 圆珠笔 7 支 固体胶 7 支	见附件 4.2。 ①剪纸的时候，可以对小朋友说，如果有情绪的话，你们是剪不好的，需要专心才能完成。 ②借此机会，告诉小朋友，他们除了发脾气，还需要学会用嘴表达
15 分钟	巩固上节小组内容，引出本小节内容	①围绕上节家庭作业进行讨论，可以让家长从上周处理孩子负面情绪的技巧入手，讨论哪些是可行的，哪些是不可行的，分别举例。 ②利用孩子哭这个事件，与家长讨论该如何处理	大白纸 1 张 白板笔 1 支	①询问家长近期有没有处理孩子的负面情绪。如果有，则详细询问，并将其他组员拉进讨论；如果没有，则与组员一起谈论他们以前用过的方式是否有效。 ②引出讨论，孩子以前哭的时候，家长是怎样处理的，父母有没有耐心地

时　长	目　标	内　容	物　资	备注/技巧
				关心过孩子的感受，有没有因此而自己烦躁？这会使很多父母开口说自己的感受
10分钟	评估本小节的活动效果	社工通过"高不高，由你定"的游戏进行小节评估	评估问卷 笔1支	见附件4.3
5分钟	巩固本节内容	留意自己在遇到负面情绪的时候会是怎样处理的	—	口头作业

附件4.1　游戏：呜呜呜，什么事

游戏内容

参与者围成一个圈，然后由一个人发号指令。头转向左边，则需要发出"呜呜"的哭声；头转向右边，则需要说"什么事?"。

这属于简单的指令类游戏，需要向参与者讲游戏规则，也可以由社工做示范。

分享

游戏后的分享，可放在"口头表达自己的感受"，告诉孩子除了哭，还能用嘴说出来；告诉父母，需要耐心地询问孩子为什么会哭。

附件4.2　手工制作：心情剪纸画

在白纸上画出五指山，即用笔把手掌描绘出来。然后用颜色纸剪一些小的气球出来，将它们贴在山的上面。

附件4.3　游戏：高不高，由你定

游戏内容

参与者闭上眼睛，利用手势回答社工的提问。满意或认可，就把手举

起；不满意或不认可，就把手放在腿上。

【本小节问题】

1. 你满意社工的表现吗？

2. 今天的手工，能使你平复情绪吗？

3. 遇到伤心事时，你会尝试口头表达自己的情绪吗？

第5节　与孩子一同成长

目的：

1. 回顾前四节的小组内容，巩固家长对情绪管理能力的掌握。

2. 澄清小组活动即将结束，处理组员的离别情绪。

程序：

时　长	目　标	内　容	物　资	备注/技巧
50分钟	回顾情绪管理的技巧，促进亲子互动	游戏：共同进退	知识卡片7套脚套7个	见附件5.1、附件5.2。①这节的游戏类似于改版后的"两人三足"，其宗旨在于促进亲子间的互动，让他们一同进退、一同去寻找答案。②社工也将附件5.1的问题，分别布置在不同的地方，这样使得参与者需要多一点的同心协力。问题的设计需要紧扣小组的主题及管教的知识或技巧，不要为难参与者，最重要的是让他们能再一次巩固参与小组的收获。③捆绑脚的绳子或者布，社工需要事先进行试用，保证游戏的安全

时　长	目　标	内　容	物　资	备注/技巧
20 分钟	评估小组成效	填写参与者意见表	意见表	见附件 5.3。 回顾整个小组，如果有组员在管教方面存在问题，社工可以以个案的形式跟进，或者介绍其他的服务给他们

附件 5.1　游戏：共同进退

（游戏纸片）

A－1　情绪无好坏之分，一般只划分为积极情绪、消极情绪。

A－2　情绪可以被消灭！

A－3　由情绪引发的行为有好坏之分、行为的后果有好坏之分。

A－4　孩子是没有情绪的。

A－5　处理孩子的情绪时，家长自己也应该保持冷静。

开心　快乐　高兴　伤心　悲痛　绝望　郁闷　心酸　惨痛

喜悦　愉快　舒畅

（游戏规则）

将以上的纸片贴在小组活动室的不同地方，然后分别给每个家庭一张附件 5.2 的问卷。参与的家庭需要先把孩子与家长的脚绑在一起（类似两人三足），然后一同去找附件 5.1 中的问题，并在附件 5.2 的问卷中进行作答。

在游戏中，家长与子女需要一同完成。而且游戏内容也是围绕本次小组的内容，在游戏后的分享，孩子将与家长一同说出他们的收获。

附件 5.2　游戏问卷

亲子手工坊之培养孩子的情绪管理能力游戏问卷

A 卷：判断题（将您看到的陈述进行对或错的判断，并在相应的位置标"√"）

	对	错
A－1		

A 卷：判断题（将您看到的陈述进行对或错的判断，并在相应的位置标"√"）

	对	错
A－2		
A－3		
A－4		
A－5		

B 卷：填空题（把您找到的词语贴纸，贴在相对应的方框内）

％ > ＿ < ％ "负面情绪"				
（ ^_^ ）"正面情绪"				

C 卷：简答题

您如何教导孩子正确地表达或处理负面情绪？

附件 5.3　参与者意见表

参加者意见表

名　　称	亲子手工坊之培养孩子的情绪管理能力				
评　估　项	请在认可的那一格打"√"				
1. 我认为工作坊达到如下目标：					
1.1 了解到任何人都会有情绪。	□是		□否		
1.2 了解到情绪有正面和负面之分。	□是		□否		
1.3 了解儿童闹脾气的原因是不定的	□是		□否		
2. 我掌握的处理儿童情绪的技巧有：					
2.1 接纳孩子宣泄情绪。	□掌握		□未掌握		
2.2 以不伤害自己或他人为原则。	□掌握		□未掌握		
2.3 自己要保持冷静。	□掌握		□未掌握		
2.4 安抚或表明明白其感受及需要。	□掌握		□未掌握		
2.5 转移注意力。	□掌握		□未掌握		
2.6 事后倾谈，教导正确表达情绪的方法	□掌握		□未掌握		
3. 我对社工的表现	□满意		□不满意		
4. 我参与工作坊的积极性（5 分为满分）	□5	□4	□3	□2	□1

续表

名　称	亲子手工坊之培养孩子的情绪管理能力	
	评　估　项	请在认可的那一格打"√"

5. 参加小组，给我最深的感受是：

6. 我觉得自己在哪些管教方面还存在不足之处：

专业反思

　　社工，并非专业的画师或者手工人员，因此，小组中的手工环节仅仅作为社工开展小组活动的一个手段。工作的重点还是应放在小组讨论及知识的分享上，社工也无须为手工的制作花费太多心思。

　　亲子手工坊一直坚持"游戏 + 知识 + 手工"的模式，能很好地利用不同的工作手法将子女管教方面的知识与家长进行分享及讨论，从组员的反馈也能看出此模式是有效、可行的。

　　尤其是本小组，首先将五节的内容进行整合，由浅到深，逐步与组员进行内容的讨论；然后再将"游戏""知识"及"手工"三个模块进行很好的融合，贯穿到每一个小节的主题，这样更有利于组员吸收子女管教的知识。

　　在分享环节，充分利用组员自身的语言及行为，让他们成为分享的主角，同时多利用组员之间的相互支持。在家庭作业环节，可以让孩子作为主角，让他们去监督父母完成家庭作业，效果事半功倍。

参考文献

　　香港基督教服务处：《五至六岁儿童发展课程及活动建议》，香港基督教服务处，1994，第 25 ~ 26 页。

　　香港基督教服务处：《五至六岁儿童发展课程及活动建议》，香港基督教服务处，1994，第 13 页。

社区反家暴系列服务

海悦阳光家庭　李晓霞　梁兴利　吴海燕

🏠 服务背景

据《深圳商报》2011 年 3 月报道：近 3 年，深圳市妇联系统受理家庭暴力信访案件约占婚姻家庭类的两成，受虐者中 98% 是妇女儿童，普遍存在女性对家庭暴力一味忍让，致使暴力行为升级，在家庭暴力发生时没有及时报警、验伤固定证据等问题。其中，市妇联受理的此类信访件中，受虐者为非深圳户籍女性的约占 72%，女性处于无业或失业状况的约占 19%；施暴者 80% 以上集中在 20~45 岁。

深圳鹏星家庭暴力防护中心在 2010 年年底做了一项调查，关于家暴发生的比率，入户调查中有家暴问题的家庭占样本总数的 13%（福田和宝安区 12 个社区共 398 户家庭的夫妻）。在随机抽取的 10 所学校 1300 名初高中学生中，反映家庭内部有此类问题的占 29.8%。

以上是深圳家庭暴力的现状，再观海悦阳光家庭所服务的社区，既有花园小区，也有城中村小区，各小区在人口结构、经济状况及文化程度等方面都有差异。据社工的观察和社区居民的反映，以及社区物业管理处工作人员、家庭暴力报案点民警的反馈，各小区存在不同程度的家庭暴力问题。初步评估，社工有必要在社区开展反家暴宣传活动，让居民对家庭暴力多一些认识和了解，预防家庭暴力的发生。对于存在家庭暴力的家庭，可提供热线辅导、个案辅导及资源类的服务。在此过程中，也可尝试建立社区反家暴网络，有效地预防、干预社区的家庭暴力问题。

🏠 服务理念

1. 地区发展模式

地区发展模式是社区社会工作的重要理论基础之一，它是一种发展理念，强调要从当地居民的需求和当地的资源、环境和人口等协调、可持续发展入手，也是社会工作的一种重要介入手法，强调居民的参与、合作，集体组织起来利用社区资源解决社区问题、满足社区福利需求，增强社区凝聚力和归属感。

地区发展模式是贯穿项目的主要理论，社区和谐大使的培训（即反家暴交流工作坊、阳光家庭剧场）、"爱我就不要伤害我"等反家暴宣传活动都是以地区发展模式为理论支撑的。

具体来说，对地区发展模式的实践可体现在以下三方面。

（1）社区和谐大使团队的建立。社工培养社区中有责任、有使命的居民成为反家暴和谐大使，了解家庭暴力及反家暴相关知识，明确和谐大使职责和使命。接着，对和谐大使进行分工，一部分和谐大使作为反家暴社区宣传的活动助理，一部分有表演兴趣和才能的和谐大使参加"阳光家庭剧场"，排练反家暴情景剧。在情景剧排练完成之后，进入社区开展"爱我就不要伤害我"反家暴社区宣传活动。随着和谐大使团队的逐步建立、反家暴交流工作坊及阳光家庭剧场的逐渐成熟，在对和谐大使加强培训、提升表演技能的同时，也加入夫妻沟通、家庭关系、亲子管教等内容分享，促进和谐大使自身家庭的和谐幸福。

（2）开展社区反家暴宣传活动。社工在前期评估社区需求，明确项目目标，做好反家暴相关资料搜集、整理工作，培训和谐大使，制作反家暴宣传品之后，就具备了在社区开展反家暴宣传活动的条件。活动内容有情景剧表演、问卷调查、有奖问答等，通过与居民的互动，了解社区家庭暴力现状，也让社区居民了解家庭暴力的相关知识，为前来求助的受暴者或有夫妻关系、亲子管教、家庭关系等困扰的居民提供现场咨询及后续跟进服务。在反家暴情景剧表演过程中，社工会与现场居民就剧情内容进行互动，让居民更直接、深刻地了解家庭暴力的危害，表达自己对家庭暴力及反家暴的立场观点，积极参与到反家暴社区活动中来。

（3）建立社区反家暴网络。社工走访社区工作站、物业管理处及家庭暴力报案点，了解社区家庭暴力情况，培训家暴相关知识，与各方建立关系、互通信息、资源共享，初步建立社区反家暴网络，以便及时处理家暴个案，并有效预防。

2. 优势视角

"优势视角"（Strength Perspective）是一种关注人的内在力量和优势资源的视角，意味着应当把人们及其环境中的优势和资源作为社会工作助人过程中所关注的焦点，而非关注其问题和病理。优势视角基于这样一种信念，即个人所具备的能力及其内部资源允许他们能够有效地应对生活中的挑战。

虽然优势视角起初更多地运用于个案社会工作，但是在本项目运作过程中，也借助了这一理论。

在个案方面，我们在辅导受暴妇女时发现，她们大多不够自信、缺乏社会支持网络，没什么朋友，所以，除了一对一的个案面谈、辅导她们本身遇到的问题以外，也鼓励案主加入和谐大使团队，参加反家暴交流工作坊、阳光家庭剧场，在团队活动中认识朋友，增强她们的自信心。

在社区资源方面，家庭暴力是社区存在的问题，而社工在关注问题的同时，更关注到社区可以运用的资源：一是居民的资源，社工培养社区中有责任、有使命的居民成为和谐大使，参与到社区反家暴项目中来，提高社区居民解决本社区问题的意识，同时，也可以让居民在参与过程中体现自己在社区中的价值，增强对社区的归属感。社区居民中也有一些夫妻恩爱、亲子和谐的幸福家庭，社工注重挖掘典型鲜活事例，制作《阳光家庭画册》，从正面积极的角度对居民进行引导。二是社区工作站、家庭暴力报案点和物业管理处等社区资源。工作站和管理处为反家暴社区活动提供场地的同时，将阳光家庭制作的反家庭暴力宣传册发给相关工作人员，便于居民浏览，并在有需要的时候找阳光家庭求助。社区也设有家庭暴力报案点，通过走访报案点，可以更多了解社区家庭暴力情况，以便信息共享。

在阳光家庭服务方面，阳光家庭在制订年度计划时评估了社区在反家暴方面的需求，而阳光家庭恰好有社工对反家暴议题感兴趣，且对反家暴有一定程度的了解和实践。另外，阳光家庭督导也为阳光家庭社工进行了相关知识培训，有助于"阳光家庭剧场"小组的开展和家庭情景剧的创作、表演。

所以，阳光家庭社工在各方面条件、能力的具备也是社区反家暴项目能够实施的一个优势。

总体来说，从微观个人到中观社区、街道，阳光家庭社工挖掘并整合各种资源，建立反家暴的社区干预网络，倡导"爱自己·爱家人·爱邻里，不施暴·不受暴·不旁观"的和谐社区文化。这是优势视角在这个社区反家暴项目中的体现。

3. 社会性别理论

社会性别理论分析了人类社会中两性不平等的实质和根源，认为男女两性各自承担的性别角色并非由生理决定，而主要是在后天社会文化的制约中形成的。男女两性在社会中的角色和地位、社会对性别角色的期待和评价（如男高女低、男优女劣）、关于性别的成见和对性别差异的社会认识等等，更主要的是社会的产物，而且又反过来通过宗教、教育、法律、社会机制等得到进一步发挥和巩固，在国家参与运作下被规范化、制度化、体制化、两极化（男女二元对立）、社会期待模式化。

家庭暴力中，妇女儿童是最主要的受害者，性别暴力更是无处不在。妇女所遭受的暴力，很大程度上是因为社会性别不平等，在两性关系中处于弱势而造成的，所以，运用社会性别理论分析、解决家庭暴力问题是很有必要的。

阳光家庭在反家暴交流工作坊、阳光家庭剧场及反家暴社区宣传活动中都加入了社会性别和性别暴力的内容，让和谐大使和社区居民可以从社会性别的视角认识家庭暴力及常见夫妻冲突。如，在阳光家庭剧场小组中设置主题分享环节，分享常见的夫妻冲突及背后的原因、解决方法，在"谁来做家务"主题分享中就加入了社会性别视角，分析家务女性化的原因；在反家暴社区宣传中，就家庭情景剧的剧情与社区居民互动，"女人是男人的附属品吗？男人对老婆，可以想打就打吗？"类似的问题互动，带出性别暴力知识，让居民走出家暴的传统误区。在对社区反家暴网络成员的培训中，也会加入社会性别视角，家庭暴力不是家务事，也不仅是妇女问题，而是社会问题，在面对受暴妇女时，要多一些关心和理解，尽力帮助她们摆脱家暴困扰。

🏠 服务目标

评估社区需求、结合阳光家庭的特性，项目的重点是立足社区，为存在家庭暴力的受暴群体、施暴群体提供专业社工服务；建立和谐大使团队，让更多居民参与到"消除家庭暴力，共建和谐社区"的活动中来；倡导"爱自己·爱家人·爱邻里，不施暴·不受暴·不旁观"的和谐社区文化。具体来说，有以下几个目标。

（1）建立社区和谐大使团队，培养出一批优秀的和谐大使。所谓"优秀"，是指和谐大使认同"爱自己·爱家人·爱邻里，不施暴·不受暴·不旁观"的理念，首先在自己的家庭中运用"非暴力沟通"方式，促进夫妻沟通、家庭关系和谐；掌握反家暴相关知识，协助阳光家庭社工开展社区反家暴服务。

（2）开展社区反家暴宣传活动，倡导和谐社区文化，预防家庭暴力的发生。通过家庭情景剧表演、问题互动等，让居民参与进来，更多、更直接地了解家庭暴力的危害、特征，消除人们对家暴的常见误区，树立"爱自己·爱家人·爱邻里，不施暴·不受暴·不旁观"的和谐社区理念，以此来降低、预防家庭暴力的发生。

（3）了解所服务社区家庭暴力的状况，对存在家庭暴力的家庭提供专业社工服务。通过开展反家暴社区宣传活动、建立社区反家暴网络，挖掘存在家暴危机或有潜在危机的家庭进行协助，帮助他们摆脱家暴的困扰。比如对受暴妇女提供情绪疏导、情感支持及相关法律信息咨询，提供夫妻关系、家庭关系、亲子管教等方面的辅导。

🏠 服务内容

结合社区的具体情况、项目目标，阳光家庭开展了一系列的服务，主要有"共建和谐社区"反家暴交流工作坊、阳光家庭剧场系列小组、"爱我就不要伤害我"反家暴社区系列宣传活动。除此之外，阳光家庭社工走访社区工作站、物业管理处、家庭暴力报案点，了解社区家庭暴力情况，建立合作关系，并开展相关培训，提升网络内成员反家暴的意识和理念，提高干预家暴个案的成效。

第一期　共建和谐社区反家暴交流工作坊

🏠 服务目标

1. 让参与者了解家庭暴力的定义、类型和危害。
2. 让参加者认识预防和制止家庭暴力的方法。
3. 招募及期望能成立"和谐大使"团队。

🏠 服务对象

社区居民。

🏠 服务人数

10 ~ 20 人。

🏠 服务设计

一节工作坊，共 90 分钟。

🏠 服务评估

评估项	评估指标	权　重
服务人数	参与人数达到 10 人为合格	20%
目标操作化	参与者了解了家暴的定义和类型，占 10%。 参与者了解了家庭暴力的危害，占 20%。 参与者知道了如何预防和制止家庭暴力，占 20%。 成立"和谐大使"团队，占 20%	70%

续表

评估项	评估指标	权 重
其他	1. 参加者满意活动的内容，占5%。 2. 参加者满意活动的时间，占5%	10%

服务内容

时 长	目 标	内 容	物 资	备注/技巧
10分钟	让参与者明晰本期工作坊的背景、意义及大概内容。 参与者之间有初步的认识	活动简介及互相认识	名片贴	—
60分钟	让参与者了解家暴知识及反家暴理念，提升参与者的反家暴意识	"不要暴力只要爱"家暴知识和案例分享交流（可邀请专业人员讲解）。内容包括家庭暴力的定义、类型、危害、特征，遇到家暴如何求助等	电脑 投影仪 幕布	见附件1.1
10分钟	成立和谐大使团队，为接下来的阳光家庭剧场及反家暴社区宣传做准备	活动总结及"和谐大使"报名	报名表 笔 和谐大使工作证	报名时可根据和谐大使的业余时间、特长等将他们进行分组
10分钟	评估工作坊成效，总结经验及不足	参与者填写意见反馈表	意见反馈表 笔	—

附件1.1 "不要暴力只要爱"家暴知识和案例分享交流

`家暴知多少`

参与者在"同意""不同意""不清楚"三种不同立场中选择一种；持同一立场的参与者讨论赞同或反对的理由；由一个人代表大家在大组陈述本立场的理由。

- 虐待妻子的男人有心理疾病，他不能控制自己的行为和意识。
- 男人打老婆是被她们的唠叨逼出来的。
- 男性爱动手是因为他从小生活在暴力环境里面。
- 在任何情况下，都不能在家庭中使用暴力手段解决冲突。
- 施暴者都是素质差、没教养的人，基本上都是社会低下阶层。
- 有些女性喜欢被丈夫打。

`什么是家庭暴力`

家庭暴力，是指发生在家庭成员之间的，以殴打，捆绑、禁闭、残害或其他手段对家庭成员从身体、精神、性等方面进行伤害和摧残的行为。

是否构成家庭暴力，应该以加害一方的暴力行为是否已成为一种行为模式为认定标准。

受害人稍有不从，就会挨打或者受到恐吓，使她产生恐惧，害怕再次受暴而被迫服从。这样的行为，就已经构成家庭暴力。这也是国际社会关于家庭暴力的普遍理念。

`家庭暴力的对象和类型`

婚姻暴力/虐待	身体暴力
恋爱暴力/虐待	性暴力
儿童或青少年暴力/虐待	精神暴力
老人暴力/虐待	经济限制
手足暴力/虐待	性侵犯
	疏忽照顾
	遗弃

`为什么离不开家暴漩涡`

大多数离家出走的受暴妇女，会再次回到施暴人身边。这个过程反反复复，时间长短，因人而异。有的人可能需要几个月时间，有的人可能需要几年，才能最终做出决定。

1. 客观原因

①为了孩子。

②无处可去。

③支持系统太弱。

④传统婚姻关系。

2. 心理上的原因

①受虐妇女综合征"青蛙效应"，习得无助，痛苦，恐惧。

②斯德哥尔摩综合征：奇怪的情感依恋。

③自我价值感降低。

④自责。

⑤心理不平衡。

案例：她认同绑架者

在地下车库里被囚禁了 8 年后，被绑架的奥地利女孩终于逃脱魔掌。医务人员却发现，她已经在心理上对绑架者产生认同，即斯德哥尔摩综合征效应。她曾经有机会逃跑但都没有利用。当她听说绑架者得知她获救的消息后自杀身亡时，反而伤心地落泪。

很多配偶虐待的个案中，暴力行为会有压力期—争执期—虐待暴力期—蜜月期—压力期不断循环发生的过程。

暴力循环理论（Walker. L. E.）

一旦暴力发生，而施暴者没有受到阻止或惩罚，就会引出下一次暴力循环，且每一次循环的时间会缩短，虐待暴力期也会提早，蜜月期则会缩短甚至消失，便会变成虐待暴力期的无限延续，暴力成为常态、正当、例行的行为。

讨论

1. 分组讨论，可以是口头描述、画像、文字描述等，各组将讨论内容记录在小组讨论纸上。

2. 讨论家庭暴力的危害：对受害者、子女、家庭。

反家暴的基本价值观

1. 暴力零容忍。

2. 受害人不应该被责怪引起家暴。

3. 尊重受害人的决定。

我们如何行动

1. 婚前判断，理性检验对方。注意观察对方是否有暴力倾向、家庭是否有婚暴史，如恋人未婚时就动手打人，最好的办法就是理智地离开他。

2. 重视婚后第一次暴力事件，受害人绝不向加害人示弱，力争到底。

3. 熟悉相关法律及社会救助资讯。收集有关组织（如当地社区家庭暴力报案点、派出所、居委会、家庭暴力庇护中心、家庭暴力防护中心等）的信息和电话号码，遭受暴力时及时求助。

4. 注意收集和保存证据。如伤情鉴定证书、报警回执、加害人的悔过或保证书、医院的诊断证明、医疗费用的票据、向熟人展示伤处并请他们作证、受伤部位的照片、加害人施暴的工具等。

测试你另一半的暴力倾向

问题 1. 他生气时都做些什么？

不论你们的争执多么微不足道，他却常常威胁着要摔东西、捶墙、弄坏物品、伤害你，等等。这正是显示他缺乏自制力的危险信号。

问题 2. 他是否对动物很残忍或曾对他人暴力相向？

你应该留意他是否认同此观点：使用暴力达到某种目的是一种可以被接受的事。

问题 3. 他企图使你在其控制之下吗？

他是否存在看似出于关心却可能过于干涉你生活自由的行为？比如，管束你如何穿着、如何过日子，甚至可能到了让你觉得没有他，你就不能作决定的程度。

问题 4. 他常常觉得你要为他的错误负责吗？

对他而言，每件事都是别人的错。

问题5. 他曾经打过你吗？

不管他事后如何表示道歉，一旦他打你一次，就已经打破男女关系的禁忌，这也使得下一次出手更容易些。

问题6. 他重视你的意见吗？

施虐者的低自尊往往使他想要控制他人的意志、行动，以增强其自尊。他常常是以自我为中心，而忽视你的意见与自主选择权。

问题7. 对你积极追求你自己的兴趣，他会表示赞许或认同吗？

施虐者的低自尊常会因为你追求个人理想而感到威胁，以至于不愿意你追求自己的兴趣、成长与发展。

问题8. 他是否对男人、女人的角色非常传统，坚持"男人应该如何，女人应该如何"？

注意看他是否认为女人应该留在家，照顾丈夫并且遵循丈夫的指示。

当你遭受家庭暴力时，要敢于向外界求助

1. 向亲戚朋友求助。

2. 向居民委员会、妇女组织、当事人所在单位、人民调解委员会等请求保护。

3. 就近向社区"家庭暴力报案点"求助，或者直接拨打"110"向公安机关求助。

4. 寻求法律途径解决，经济困难的，可以向法律援助机构申请法律援助。

5. 可以向家庭暴力庇护中心申请庇护。

第二期　阳光家庭剧场——爱我就不要伤害我

 服务背景

通过评估社区需求，阳光家庭在 2011 年度开展社区反家暴宣传活动，"阳光家庭剧场"成为活动的重要内容之一，即通过话剧表演的形式表现家庭暴力的危害，促进社区家庭和谐。阳光家庭挖掘社区资源，成立和谐大使团队，让和谐大使进入社区，协助社工开展工作，也为他们提供奉献社区的机会和平台。

和谐大使大多对家庭暴力没有全面的了解，且没有表演经验。因此，社工针对和谐大使们开展了反家暴交流工作坊，请深圳市鹏星家暴防护中心的社工分享全面的家暴知识。在这个基础上，开展本期阳光家庭剧场的小组，以"爱我就不要伤害我"为主题排演话剧，展现家暴危害，倡导家庭和谐，为社区反家暴宣传活动做准备。

除此之外，和谐大使进入社区宣传和谐的社区文化，前提是他们的夫妻关系、家庭关系要和谐，所以，本期剧场小组也设计了处理常见的婚姻问题的环节，让和谐大使排练情景剧的同时，提升他们处理婚姻问题的能力，促进他们夫妻关系的和谐。

🏠 服务理念

1. 地区发展模式

地区发展模式是一种发展理念，强调要从当地居民的需求和当地的资源、环境和人口等协调、可持续发展入手，也是社会工作的一种重要介入手法，强调居民的参与、合作，集体组织起来利用社区资源解决社区问题、满足社区福利需求，增强社区凝聚力和归属感。本期小组在招募新的和谐大使的基础上，培训他们处理常见的婚姻问题，排练情景剧进入社区演出，是对地区发展模式理念的体现。

2. 社会工作助人自助理念

一方面，开展反家暴工作，负责活动的社工要有一定的理论基础，要学习家庭暴力、反家暴及夫妻沟通的相关知识。在《非暴力沟通》这本书中，著名的马歇尔·卢森堡博士发现了一种沟通方式，依照它来谈话和聆听，能使人们情意相通，和谐相处，这就是"非暴力沟通"。这本书的内容也值得社工学习，作为开展服务的一个理论依据和手法。另一方面，和谐大使进入社区宣传，必须了解家庭暴力及反家暴，必须了解常见的夫妻冲突、冲突背后的原因及解决方法，这样才能更好地传播和谐社区文化。所以，本期小组每一节都会有相关知识的分享：在第一节让和谐大使简单了解家暴及反家暴知识，剩下的 5 节选择 5 个常见的婚姻问题：唠叨、吵架、家务、工作与婚姻、钱的问题（节选自《毁掉中国人婚姻的 18 个问题》），通过案例分享和角色扮演让和谐大使了解这些问题背后的原因及解决方法，从而促进和谐大使自身夫妻关系的和谐。同时，小组过程中情景剧的扮演、排练也能够促进和谐大使在夫妻关系、家庭关系方面的成长。

🏠 服务目标

1. 让组员了解家暴的危害。

2. 完成情景剧排练，并将情景剧运用到社区宣传之中。

3. 让组员了解夫妻间唠叨、吵架、家务、工作与婚姻、钱的问题及背后的原因、解决方法。

🏠 服务对象

社区居民。

🏠 服务人数

6 ~ 12 人为宜。

🏠 服务设计

共 6 节，每节 100 ~ 120 分钟。

🏠 服务评估

评估项	评估指标	权 重
服务人数	有 6 人持续参与到话剧表演中则达标	20%

续表

评估项	评估指标	权 重
目标操作化	1. 组员能完整地演绎剧本情节，占40%。	70%
	2. 组员了解并掌握了2个以上婚姻问题及其背后的原因、解决方法，占30%	
其 他	组员满意社工表现	10%

服务内容

第1节 "剧场初体验"

目的：

1. 达成组员之间的认识、熟悉。

2. 使组员放松自己，进入话剧表演的状态。

3. 让组员对反家暴多一些认识和感受。

程序：

时 长	目 标	内 容	物 资	备注/技巧
5分钟	让组员清楚小组的背景、内容和意义	小组介绍：社工自我介绍，感谢组员对反家暴的支持，向组员介绍小组的背景、内容和意义	—	—
10分钟	活跃气氛组员相互认识	热身游戏：大风吹小风吹。每次抢不到座位的组员向大家介绍自己（姓名、爱好、参加反家暴小组的原因等），让每个组员都有机会介绍自己	板凳	—
35分钟	让组员对家庭暴力加深认识，增强组员反家暴的动机	播放视频《时光隧道》，看完视频之后，让组员分享感受，社工总结，强化组员的信念和动机	电脑投影仪音响	

续表

时 长	目 标	内 容	物 资	备注/技巧
20分钟	发挥组员想象力,锻炼组员肢体表达能力	奇思妙想:社工拿出一个苹果,让组员依次传递,说出苹果可以做什么。轮流一遍之后,社工做一个动作,把这个动作传递给一个组员,组员先解释社工的动作含义,然后做社工的动作的同时加入自己的动作,依次传递。所有组员轮流做完之后简单分享感受,社工总结	苹果	—
25分钟	让组员尝试表演,找找表演的感觉,也训练组员在表演过程中灵活应变的能力	①表演初体验:组员两两分组,每一组中的两个人,其中一个讲故事,另一个表演搭档所讲的故事,一分钟之后互换角色。在最后一组两人互换角色之后,社工随意请两个组员,一个叙述,一个表演,在过程中随意喊停,请另外的组员接着前面的组员编故事或表演。 ②结束之后邀请组员分享感受,社工总结	—	—
20分钟	让组员了解剧本、选择角色	话剧初体验:社工向组员介绍剧本的构思及内容概要,让组员阅读剧本内容,分享对剧本角色的理解,选择适合自己的角色	剧本	见附件1.1。 第一节组员之间的熟悉度、默契度都较低,可以让多一些社工加入小组,带动小组气氛,让组员放松地投入到小组环节中

附件 1.1　阳光家庭剧场剧本

爱我就不要伤害我

（编剧：海悦阳光家庭 梁兴利）

第一章　阿梅的一天

角色：阿梅　黄凯（阿梅丈夫）　晴晴（阿梅女儿）

美丽（张明妻子、阿梅邻居）　张明（黄凯同事）　阿梅母亲

Scene 1（阿梅家中、早晨）

阿梅：晴晴、晴晴，赶紧起床了，再不起来就要迟到了。抓紧时间，爸爸还要赶着去上班的。

黄凯：不急、不急，再让她睡会呗！（一边看报纸一边说）

阿梅：不急？不急？你以为你住布吉就真的不急了啊？你迟到没关系，女儿上学迟到了多不好啊！（一边布置早餐一边说）

晴晴：（睡眼惺忪）哎呀，我知道了，我这不就起来了吗！

阿梅：来，赶紧吃早餐。不行，来不及了，带上车吃吧。你们赶紧出门吧，没准布吉关再堵一堵，我看你们还急不急！

黄凯：知道啦，老婆大人。我们走啦！

（黄凯、晴晴出门）

（阿梅收拾餐桌，嘴里念起来了）

阿梅独白：唉，好不容易完成了第一个任务。今天还得过五关、斩六将呢！我是一名家庭主妇，丈夫和孩子就是我生命的全部，照顾他们让我感到如此的幸福。

（门铃响了）

阿梅：另外一名家庭主妇来了。来啦，来啦。

Scene 2（菜市场路上）

美丽：哟，大清早的唱起来了，做家庭主妇做得这么给力！佩服、佩服。

阿梅：给力什么啊？都快无能为力了，最近都不知道买什么菜好，什么都涨价，一会儿姜太公，一会儿蒜你狠，一会儿糖高宗，一会儿辣翻天。

你说，我这个家怎么当啊！

美丽：你看你，纠结什么啊？我告诉你这个家怎么当，你以后做饭不用姜、不用蒜、不用糖、不放辣椒不就得了。反正啊，这个家庭主妇我是不想当了。我准备出来工作，可是我家张明不同意，最近老是为这个问题吵。

阿梅：你们又吵啦？吵什么啊？有事好好商量嘛。如果你想出去工作，这事情是要和张明好好商量，这毕竟是一个家庭的事情嘛。他是你的丈夫，这么重要的事情，你是该问问他的意见。

美丽：阿梅啊阿梅，我家老张可不比你家黄凯，你家老黄还捞得个一官半职，好歹还是个经理，我家老张混了这么久也还是个文员，我不出去打拼，这个家还怎么经营下去？再说吧，我觉得女人呢，也应该有自己的事业，不能总是靠男人，给自己留条后路吧。

阿梅：都一家人了，哪还后路不后路的。自古以来，不都是男主外，女主内吗？大家都是分工合作嘛，都在外面闯，家里的事情谁做啊？孩子谁照顾啊？你有想法就和他好好谈吧，做顿好吃的，增加一下谈判的筹码。

Scene 3（阿梅家中、傍晚）。

（黄凯下班，和晴晴一起回到家中）

黄凯：我们回来了！

晴晴：妈妈，我和爸爸回来了！

阿梅：你们回来啦，休息一下，咱们就开饭啦。

黄凯：对了，明天我要去东莞出差两天，晚上帮我收拾一下行李。

阿梅：又出差啊？最近怎么老是出差啊？

黄凯：没办法啊！谁叫我要养家糊口啊！我也不想出差啊！每天陪着老婆、孩子多好啊！

晴晴：那爸爸带着我们一起出差呗。

黄凯：那怎么行啊，爸爸是去工作的，再说了，你也要上学。

（晴晴从书包里拿出试卷）

晴晴：给，这次期中考的试卷。

黄凯：哟，不错嘛，三科都 90 多分。

阿梅：我看看，不错，不错，你答应孩子的，看哪个周末我们安排一次省内游吧！

黄凯：行，没问题！

（外面传来吵架的声音，美丽、张明两口子吵起来了）

Scene 4 （美丽家中）

美丽：我要出去工作，我可不要天天待在家里做黄脸婆。想当年，我在广告界，也算炙手可热。当初嫁给你，你要我辞了工作，在家里照料就行，你会努力打拼，解决经济上的问题。我们结婚都好几年了，你还是个文员，工作毫无起色，现在的经济状况，我们连孩子都不敢要。你说，我能不去外面工作吗？

张明：美丽！我警告你，你可别把话说得那么难听！当初是你说在外拼搏累了，我才让你在家做全职太太。工作上的事情，我一直都是很努力的，只是有时候也要讲机遇，有些事情，我也没办法控制。

美丽：你说得没错，就你这个水平，你当然没办法控制。混来混去还是个小文员。

张明：你！你！我好歹也是你丈夫，你说话能不能尊重一下我，考虑一下我的感受！

美丽：我！我！我怎么了啊？我说错了吗？我也想在家当少奶奶，可也要你有这个本事才行啊？你有吗？你有吗？你说你有吗？

张明：你！你不要欺人太甚了啊！（举起手）

美丽：哟！你想打我啊？你打啊！你打啊！你敢打下去，你今天就不是这副德行了！

张明：我……唉！（手重重地放下来了）

（旁白：这天夜里，阿梅在收拾着黄凯的行李，一家人有说有笑；美丽和张明两口子吵得很凶，但吵累了，也渐渐停下来了。夜深了，大地重归寂静）

讨论问题：

1. 两个家庭的情况各有什么不同？
2. 哪个家庭比较可能发生家庭暴力，为什么？
3. 女人是应该有自己的工作，还是应该在家做全职太太？
4. 家里的环境，对晴晴的学习成绩有影响吗？为什么？

第二章　家庭暴力来了

Scene 5

（旁白：两天后，黄凯回来了，满身酒气，很疲惫的样子。）

黄凯：我回来啦！

阿梅：回来啦？留了饭菜给你，我现在去热吧，你先去洗个澡。

（黄凯把行李和随身物品放在客厅）

黄凯：我吃过了！我好累，先去洗个澡！

（阿梅对黄凯的态度感到奇怪）

（阿梅内心独白：奇怪了，吃了也不告诉我，可能是他出差太累了吧！）

（皮包里传来了电话的声音，连续响了两次，后来又发来了短信，阿梅想：谁有急事要找黄凯吗？便拿起了手机，看是什么要紧的事）

（亲爱的，你回到家没有啊？我好想你哦；黄凯，你就不能多待一天吗？这么想你家那个黄脸婆吗？我算什么？今天就能见到你了，很开心啊）

（阿梅两眼放空，脑海中一片空白，她坐在凳子上，六神无主却又若有所思，不时地又翻看着手机的短信，她不知道哪里来的勇气，拨了拨头发，竟然回复起那陌生人的短信：以后我们还是不要见面了，我很爱我的妻子和孩子，你算不了什么）

（这时，黄凯洗完澡出来了）

阿梅：黄凯，你对得起我啊？没想到，你也会在外面拈花惹草。

黄凯：你瞎说什么啊？

阿梅：我瞎说？我瞎说？我也希望是你的手机在瞎说！（把手机扔给了黄凯）

黄凯：你竟然看我的短信？你凭什么啊？你有没有尊重我啊？

阿梅：我凭什么？我凭什么？我凭我是你老婆！你为什么这样对我啊？你为什么？

（手机铃声响起来了）

黄凯：喂。

电话那头：黄凯，你这个薄情寡义的东西，你就不是个东西，你很爱你的老婆和孩子嘛！还不和我见面？本小姐可大把人要！

黄凯：你瞎说什么啊？亲爱的，我怎么会不要你呢？

（阿梅怒视着黄凯）

第三者：你自己看你都发些什么给我！（电话挂了）

（黄凯翻看着手机）

黄凯：你这个疯婆子，你还当我是你的丈夫吗？净干一些没用的事！有意义吗？

阿梅：你不是我丈夫，你这个狼心狗肺的！我全心全意为这个家庭付出，而你呢？你都在干些什么啊？你还是个负责任的男人吗？你配做晴晴的爸爸吗？

黄凯：你说什么？你再说一句？

阿梅：你都敢做了，我有什么不敢说的？臭男人！负心汉！

（阿梅话音未落，黄凯举起手甩了阿梅一个耳光！）

黄凯（吼道）：不给你点教训，你不知道什么是男人！

（黄凯，举起手又给了阿梅一个耳光！阿梅哭了起来，空气凝固了）

晴晴（哭着走到爸妈面前）：爸爸妈妈，你们怎么了？爸爸，你好凶啊，我好怕！

（说着走向妈妈）

（这个时候，美丽和张明在阿梅家门外犹豫着）

美丽：感觉他们两口子打起来了，不会有什么事吧？

张明：哎！黄凯的事最近同事也都议论纷纷，这是人家的家务事，我们也不好插手啊！

美丽：什么不好插手？我们左邻右里的，他们闹成这样子，怎么能袖手旁观呢？

邻居家暴，绝不能坐视不理。（最后，美丽、张明两口子决定冲进去帮忙）

张明：老黄，你这是干什么啊？两口子有什么事好好说嘛，怎么打起来了！

美丽（搂着阿梅）：没事！没事！有我在！没事。

阿梅：美丽，美丽啊，他在外面有了女人，竟然还打我，你要我怎么活下去啊。

美丽：黄凯，你还算个东西吗？家里面有个这么好的老婆不会珍惜！在外面拈花惹草，还敢对阿梅大打出手！

黄凯：我们家的事，用不着你们来管，她吃我的，住我的，是我的女人，我怎么对她，你们管不着！

美丽：你说出这样的话？你还是个人吗？

晴晴：为什么？为什么我的爸爸会这样？我的家为什么会变成这个样子？妈妈！爸爸会不要我们吗？

阿梅：晴晴，他不配做你的爸爸！

黄凯（手指着阿梅）：是你把我逼走的（他摔门而出！）

美丽：梅，先别想那么多了，时候不早了，先休息吧！改天我们再商量商量下一步怎么走吧。别担心了，照顾好自己的身体要紧，孩子也还需要你呢，有什么需要帮忙的尽管找我和张明吧。

阿梅：嗯，我知道了，你们也回去休息吧！

（美丽和张明离开了阿梅家）

（旁白：大地再次重归寂静，阿梅看着晴晴入睡，自己却怎么也睡不着。她在想，该怎么办，选择忍受，还是选择放弃？）

讨论问题：

1. 女人是男人的附属品吗？男人对老婆，可以想打就打吗？

2. 美丽和张明是不是多管闲事了，当邻居出现家庭暴力的情况，我们应不应该帮忙？

3. 如果你是阿梅，下一步你会怎么走呢？

第三章　暴力在偷笑

（旁白：第二天，阿梅回到了娘家，把事情告诉了母亲，想问问她的意见）

Scene 6

梅妈：黄凯真不是个东西！他怎么能够这样子对你呢？

阿梅：妈，你说我怎么办好啊？我真的不知道该怎么办！

梅妈：梅啊，你能怎么办啊？我们做女人的，只有认命。你现在这个年龄了，也没有工作，如果真的离婚了，你自己怎么生活啊！日子怎么过呀！对晴晴的影响很大的！她现在学习这么好，你总不希望她被大人的事情给影响了吧。我去劝劝黄凯吧。

阿梅：可是？可是，我怕我接受不了他了，我越想他越恶心，我怎么还能跟这种人生活下去啊？

梅妈：女儿啊，女儿！我也不想你难受，可是你也要考虑自己的情况啊！

（旁白：阿梅挺意外的，原以为母亲会维护自己，要自己离开那个狼心狗肺的东西，没想到母亲竟建议她忍受，忍受着这痛苦的一切，可是母亲说的也不无道理，毕竟晴晴还小。）

（旁白：事后，黄凯主动向阿梅道歉，说他那天喝多了，他是爱晴晴的，也想要这个家，希望阿梅能再给他一次机会。阿梅也原谅了他。可是，好景不长，单位同事议论纷纷，影响了黄凯升职。对此，黄凯嘴上不说，但情绪一直低落。于是阿梅又成了他的出气筒，他们经常吵闹，家庭暴力的程度也一次比一次严重，有时候连晴晴也会挨打。晴晴在学校变得沉默寡言，经常一个人偷偷地哭……）

Scene 7

（又一次家暴之后，黄凯出去喝酒了，阿梅和晴晴哭成一团）

晴晴：妈妈，我什么时候才能长大，我长大了就可以保护你了！可是妈妈，我一直不明白，爸爸这么打我们，妈妈为什么还要和他在一起，为什么不离婚啊！

阿梅：晴晴，你还小，有很多事你不能理解。我总以为忍一忍就过去了，或者等年纪再大一些，你爸爸就不会打我们了，我希望你有个完整的家，不然我们两个无依无靠的，很难生活下去啊！

（这时，美丽走了进来，和美丽一起的还有一位年轻的女士）

美丽：哎，每次看你们挨打，我也挺难受的，又不能劝你们离婚，不知道怎么办好。这不，这段时间我也一直想着怎么帮你们，我了解深圳市妇联有好几家阳光家庭综合服务中心，这些都是公益性的组织，免费提供婚姻调适、家庭调解、亲子教育、危机干预等服务。在我们龙岗布吉，就有一家阳光家庭综合服务中心，中心的社工很专业、很热情，我和张明最近常去参加他们的活动，有不少的收获呢！这位就是阳光家庭的社工，我们可以试试让她帮忙。

阿梅：可是，家丑不可外扬，我不想让太多的人知道，也不好意思跟别人讲。

社工：阿梅姐，美丽跟我说了您家里的情况，我知道您的苦衷，其实很多女性都是这么想的。家庭暴力不是忍耐就能解决的，对家庭暴力的容忍只能让问题更严重。家庭暴力这把刀，对谁都是伤害，它伤害的不只是您的身体，还有您和晴晴的心灵，甚至是打您的老公。国家在《婚姻法》里面就有规定"禁止家庭暴力"，对实施家庭暴力或虐待、遗弃家庭成员而构成犯罪的，是要依法追究刑事责任的。而且专门针对家庭暴力的国家级立法也快要出台了，所以，阿梅姐，千万不要在家庭暴力面前退让。

（阿梅若有所思，仔细回顾自己面对老公家暴时的软弱退让，觉得社工说得确实有道理）

阿梅：是啊，我不该一味地忍让。可是有时候真的感觉很无力，不知道自己怎么做才是最好的。

社工：阿梅姐别怕，我会陪您一起面对，我会在征得你们同意的情况下来您家里探访，希望和您老公沟通，让他也意识到家庭暴力对您和晴晴、对这个家甚至对他自己的伤害，我们有更好的办法让一家人开开心心地生活，不是吗？还有，你还有这么好的一个邻居，这么好的朋友美丽，不管以后是什么样的结果，不管是黄凯他有所悔改，你们重新开始幸福的生活，还是他继续暴力，你们离婚各自开始新的人生，我们会陪着你一起面对。别怕！（社工拍拍阿梅的肩，给她力量）

阿梅：嗯，谢谢社工姑娘，谢谢美丽！

社工：这是我们应该做的，阿梅姐。还有啊，今年我们阳光家庭还开通了热线电话服务，您有需要的话可以直接打电话，电话号码挺好记的：88833822，我们龙岗区的话按6就行，周二至周六早九点到晚九点，都有专业社工接听电话，提供热线辅导。

阿梅：888 – 33 – 822，龙岗区按6。记住了，电话里面就可以辅导，方便多啦。

美丽：还有还有，阳光家庭的社工们考虑到我们社区还有很多像你一样受家庭暴力困扰的人，为了帮助她们，今年他们会在社区开展一系列反家暴宣传活动，反对家庭暴力，构建和谐社区。他们还成立了"和谐大使"团队，我已经加入了，希望能为更多的家暴家庭作一些贡献，帮助更多受家庭暴力伤害的人。

阿梅：我也要加入，经过这么多事情，我们女人不能再沉默了。

晴晴：我也要加入！

社工：那我们的口号是："爱自己·爱家人·爱邻里，不施暴·不受暴·不旁观"。

讨论问题：

1. 一味地忍让能够消除家庭暴力吗？

2. 家庭暴力会不会影响孩子的成长，你认为会有哪些影响？

剧终

第2节 唠叨

目的：

1. 让组员了解"唠叨"背后的原因及解决办法。

2. 让组员尝试剧场游戏的声音练习，学习放开、丰富自己的声音，便于录音。

3. 完成剧本第一章录音。

程序：

时　长	目　标	内　容	物　资	备注/技巧
5分钟	让组员清楚本节小组的内容	向组员介绍本节小组的内容：主题分享、剧场游戏练习、录音、排练	—	—
30分钟	"唠叨"主题分享，让组员了解"唠叨"背后的原因及解决办法	通过角色扮演、PPT分享及组员分享，让组员看到唠叨背后的原因以及应对措施	投影仪电脑幕布	见附件2.1

续表

时　长	目　标	内　容	物　资	备注/技巧
5 分钟	帮助组员发散自己的声音及肢体动作	剧场游戏：合二为一。组员两两分组，一个是 A，一个是 B，先由 A 发出声音，B 根据 A 的声音进行表演，一分钟之后角色互换。旨在发散组员的声音和肢体动作，为录音和排练做准备	—	社工可先做示范多一些让组员分享自己的经验
45 分钟	为接下来的排练奠定基础	将组员分组进行录音、排练、拍摄花絮	录音设备话剧道具DV	可让比较活跃的组员先进行表演，必要时社工示范
5 分钟	小结	对小节的内容进行总结，肯定组员的表现，预告下期内容	—	可在组员中选出"导演""摄影"等角色，让大家更多地参与到话剧排练中来

附件 2.1　唠叨的相关知识

唠叨些什么

1. 重复命令。

不断地重复要求（是要求，而非请求），例如："你究竟什么时候会换灯泡？"或者："我爸不是要你打个电话给他吗？"

2. 关心提醒。

3. 称赞他人。

话中有话："听说老吴很会修理电器，家中有任何东西坏了，他三两下就能搞定！"

4. 分享心事。

为什么女人爱唠叨

1. 内心有一些压抑、压力、不满、抱怨、委屈和不安全感，唠叨是她的一种发泄方式。

2. 因为爱。

为什么男人怕唠叨

1. 唠叨代表权力低落。

2. 唠叨暗示能力不足。

3. 唠叨表示不够幸福。

女人如何减少"唠叨"

1. 先说出自己的目的。请别开口就絮絮叨叨,先告诉他你这番话的真正目的,以免他会错意,误把分享当责怪。

2. 给男人一些发呆充电的时间。

3. 少说"你",多说"我"。

4. 对男人要求少一点,理解多一点。

男人如何帮助老婆克服唠叨的习惯

1. 在妻子唠叨的时候要认真地听,必要的时候有所回应。

2. 对于妻子唠叨的事情,能轻易做到的就要做到。

3. 悄悄地将妻子唠叨的次数记录下来,在妻子心情好的时候给她看。

丈夫的职业忌语

1. 这件事你说了多少遍了,烦不烦啊。

2. 你整天除了唠叨,还能干什么。

3. 真不知道娶你这么个老婆有什么用,什么忙也帮不上。

4. 行啦行啦,人长得这样,咋化妆也没用。

5. 别腻歪了,我困着呢。

6. 打扮得漂亮给谁看啊,我正忙着呢。

第 3 节　吵架

目的:

1. 让组员了解"吵架"背后的原因及解决办法。

2. 通过剧场游戏提升组员的表达、表演能力。

3. 完成剧本第二章录音。

程序：

时 长	目 标	内 容	物 资	备注/技巧
5 分钟	让组员清楚小组的内容	向组员介绍本节小组的内容：主题分享、剧场游戏练习、录音、排练	—	—
20 分钟	让组员了解"吵架"背后的原因及解决办法	通过角色扮演、PPT 分享及组员分享，让组员看到吵架背后的原因以及应对措施	投影仪 电脑 幕布	见附件 3.1。 让组员多一些分享自己的经验
5 分钟	提升组员的表达及表演能力	剧场游戏：你比我猜。社工发给每个组员一张纸条和一支笔，组员写出自己最喜欢吃的一种食物，不能让其他人看到。社工收齐纸条放在袋子里，依次请组员抽出一个纸条，用火星文和肢体动作把食物表演出来，其他组员来猜他表演的是哪一种食物	纸条 笔 袋子	①可让比较活跃的组员先进行表演，必要时社工示范。 ②鼓励组员发挥想象力，用火星文和肢体语言来表演
45 分钟	为接下来的排练奠定基础	①将组员分组进行录音、排练。 ②拍摄花絮	录音设备 话剧道具 DV 剧本	—
5 分钟	小结	对小节的内容进行总结，肯定组员的表现，预告下期内容	—	—

附件 3.1　有关"吵架"的相关知识

冷战是婚姻生活的毒瘤

1. 冷战的表现：相互冷落、疏远、漠不关心。

2. 什么导致冷战？

- 一方强势，一方弱势。

- 双方都要面子，选择忍耐和掩饰。

- 其他。

3. 冷战的危害：夫妻感情淡漠、离婚、影响孩子的成长等。

为什么吵架

1. 金钱、子女、责任、家庭等。

- 实质：都觉得自己没有得到对方的爱和理解，自己遭到忽略和伤害。

- 如何减少：多给妻子爱、体贴和呵护；多给丈夫尊重、肯定和理解。

2. 双方都觉得自己有理，让对方认错。

- 对应态度：家庭是一个重情不重理的地方，在婚姻里没有可能以理服人，只能以情动人。

争吵中的十大忌语

1. 我和你说句实话吧，我从来就没有爱过你！

2. 我真后悔和你结婚！

3. 当初我真是瞎了眼，嫁给你！

4. 离婚！谁要是不离婚谁就是孙子！

5. 要不是看在孩子的份上，告诉你，我早和你离婚了，我一分钟都不会在你们家多待！

6. 你还真把自己当盘菜了，告诉你，我今天和你离婚，明天就有人等着嫁给我呢！

7. 别蹬鼻子上脸啊，你再说一句试试，看我不抽你！

8. 给脸不要脸，你这个女人怎么这么贱！

9. 你给我滚蛋！滚得远远的，我再也不想看见你！

10. 我对你已经绝望了，你爱怎么着就怎么着吧，我不管了还不行？

第4节　家务

目的：

1. 从社会性别的视角讨论"家务该由谁来做"，同时分享避免家务冲突的方法。

2. 通过剧场游戏提升组员的表达、表演能力。

3. 完成剧本第三章录音。

程序：

时 长	目 标	内 容	物 资	备注/技巧
5 分钟	让组员清楚小组的内容	向组员介绍本节小组的内容：主题分享、剧场游戏练习、录音、排练	—	—
20 分钟	从社会性别的视角讨论"家务该由谁来做"，同时分享避免家务冲突的方法	通过角色扮演、PPT分享及组员分享，让组员看到家务冲突背后的原因以及应对措施	投影仪 电脑 幕布	见附件4.1。 多一些让组员分享自己的经验
10 分钟	提升组员的表达及表演能力	剧场游戏：特别的故事会。两人一组，上台给大家讲一个故事。先由其中一个人讲（火星文），一个人表演，一分钟后，互换角色	—	可让比较活跃的组员先进行表演，必要时社工示范
40 分钟	为接下来的排练奠定基础	将组员分组进行排练，拍摄花絮	话剧道具 DV 剧本	—
5 分钟	小结	对小节的内容进行总结，肯定组员的表现，预告下期内容	—	—

附件 4.1 角色扮演：谁来做家务

是她强迫症还是他大男人？

关于家务的几个问题

- 小时候，家长会教你做家务吗？你喜欢做家务吗？
- 现在你们家主要是谁在做家务？你怎么看做家务这件事？
- 男人天生就不是做家务的料，家务应该/必须由女人来做。你同意这个观点吗？
- 你会和孩子一起做家务吗？
- 你对未来儿媳妇的条件有哪些？
- 理想的做家务的状态是什么？

家务与社会性别

1. 什么是社会性别？

社会性别（Social Gender）是当代妇女理论的核心概念和女权主义学术的中心内容，它区别于以人的生物特征为标志的"生理性别"，指的是以社会性的方式构建出来的社会身份和期待，是自身所在的生存环境对其性别的认定，包括家人、朋友、周围人群、社会机构和法律机关的认定等，是人基本的社会属性之一。

2. 社会对男女两性不同的角色期待及定位。

男性：阳刚、成家立业、责任、性。

如：男儿有泪不轻弹、哪个男人不是三妻四妾的，等等。

女性：美貌、阴柔、相夫教子、贞洁。

如：处女情结、女人必须生孩子，三从四德，等等。

女人不是生就的，而是造就的。——波伏娃。

女性并不是生就的家务承担者，"家务女性化"是社会性别刻板化的结果。

如何培养老公做家务

1. 女性不能一个人主动承担家务，时常向老公灌输"好男人都会做家务""会做家务的男人其他方面也会很优秀"等观点。

2. 偶尔表现出自己在家务方面不是很擅长，需要老公帮忙。

3. 要求不要太苛刻。

4. 当老公在做家务出错时，要耐心教导。

换个视角做家务

1. 夫妻一起做家务是增进感情的有效方法。

2. 家务也可以成为增加生活情趣的游戏。

3. 在家务事上不用太较真。

4. 家庭成员一起分担家务可以增强家庭凝聚力、家庭责任感，成员间也能多一些机会彼此沟通、彼此了解。

第 5 节　工作与婚姻

目的：

1. 让组员了解工作与婚姻平衡的重要性及达到平衡的方法。

2. 通过剧场游戏提升组员的舞台表现力。

3. 依据录音排练话剧，熟悉话剧节奏。

程序：

时　长	目　标	内　容	物　资	备注/技巧
5 分钟	让组员清楚小组的内容	向组员介绍本节小组的内容：主题分享、剧场游戏练习、录音、排练	—	—
20 分钟	让组员了解工作与婚姻平衡的重要性及达到平衡的方法	通过角色扮演、PPT 分享及组员分享，让组员看到工作与婚姻平衡的重要性，了解两者平衡的小技巧	投影仪 电脑 幕布	见附件 5.1。 多一些让组员分享自己的经验
5 分钟	提升组员的舞台表现力和对角色的理解能力	①剧场游戏：整体的一部分——职业。 ②游戏规则：社工给出一个职业，先让一个组员出来表现他的特征，其他组员陆续加入，扮演特定的角色（人物）、做相关动作。	纸条	职业尽量与话剧中的角色有关联

续表

时 长	目 标	内 容	物 资	备注/技巧
		如：第一个人洗洗手，把手亮出来等着；第二个人扮演护士，走过去帮医生戴上手套；其他人扮演麻醉师、病人、实习医生等（游戏者不可事先知道第一个人在做什么或扮演什么角色）。表演两至三种职业，包括剧本中角色的职业		
45 分钟	熟悉剧本节奏，完整表演	将组员分组进行排练，拍摄花絮	话剧道具 DV 剧本 录音 音响	—
5 分钟	小结	对小节的内容进行总结，肯定组员的表现，预告下期内容	—	—

附件 5.1 工作与婚姻相关知识

家庭生活应是人生命中最重要的部分

1. 某调查：一个护士用了 15 年的时间总结出人们在临终前最遗憾的 5 件事，其中之一：把生命中的太多时间贡献给了工作。

2. 工作是一个橡胶球，你把它丢在地上，它还会弹回来。但是另外四个——家庭、健康、朋友和精神是玻璃球，如果你把其中任何一个丢在地上，他们将不可避免地磨损、打上印痕甚至支离破碎。它们永远都不会一样。

再忙也不能缺席的时刻

1. 妻子分娩的时刻。

2. 妻子（丈夫）生病的时刻。

3. 妻子（丈夫）人生遭遇重大挫折的时刻。

4. 妻子（丈夫）人生中最得意的时刻。

理解和体谅对方的忙碌

1. "也许爱情的最好方式是你不仅爱一个人，也爱他的理想和抱负"。

2. 他/她的忙碌是为了这个家。

不花钱的浪漫

1. 坐在车上或马桶上的时间，都可以利用起来给他/她打个电话或者发一条信息。

2. 在各种对你们来说有特殊意义的日子里，给花店打个电话，让别人替你给他/她送上鲜花和祝福。

3. 晚归时，上床后给他/她一个充满歉意的吻——他/她虽然看起来已经睡着了，但八成是在装睡。

4. 在外面吃饭，碰到好吃的菜或点心，请服务员打包一份带回家给他/她尝一尝。

5. 多多运用眼神，即使你忙得没有时间陪他/她吃饭、和他/她说话，但隔三差五要给他/她一个含情脉脉的眼神。

第6节 钱的问题

目的：

1. 倡导"贫贱夫妻也可以幸福"的理念。

2. 通过剧场游戏提升组员的剧场画面感。

3. 完成情景剧排练。

4. 总结小组过程，巩固组员在小组中的收获。

程序：

时　长	目　标	内　容	物　资	备注/技巧
5 分钟	让组员清楚小组的内容	向组员介绍本节小组的内容：主题分享、剧场游戏练习、排练、小组总结	—	—
15 分钟	带出"贫贱夫妻也可以幸福"的理念	①通过角色扮演、分组辩论、组员分享，带出"贫贱夫妻也可以幸福"的理念。②分组辩论：给出"贫贱夫妻百事哀"和"贫贱夫妻也可以幸福"两个观点，将组员分成两组进行辩论	—	多一些让组员分享自己的经验
10 分钟	提升组员的剧场画面感	剧场游戏：雕像游戏。请一个组员离开活动场地，其他组员用 3 分钟的时间商量，表演一个家庭的冲突，然后静止不动。请场外的组员来说自己看到了什么，指出人物关系。如果观察员说出来的不符合组员表演的内容，则让组员思考他们情境表演的画面漏洞，继续改进	—	—
40 分钟	为接下来的排练奠定基础	将组员分组进行排练拍摄花絮	话剧道具 DV 剧本 音响	—
15 分钟	巩固组员在小组中的收获	对 6 节小组的内容进行总结，包括主题分享的收获及排练情景剧的成果，参与者分享感受并赠与每个组员一本书：《毁掉中国人婚姻的 18 个问题》	参与者意见反馈表 笔 书	参与者分享感受很重要

第三期　爱我就不要伤害我反家暴社区宣传活动

服务背景

社区、社会的和谐离不开家庭的和谐，而家庭暴力则是破坏和谐的"杀手"之一。阳光家庭服务范围内的小区在经济、文化等方面都有不同程度的差异，经过社工平时的观察及居民的反映，发现某些小区存在家暴或疑似家暴的现象。由于家庭暴力不仅仅是发生在夫妻间的看得见、听得到的暴力，它的发展趋势越来越具有隐秘性，而且人们对家暴的认识不够，存在很多误区，遇到家庭暴力也不知道如何去处理。

所以，从预防的角度来讲，社工有必要在社区开展反家暴宣传活动，让居民对家庭暴力多一些认识和了解，预防家庭暴力的发生。对于存在家庭暴力的家庭，可提供热线辅导、个案辅导及资源类的服务。

服务理念

地区发展模式是社区工作的重要理论基础，此模式认为应当最大限度地让社区居民参与到社区事务中来，强调社区自治。本年度的反家暴社区宣传活动有两大亮点：第一，招募社区居民作为和谐大使，和社工一起进入社区进行反家暴宣传活动。一方面有助于和谐大使自身对家暴的认识，另一方面也可以通过和谐大使影响社区居民。第二，和谐大使排演话剧，进入社区进行街头表演，与现场观众问答互动，也会搜集相关图片进行图片展，贴近居民生活，表现形式直接、通俗易懂。这些都是对地区发展模式的实践。

社会工作有三大功能：预防功能、治疗功能和发展功能。预防功能是基础性的，也是必不可少的，而在社区开展家庭暴力工作最主要的功能便是预防、教育，社区宣传活动也是反家暴工作三层构架里面最基础的一层。宣传活动可以让居民对家庭暴力多一些认识和了解，对和谐家庭多一份憧憬和努力，那么我们的活动就自然而然地起到了预防家庭暴力的作用。

服务目标

1. 让居民更多、更直接地了解家庭暴力的危害、特征。

2. 消除居民对家暴的常见误区，树立"爱自己·爱家人·爱邻里，不施暴·不受暴·不旁观"的和谐社区理念。

3. 加强社区教育，预防家庭暴力的发生。

服务对象

社区居民。

服务人数

每场 100 人以上。

服务设计

1~4 场小区活动（根据小区场地的安排），每场 3 小时。

服务评估

评估项	评估指标	权 重
参与人数	现场观众不少于 30 人、当天宣传页派发不少于 100 份则达标	20%
目标操作化	话剧表演的每个环节都有观众积极回答问题，表达自己的观点，占 30%。 至少 30 人参与"有奖问答"环节，占 30%。 收到至少 20 份有效的调查问卷，占 10%	70%
其 他	活动整体的连贯性（节奏、气氛等）	10%

服务内容

时 长	目 标	内 容	物 资	备注/技巧
60分钟	确保活动顺利开展	物资整理	—	大型社区活动所需物资较多，所以要提前准备
50分钟	确保活动顺利开展	话剧彩排	音响 话剧道具	为保证话剧表演顺利，活动当天需要进行彩排
40分钟	为活动开展做好准备	运送物资，布置活动现场。由于表演需要搭背景展架，活动还有若干摊位，所以在活动开始之前，需要将物资运送到活动现场并布置场地	—	—
10分钟	热场	播放音乐，活动介绍，以吸引人群	—	负责此环节的主持人要能够带动现场气氛
30分钟	让更多居民了解中心反家暴服务	社工带领小义工向居民派发宣传单	—	小义工派发宣传册，居民比较容易接受。但是需要提前对小义工进行培训，告诉他们在派发宣传册的时候如何表达
55分钟	让居民直观地感受家暴的危害	话剧表演及互动问答	—	表演时，要划定表演区域和观看区域，以免影响表演
40分钟	①让居民了解家暴知识。②了解社区家暴状况，为有需要的居民提供现场咨询。③壮大和谐大使团队	各摊位活动（有奖问答、现场咨询等）义工报名 问卷调查	—	见附件1.1、附件1.2。注意人员分工，维持好现场秩序

续表

时 长	目 标	内 容	物 资	备注/技巧
40分钟	总结经验不足，改进服务	整理场地回中心评估	参与者意见反馈表笔矿泉水	—

附件1.1　社区婚恋关系中的冲突及暴力情况调查问卷

尊敬的社区居民：

您好！深圳市妇联龙岗海悦阳光家庭综合服务中心主要为社区的妇女、儿童及家庭提供婚姻调适、亲子教育、妇女维权、危机干预等专业服务。为全面了解本社区恋人、夫妻及其他家庭成员间的冲突和家庭暴力情况，便于以后为居民提供更好的服务，构建幸福家庭、共建和谐社区，我们开展此次调查活动，希望得到您的支持和协助。

本调查问卷不用填写姓名，所有回答只用于统计分析，答案没有正确、错误之分。请您在百忙之中抽出一点宝贵时间填写这份问卷。

衷心感谢您的支持和协助！

祝您生活愉快！

深圳市妇联龙岗区海悦阳光家庭综合服务中心

2011 年 4 月

填表说明：

1. 在您所要选择的选项上打"√"，或在_____处填写适当的内容；

2. 无特殊说明，每个问题只选一个答案；

3. 如实填写问卷；

4. 需要时，可请现场工作人员协助填写问卷。

调查员_____ 调查时间：_____年_____月_____日

您所在小区名称是_____

1. 您的性别是？　　A. 男　　B. 女

2. 您的年龄是＿＿＿＿＿＿岁

3. 您的婚姻状况？（如果选 A，请跳到第 10 题）

A. 未婚且单身　　　B. 未婚，和男（女）朋友同住

C. 已婚　　　　　D. 其他＿＿＿＿＿＿

4. 您和另一半吵架的频率是？（如果选 A，请跳到第 6 题）

A. 从来不吵架　　　B. 偶尔会吵架　　　C. 大概每周 1 次

D. 每周 2 至 3 次　　E. 经常性的吵架，数不清

5. 通常您和另一半吵架的原因是什么？

A. 经济问题　　　　B. 子女管教问题　　　C. 双方性格不合

D. 其中一方有酗酒、赌博等不良嗜好　　　　E. 其他＿＿＿＿＿＿

6. 您和另一半有发生过暴力冲突吗？（如果选 A，请跳到第 10 题）

A. 从来没有　　　　B. 有过，不超过 5 次　　　C. 大概每月 2 次

D. 每月 2 至 3 次　　E. 经常性的，数不清

7. 一般情况下，你们双方发生暴力冲突的原因是什么？

A. 经济问题　　　　B. 子女管教问题　　　C. 双方性格不合

D. 其中一方有酗酒、赌博等不良嗜好　　　　E. 其他＿＿＿＿＿＿

8. 一般情况下，是哪一方先开始使用暴力？

A. 自己　　　　　　　B. 对方

9. 和另一半发生家庭暴力，您会如何解决（可多选）？

A. 过了就过了，不去管它　　B. 暴力之后开始冷战

C. 事后再冷静处理　　　　D. 找各自的亲友解决

E. 向居委会、派出所、妇联等相关部门求助

F. 其他＿＿＿＿＿＿

10. 您的邻居或周围的居民有没有夫妻冲突或暴力的情况发生？

A. 从来没有　　B. 偶尔有　　C. 经常有　　D. 几乎每天都在发生

E. 其他＿＿＿＿＿＿

11. 当邻居发生激烈的家庭冲突时，您会怎么想、怎么做？

A. 当做什么都没发生　　　　　　B. 别人的家务事，不好插手

C. 担心给自己带来麻烦，还是不管了

D. 敲门问一问，有必要的话进去劝架　　E. 打管理处电话来调解

F. 报警　　　　　　　G. 其他＿＿＿＿＿

12. 您觉得有必要在社区开展反家暴宣传活动吗？

A. 完全没必要　　B. 预防为主，有必要　　C. 其他＿＿＿＿＿

再次感谢您对此次调查的协助和支持，如果您需要我们的帮助，请留下您的联系方式。　电话：

附件1.2　有奖问答

请选择一个最佳答案，写在前面的（　）里

（　）1. 家庭暴力中，谁是最主要的受害者？

　　A. 妇女、儿童　　B. 老人　　C. 男人

（　）2. 下面哪些情况属于精神暴力？

　　A. 拳打脚踢、扇耳光　　B. 侮辱、谩骂、不理睬、不肯离婚

　　C. 行动控制、经济控制

（　）3. 以下说法中，哪一项是对的？

　　A. 家庭暴力是家庭琐事，没什么严重后果

　　B. 精神暴力不能算是家庭暴力，它没有伤害后果

　　C. 打是亲，骂是爱

　　D. 家庭暴力对家人、对社区和社会是有害的

（　）4. "我×你妈"这句话属于性别暴力中的哪种暴力？

　　A. 侵犯生命权　　B. 婚姻家庭暴力　　C. 语言暴力

　　D. 性骚扰

（　）5. 以下有关性别暴力的说法错误的是？

　　A. 性别暴力不会对男性造成伤害

　　B. 人工流产女婴属于性别暴力

　　C. 丈夫对妻子的暴力会影响孩子的成长

　　D. 男性也是性别暴力的受害者

（　）6. "白丝带"象征着什么？

　　A. 纯洁的爱情　　B. 尊敬　　C. 关爱女性

　　D. 女性对男性施加予女性的暴力不再宽恕，不再沉默

（　）7. 下面选项中，哪一天是白丝带日？

　　A. 11 月 25 日　　B. 12 月 1 日　　C. 12 月 6 日　　D. 12 月 10 日

（　）8. 假如我的邻居发生家庭暴力，下面哪种做法是错误的？

　　A. 给他们多一点关心　　B. 给他们多一点慰问

　　C. 给他们多一点鼓励　　D. 坐视不理，漠不关心

（　）9. 面对家庭暴力，哪种做法是错误的？

　　A. 慎重对待，不能一味忍让

　　B. 找专业人士求助，如阳光家庭社工

　　C. 家丑不可外扬，忍一忍就过去了

　　D. 去社区居委会、工作站求助

（　）10. 下面哪种言行不利于我们建立幸福和谐的家庭？

　　A. 夫妻相亲相爱、互相尊重

　　B. 夫妻经常吵闹，父母打骂孩子

　　C. 多用赞赏的方式鼓励孩子的正向行为

　　D. 不使用暴力方式解决问题

以上是社区反家暴项目三项基本的服务内容。培训社区和谐大使、排练家庭暴力题材的情景剧、开展反家暴社区宣传活动，在这一系列活动完成之后，和谐大使的团队会慢慢壮大，他们的表演信心也会增强，而且，在这个过程中社工及和谐大使会更清晰反家暴服务的发展方向及思路，更多创新和发展。所以，在这三项服务结束之后，可以根据情况再开展和谐大使培训交流工作坊、剧场小组及社区宣传活动，循序渐进，在实践中丰富、深化服务。

专业反思

从 2011 年初至 2011 年 11 月，经过 10 个月的时间，阳光家庭进行了一系列反家暴社区实务的探索，逐步形成了以"和谐大使反家暴交流培训——阳光家庭剧场——反家暴社区宣传活动——个案"为主线的系统服务模式，初步建立了由"阳光家庭综合服务中心、社区工作站、家庭暴力

报案点、社区物业管理处”组成的社区反家暴网络雏形。将近一年的项目开展，对受暴妇女、和谐大使以及社区的和谐都有重要的意义。

1. 对受暴妇女的意义

妇女儿童是家庭暴力的主要受害者，阳光家庭在反家暴宣传中也较侧重性别暴力方面的内容。一方面，在社区开展反家暴宣传活动，尤其是情景剧表演，让受暴妇女更直观地看到了家庭暴力的危害，提升了她们面对家暴“零容忍”的意识；另一方面，社区工作站、物业管理处及家暴报案点对《反家庭暴力宣传册》很重视，很多居民通过他们了解到阳光家庭的反家暴服务，所以，在遭受家庭暴力时，部分受暴妇女开始敢于面对家暴，也敢于迈出向阳光家庭社工求助的一步，或通过阳光家庭热线咨询，或来阳光家庭面谈辅导。自从阳光家庭开展了反家暴社区宣传活动，与社区工作站等部门建立了合作关系之后，阳光家庭接到的相关热线、个案数明显增加，大多数都是通过这些途径了解到阳光家庭反家暴服务的。这些个案中，“男权恐怖暴力”所占比例不多，大多数家庭暴力背后是夫妻沟通、亲子管教、经济压力等问题，也有很多妇女咨询法律维权的信息。对此，阳光家庭社工会根据案主的情况跟进个案，或提供情感支持，或协助改善夫妻关系，或提供法律维权相关资源。由于我国目前还没有制定国家级的反家庭暴力法，相关法律、制度都有待完善，社工能做的有限，但是在实践中社工发现，很多受暴妇女都缺乏社区支持网络，缺乏情感支持，所以，社工的接纳、聆听、同理和陪伴对她们来说很重要。这种陪伴让她们觉得自己不再是孤立无援的、无奈无助的，从而有信心、有力量去面对问题。另外，阳光家庭社工鼓励受暴妇女加入和谐大使团队，参与阳光家庭剧场，协助反家暴社区活动开展，从而让她们在这个过程中结识朋友，丰富生活，提升自信。

2. 对和谐大使的意义

和谐大使最初是出于兴趣、出于一份责任而单纯地做义工，但是通过反家暴知识培训，以及阳光家庭剧场小组，他们自身也获得了多方面的成长。首先，了解了家庭暴力及反家暴的相关知识，内化了反家暴理念，而且随着服务的发展，和谐大使有很多很好的点子和创意提供给社工，从而推动服务的进一步发展。其次，表演方面的能力和自信得到了提升。和谐大使们以前都没有表演经验，在第一次社区表演的时候都很紧张。表演完之后，反响很好，大家的信心也就足了，在表演方面也有了自己的经验。最后，也是最重要的一点，通过参与剧情表演、主题分享，和谐大使能够更清楚地了解自己、了解自己夫妻间沟通的方式、存在的问题及背后的原因以及解决方法，大家都觉得在这个过程中有收获，有成长。其中一个离异的组员，在排练情景剧之后就跟社工说，他和前妻几乎从未发生过家庭暴力，发生了一次，就离婚了。他跟剧中他扮演的角色很像，前妻总说他没用，他也不能够很好地理解、体谅前妻的感受。现在感觉到，当初离婚是因为两人的沟通方式有问题。在小组总结时，组员们纷纷表示每一节的主题分享都很贴近他们的生活，学到了以前不知道或不怎么在意的一些知识，很实用。

虽然对于社区反家暴项目的发展，社工有自己的计划和理念。但是在推行的过程中，社工并没有把计划一个个地抛给和谐大使，而是随着服务的发展，和谐大使的理念和想法一步步地与社工原先的计划接近了、不谋而合了。对于和谐大使而言，这是他们自己的成果，也是整个社区反家暴项目自然而然成长的过程。在接下来的服务中，社工会更多挖掘和谐大使的潜能，更多发挥他们在生活阅历方面的优势，促进他们自身家庭和谐、成长的同时，给他们更多权力和空间参与到社区反家暴服务的筹备、策划中来，让和谐大使团队朝着社区反家暴民间组织的方向发展。

3. 对社区的意义

社区的和谐离不开每一个家庭的和谐，离不开邻里家庭的和谐。很多居民向社工反映，他们的邻居经常发生家庭暴力，也常常影响他们的生活。问卷调查显示，有相当一部分的居民对邻居的家庭暴力不闻不问，当做什么都没发生。我们在社区倡导"爱自己·爱家人·爱邻里，不施暴·不受暴·不旁观"的和谐社区文化，一方面倡导自己的家庭不发生家庭暴力，另一方面也倡导对邻里之间相互守望，面对家庭暴力不能袖手旁观。经过几次社区活动，几乎100%的居民都认为这样的活动能很好地预防家庭暴力的发生，有必要多多开展。

家庭暴力是一个国际性的问题，并不是一年半载就能够消除的，反家暴也将是一场持久战。阳光家庭开展了近一年的反家暴社区服务的尝试，虽然初见成效，但是相对来说还处于起步阶段。根据家庭暴力及社区反家暴服务的特征、社区居民的需求以及和谐大使团队的发展，接下来，反家暴社区服务可以有进一步的发展。

（1）阳光家庭剧场发展为"阳光社区论坛剧场"，以 AB 剧的形式在社区演出。AB 剧一方面可以减轻扮演"施暴者"等负面角色的和谐大使的压力，以更轻松的状态表演，不至于让居民尤其是小孩对他们形成不良印象；另一方面，可以让更多的居民参与进来，点评、改编剧情，现编现演，让剧情更贴近居民生活，更有利于解决居民遇到的实际问题。同时，剧本要更多地带给社区居民积极正面的能量，一些具体的、实用的夫妻沟通、亲子管教等方面的知识和技巧。

（2）进一步密切与社区工作站、管理处及家庭暴力报案点的合作。阳光家庭可以结合这些部门的一些服务而拓展现有的服务。如，家庭暴力报案点每年都会到学校去开展家庭暴力相关讲座，社工便可与民警合作，带给学校师生更多的知识和信息，拓展针对儿童、青少年受暴群体的服务。

（3）开展受暴妇女互助小组。随着社区反家暴服务的逐渐深入，相关个案也会增多。所以，在服务有进一步的发展时，可以评估所接触到的受暴妇女的需求，开展互助小组，为受暴妇女提供一个交流分享、互助支持、重建自信的网络平台。

（4）将社区反家暴服务与阳光家庭其他各项服务更加紧密地结合起来。在开展社区反家暴服务的过程中，社工发现很多家庭暴力背后隐藏着夫妻沟通、亲子管教等问题，所以，阳光家庭的父母学堂系列服务、夫妻类服务、妇女互助会等都有助于家庭暴力的预防。

本项目开展的其中一个目标便是探索地区发展模式在社区反家暴实务中的意义和本土经验。经过近一年的服务，社工有如下反思。

首先，社区蕴藏着丰富的资源和巨大的能量，立足社区、整合社区资源是开展社区反家暴服务的基础。综观这一年来的社区反家暴实务，阳光家庭剧场是一个创新、一个亮点，而表演情景剧的和谐大使来自社区；很多受暴者了解阳光家庭反家暴服务，除了反家暴社区宣传活动之外，是通过社区工作站、物业管理处和家暴报案点知道的。这些都是社区的资源，只有很好地整合这些资源，才能让更多的居民受益。另外，随着服务的推进，更多居民通过各种方式参与到社区反家暴活动中来，多了一份责任，在参与活动的过程中，随着自我价值的体现，也多了一份对社区的归属感。

其次，地区发展模式可以说是一种自下而上的变革方式，若要进一步发展，为受暴群体提供更多服务，还是需要有配套的制度支持。阳光家庭接到的大部分热线或个案，或多或少都涉及法律、妇女维权等内容。尽管阳光家庭社工可以为她们提供相关律师、法律维权部门的资源，但由于国家还没有专门针对家庭暴力的国家级立法，很多问题是"心有余而力不足"，因而很多时候，求助者也只能无助而来、无奈而去。而且，目前深圳还没有建立针对受暴群体的庇护阳光家庭，对于一些处于危机中的个案很难提供及时有效的庇护，这让很多受暴妇女在遭受家庭暴力之后无处可去，也让她们没有勇气和信心面对离家后的困难，从而继续容忍家暴。所以，希望国家级的反家庭暴力法能够尽快出台，针对受暴群体的庇护阳光家庭及相关救助制度能够完善起来。这样，更多的受暴者才能够及时得到救助、维护自己的权益。

参考文献

陈敏：《呐喊：中国女性反家庭暴力报告》，人民出版社，2007。

张红艳：《法律透视：婚姻家庭暴力》，中国法制出版社，2006。

刘梦：《中国婚姻暴力》，商务印书馆，2003。

卡玛：《毁掉中国人婚姻的18个问题》，中国青年出版社，2006。

中国法学会，英国文化委员会，中国法学会婚姻法学研究会，中国人民大学婚姻家庭研究所：《防治家庭暴力研究》，群众出版社，2003。

冯媛：《家庭暴力干预系列教材——媒体工作者培训手册》，中国社会科学出版社，2004。

刘梦：《家庭暴力干预系列教材——社区行政人员社会工作者培训手册》，中国社会科学出版社，2004。

容维毅、赵颖：《家庭暴力干预系列教材——警察培训手册》，中国社会科学出版社，2004。

郭素芳：《性别暴力的医疗干预——医务人员资源手册》，中国协和医科大学出版社，2006。

王向贤：《亲密关系中的暴力：以1015名大学生调查为例》，天津人民出版社，2009。

刘莉、刘浩：《面包与玫瑰：女性权利的解释与实现》，上海译文出版社，2005。

S. Scott Polsky, Jenifer Markowitz, *Color Atlas of Domestic Violence*（家庭暴力色彩图谱），Mosby, 2003。

吴秦风：《没完没了：家庭暴力批判》，西苑出版社，2004。

李洪涛、齐小玉：《受害妇女的援助与辅导手册》，中国社会科学出版社，2004。

陶勃恒：《家庭暴力干预培训系列教材——施暴者教育画册：远离家庭暴力 建设幸福家庭》，中国社会科学出版社，2004。

义工篇

★ 亲子义工齐伸手，心心相连献公益
　　亲子义工小组
★ 四点半课堂

亲子义工齐伸手，心心相连献公益
亲子义工小组

景田阳光家庭　邓丽春　黄思俊　陈　璐

🏠 服务背景

随着阳光家庭义工队伍的不断发展和壮大，以及阳光家庭服务领域及范围的不断拓展，阳光家庭义工服务内容也需不断开拓，以尽可能地满足义工的服务需求，同时也为需要帮助的群体提供服务。因此，亲子义工小组的推出，是为亲子义工创造良好的服务空间，通过专题分享、互动游戏、户外探访体验等，促进亲子义工自身成长的需要，更为有需要的群体提供相应的服务和支持。

阳光家庭面向社区服务已经有五年时间，在过去对社区居民的评估中发现，亲子教育始终是社区的一大需求，特别是在迅速发展的城市生活中，家长将子女教育作为家庭生活的重中之重。从以往服务经验中也发现，有些孩子自我意识较强，甚至以自我为中心，责任感较低，也较难体谅到父母的付出，而家长们也抱怨孩子不能理解自己的用心，不懂得珍惜其拥有的学习、生活等良好环境，从而在亲子关系方面造成较大压力。因此，亲子以义工角色进入小组，通过关怀需要帮助的群体，让家长和孩子在探访关爱行动中共同成长。

🏠 服务理念

体验式学习是通过亲身体验与实践获得知识或技能的过程，注重内在，是个人在形体、情绪、知识上参与的所得。

本小组采用体验式学习，通过义工服务手法，为亲子提供良好的服务平台，让家长和孩子们在参与、体验中共同关爱社会弱势群体，实现自我价值，提高亲子沟通和合作能力，促进亲子关系的融洽。同时培养孩子的爱心与责任感，通过实地探访了解弱势人群的基本情况，懂得珍惜自己所拥有的学习与生活条件，感恩和孝顺自己的父母。

服务对象

7～11岁儿童及其家长（必须有一名家长参与）。

服务目标

1. 促使亲子义工关爱社会，关注社区需要，关怀弱势群体，在参与、体验中探索。

2. 探访活动中实现自我价值。

3. 使家长和孩子在探访中共同成长，增进亲子情感，促进融洽的亲子关系。

服务内容

本活动以小组形式开展。

	节数	内　容
小组内容	第1节	我心中的亲子义工小组
	第2节	认识和了解探访老人须知、技巧
	第3节	探访老人
	第4节	分享探访老人的服务收获与心得； 认识和了解探访残障人士须知、技巧
	第5节	探访残障人士
	第6节	分享探访残障人士的服务收获与心得； 回顾和分享探访学习心得，总结参与小组收获； 颁奖、合影留念

 服务评估

评估项	评估指标	权重
服务人数	至少 6 个家庭实际报名，占 10%。 每节活动至少出席 4 个家庭，占 10%。 接受义工探访之人数不少于 20 人，占 10%	30%
目标操作化	70% 以上的参与家庭（以实际报名人数计算）觉得自我价值得到实现，占 10%	60%
	70% 以上的参与家庭（以实际报名人数计算）表示活动能帮助到社会上的弱势群体，值得继续推广，占 10%	
	70% 以上参与家庭（以实际报名人数计算）的家长明白亲子关系的重要性，学到至少一种处理亲子关系的技巧，占 10%	
	70% 以上参与家庭（以实际报名人数计算）表示通过活动增强了亲子之间的配合，增强了双方共同解决问题的能力，占 15%	
	参评家庭 70% 以上表示活动能够促进良好的亲子关系，占 15%	
其他	协助社工和义工评估（70% 以上的社工和义工的意见反馈表满意度都在 3 分以上），占 5%	10%
	受助对象的感受和意见（70% 以上的受助对象的意见反馈表满意度都在 3 分以上），占 5%	

🏠 服务内容

第1节

目的：

1. 相互认识，与组员建立关系，初步了解参与亲子义工家庭情况。

2. 让参加者认识义工概念，了解亲子义工小组服务内容、目标与意义。

3. 引出探访理念，组员正式签订相关探访的约定。

程序：

时　长	目　标	内　容	物　资	备注/技巧
10分钟	①打破陌生感，建立社工与组员的关系。②引出小组目标与内容	①开场白：社工进行自我介绍及阳光家庭介绍，同时介绍小组活动的目的和内容。②社工就阳光家庭及小组的内容与组员互动问答	矿泉水若干若干杯水互动问题	见附件1.1。以10个题目互动问答方式进行提问，加速组员进入小组状态，同时使组员对阳光家庭及本小组有初步的认识和了解
10分钟	破冰，活跃气氛，激发组员的热情，初步促进参与家庭之间的互动	热身游戏：五毛一块一起数	抽签盒抽签条	见附件1.2。此环节可加速参与家庭的融合，但可能由于人数过多，游戏场面有时会混乱，社工要及时掌控小组的发展方向，控制混乱局面

续表

时 长	目 标	内 容	物 资	备注/技巧
15分钟	促进组员之间的相互认识与了解	组员互相认识：以家庭为单位进行，给每个家庭2分钟的自由交流讨论时间，让家长与孩子商量如何介绍自己的家庭（比如姓名、兴趣爱好等），接着邀请孩子作为家庭代表来介绍自己及其妈妈或爸爸	—	以孩子为家庭代表介绍，既为孩子提供勇于表达的平台，又能够促进组员的认识，不过需留意的是有个别家庭的孩子比较内向和胆怯，社工需带领其他组员一起给予爱和勇气的鼓励与支持
20分钟	增强组员对义工的认识	游戏：音乐传球——我是义工	游戏题15道	见附件1.3
20分钟	建立小组规范及澄清期望，确立小组的目标与意义	①表达并澄清小组期望与规则：以参与家庭为单位，家庭各自用卡片表达对小组的期望与规则，完成后，邀请组员分享小组规则。②社工拿出事先准备的一些规则，根据组员的讨论情况进行整合及相关删减，并进行全体举手表决，若大部分组员都对某一规则通过，则可决定通过。这样就形成了契约之花，每位组员都必须自觉遵守，并引出如果违反规则，需受到的"惩罚"有哪些。同时关于组员对小组的期望，可由社工带领分享与澄清，适当地邀请组员分享	笔卡片白板白板笔小组规则	见附件1.4。①期望参与小组后学到什么？②需与组员说明什么是规则？为什么要制定规则所制定的规则不宜过多。③与组员达成小组契约，不仅需达成一致意见，也需提出订立小组规则违反规则的处理方式，增强组员遵守小组规则的意识。④所制定规则要与小组目标相配合

续表

时　长	目　标	内　容	物　资	备注/技巧
30 分钟	引出探访的基本技巧、小组的探访理念，组员正式签订相关探访的约定	主题环节：关于探访主题的角色扮演。社工给予参考场景，比如探访老人、孤儿、重病中的孩子，去老人院/孤儿院/医院的时候……接着每个家庭为一小组，结合日常所了解的探访情况，自由选取以上其中一个情景进行自由演练，练习时间为 5 分钟。在这一过程中，社工需认真观察，从中选取较为典型的情景，然后邀请其中一至两个家庭出来现场情景扮演，接着其他家庭分享	脚本工作纸白板白板笔	见附件 1.5。可能出现家庭不配对情况，即家长到场子女未到场或子女到场家长未能参加的情况，可先邀请配对的亲子进行角色扮演，将非配对的家长或孩子作为其中的家庭成员。在练习时，部分组员可能较拘谨，无法投入角色扮演练习中，社工以积极的态度带领组员进入游戏，或者准备脚本工作纸以现场使用，或者亲自进行动作示范，灵活地鼓励组员
5 分钟	总结及预告增强参与动机	总结与预告：邀请组员分享本次活动的感受；社工总结，并预告下一节活动的时间、地点等	—	介绍活动完结时，最后一节会选出优异家庭奖项：卓越家庭奖、最融洽家庭奖、最佳参与家庭奖、学习风尚奖

附件 1.1　互动问答题目

题目内容

1. 阳光家庭举办的活动是不是公益性的？

2. 阳光家庭的服务对象只针对社区儿童，对吗？

3. 景田阳光家庭共有 10 位还是 12 位工作人员？

4. 景田阳光家庭地址在哪里？

5. 星期六、星期日中心都不开放，对吗？

6. 什么年龄段的儿童可以参加亲子义工小组？

7. 亲子义工小组举办的时间是什么时候？共几节？

8. 亲子义工小组主要是干什么的？

9. 在亲子义工小组中，我们代表的是义工身份，对吗？

10. 参与今晚小组活动的家庭有多少个？

附件 1.2　热身游戏：五毛一块一起数

游戏内容

　　游戏中，家长就当"1 块钱"，而孩子则是"5 毛钱"。根据社工说的钱数，所有组员组成相应的数字，没有组成符合要求的数字的组员，将会受到一定的"惩罚"。

热身游戏的"惩罚"参考

1. 请分别模仿唐僧、孙悟空、猪八戒、沙僧四人的经典动作。

2. 表演妈妈/孩子经常性的一个动作。

3. 给自己的妈妈/孩子一个温馨的拥抱。

4. 双手拉着自己的妈妈/孩子，说一声"我爱你!"

5. 对妈妈/孩子说两句赞扬的话。

6. 就近抱住柱子，大声说："阳光家庭，我爱你!"

7. 唱一首有关妈妈/孩子的歌曲。

8. 请现场表演：害羞、惊喜。

9. 双手叉腰，扭屁股 5 下。

10. 双手抱头，起蹲 5 次。

11. 模仿鸵鸟走路的样子。

12. 大笑笑到脸抽筋。

13. 请唱歌曲《两只老虎》。

附件 1.3　游戏：音乐传球——我是义工

游戏内容

　　现场随着背景音乐进行传球，当音乐停止，手里拿到球的组员需回答社工提出的问题。通过传球答题的方式，协助组员认识和了解义工概念、义工的角色、参与方式、态度和意义，以及其他义工基本知识。

当音乐传球回答问题之后，社工邀请参与过中心义工服务的组员做小组榜样进行义工服务心得感受分享。通过服务案例，组员进一步加深对义工服务的认识与了解。

游戏题目

1. 你觉得义工是什么？

义工是指任何人自愿贡献个人的时间及精力，在不图任何物质报酬的情况下，为改善社会服务，促进社会进步而提供的服务。

2. 你觉得义工需具备的条件是什么？

- 自愿。
- 不图物质报酬。
- 服务于社会公益事业。
- 奉献自己的力量。
- 非本职职责范围内。

3. 国际志愿者日：12 月 5 日。

4. 义工口号：有困难，找义工；有时间，做义工。

5. 对待有需要帮助的人，义工的态度？

6. 作为义工，需自愿参加义务工作，自觉维护义工形象，对吗？

7. 义务服务要准时，待人态度要诚实，对吗？

8. 义务工作是一种有金钱或物质报酬的服务，对吗？

9. 义务工作是廉价劳动工作吗？

10. 义工不应放弃个人娱乐时间来参加服务活动，对吗？

11. 参加义务工作是个人的爱好；义工可以随时参加，也可以随时离开；对吗？

12. 每一位义工应该拥有平等的参与机会，对吗？

13. 义工之间，义工和社工之间应该紧密合作，对吗？

14. 义工探访时应有爱心、耐心、诚意、责任感，尊重被探访者，并且做到保密，对吗？

15. 探访前不需做任何的准备，对吗？

16. 你参加这个小组，希望从这个小组学习到什么呢？

【游戏注意事项】

可能会出现参与孩子破坏秩序的问题，如会去抢球等，社工可以做以下尝试：

1. 可现场灵活改变游戏规则。

2. 对违反规则的组员进行"惩罚"。

3. 强调义工的榜样作用对探访的重要性。

4. 运用小组动力协助解决。

5. 运用社工及家长权威适当控制参与孩子的活动秩序。

附件 1.4 小组期望与小组规则

【小组期望】

1. 亲子义工小组——小组规则。

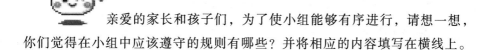

亲爱的家长和孩子们，为了使小组能够有序进行，请想一想，你们觉得在小组中应该遵守的规则有哪些？并将相应的内容填写在横线上。

_____

2. 亲子义工小组——小组期望。

亲爱的家长和孩子们，请想一想，你们希望在小组中能够学习什么知识呢？得到什么样的收获呢？并将相应的内容填写在横线上。

_____

【小组规则】

关于亲子义工小组规则，可参考以下内容：

1. 保持 80% 以上出席率（家长与子女必须一起出席）。

2. 未能出席者，须事先通知负责社工。

3. 守时。

4. 须听社工的带领和安排（遵守活动秩序/游戏规则、专注于每一次活动）。

5. 尊重小组的每一个成员，团结友爱、互相谦让、互相帮助。

6. 讲礼貌，尊重别人，别人讲话时，要认真听，不争抢话题。

7. 遵守纪律，保持安静（家长请协助管理秩序）。

8. 不可随意乱跑、喧哗。

9. 爱护公物，不乱扔垃圾，帮助摆放桌椅、玩具等。

10. 积极参与、投入服务。

附件1.5 关于探访主题的角色扮演

亲子义工小组——情景扮演

以家庭为单位，一方扮演探访者，另一方扮演被探访者。

情景一：探访老人。

李奶奶她的眼睛有问题，不能看得很清楚。

情景二：探访孤儿。

情景三：探访重病中的孩子。

情景四：去老人院/孤儿院/医院探访的时候……

个案扮演及讨论

1. 当你探访老人时，老人要求你帮他买饭，你会如何处理？

2. 探访后，老人希望与你交换电话，方便平时可以与你联络，你会如何处理？

3. 当你打电话给一位老人，表示希望探访他时，对方断然拒绝，说他不想接受探访，让你不要来，你会如何做？

第2节

目的：

1. 强化小组理念与规则。

2. 学习探访老人相关技巧及注意事项，为下一节实地探访活动做准备。

程序:

时 长	目 标	内 容	物 资	备注/技巧
10 分钟	强化小组理念与规则	开场白：社工就阳光家庭及小组的内容与组员互动问答	矿泉水若干 若干杯水 互动问题	见附件 2.1。 以互动问答方式引导组员回顾小组第一节活动内容，可根据小组成员的特征、性格爱好等设计问答，促使组员更快进入小组状态，并强调家长可协助维持秩序
10 分钟	活跃现场气氛，促进组员之间的互动	热身游戏：大风吹	抽签盒 抽签条	见附件 2.2。 引导、鼓励与示范。鼓励全体参与，既进一步与组员建立良好的专业关系，又协助害羞的组员增强果敢，尽快适应小组环境，加强组员间互动
5 分钟	强化小组规则，加速小组规范建立	魔纸的指示——九条公约：亮相已准备的工作纸，纸上写有小组规则，带领组员清楚地认识和了解组员共同制定出来的小组规则，并要求组员能一起遵守"魔纸的指示"，并强调违反规则后的"惩罚"	工作纸 白板 白板笔	见附件 2.3。 ①社工承担一定的领导者角色，聚焦小组契约，强化组员对规则的遵守，促进小组更有序、顺利进行。 ②强化在第一节小组所制定的规则，使组员能对规则有深刻的印象，并能在小组中自觉、严格遵守，以协助带领社工、家长树立权威

时　长	目　标	内　容	物　资	备注/技巧
				从小组中列举能够遵守到规则的组员例子，一方面受到表扬的组员觉得得到了认可，另一方面可以借小组动力做好榜样带动其他组员
15分钟	初步认识与了解关于老年人基本知识	老年人优点与困难大发现： 先让组员了解下一节探访的时间、地点和对象，以家长和孩子为单位在5分钟内共同配合完成一份工作纸填写（老年人的特点与优点、老年人可能面临的困难），协助组员认识和了解老年人的基本情况，然后社工进行引导、总结梳理	工作纸 笔	见附件2.4。 社工需留意到家长和孩子共同合作的情况
35分钟	学习探访老人相关技巧及注意事项，为下一节实地探访活动做相关准备	做足准备去探访，献给老人一份爱心	工作纸 承诺书 白板 白板笔 木偶	见附件2.5
30分钟	学习互相尊重、聆听，增进亲子感情	就实地探访流程进行组员分工并做相关准备（负责节目表演、小游戏、爱心卡制作等）	—	见附件2.6

续表

时 长	目 标	内 容	物 资	备注/技巧
5分钟	总结预告	布置家庭作业： 预备探访小环节（负责节目表演、小游戏、爱心卡制作等） 总结与预告： 邀请组员分享本次活动的感受；社工总结，并预告下一节活动的时间、地点等	—	活动后及时跟进组员面谈，关注小组动力，倾听他们对小组的意见，以及为其提供引导与支持，推动小组服务的改进

附件 2.1 互动问题

题目内容

1. 亲子义工小组第一节活动参与家庭有多少个？

2. 小组第一节学习的内容有哪些？

3. 在音乐传球——我是义工游戏中，进展顺利吗？为什么？有位妈妈正确说出了常听到的义工口号，口号是什么？

4. 小组有两大目标，是什么？

5. 什么叫义工？

附件 2.2 热身游戏：大风吹

游戏规则

小组成员围成一个圆圈坐下，主持人根据各小组成员的一些相同特点，发出号令，如刮大风啊刮大风，所有孩子动起来，小组成员中孩子就必须互换位置，家长坐在原位置就可以了，主持人这时就可以去抢一个位置，最后肯定有一人没位置，他就要出来当主持，继续发出号令。如超过三次抢不到位置者，最后就要受罚。

热身游戏的"惩罚"参考 （见第277页）

附件 2.3 魔纸的指示——小组规则

九条公约

1. 不能大声喧哗，不可以吵闹。

2. 不可以随意走动、乱跑。

3. 应该听从社工的带领和安排（遵守活动秩序/游戏规则、专注于每一次活动）。

4. 守时。

5. 尊敬小组的每一个成员，团结友爱、互相谦让、互相帮助。

6. 讲礼貌，尊重别人，别人讲话时，要认真听，不争抢话题。

7. 遵守纪律，保持安静。

8. 做一个诚实、热情的人。

9. 爱护公物，不乱扔垃圾，帮助摆放桌椅、玩具等。

附件 2.4 老年人优点与困难大发现

老年人的优点

亲爱的家长和孩子们，请想一想，日常生活体验与观察中，你们觉得老年人有哪些优点？

_____

老年人可能会遇到的困难

亲爱的家长和孩子们，请想一想，你们觉得老年人在日常生活中可能会遇到哪些困难？

_____

附件 2.5 做足准备去探访，献给老人一份爱心

社工要做好以下工作

1. 介绍颐老院实地探访流程。

2. 结合探访流程，协助组员了解中心、小组能提供给老人的帮助有哪

些（注：特别强调组员代表的是中心、义工形象，如有组员在树立榜样方面有困难，帮助其分析产生困难的原因，提出改善的方法）。

3. 探访须知学习，社工先引出探访前、探访中、探访后准备的重要性，引导组员思考探访老人的注意事项、探访的技巧有哪些。此环节进行的方式有：

- 将安排参加过颐老院探访的义工做小组榜样进行义工服务心得分享。
- 就探访前中后三过程给出参考情景，分别邀请一个参与亲子义工家庭进行角色扮演，接着其他家庭分享和回馈情景中学到的探访知识。
- 社工梳理与总结相关探访技巧，同时再次明确探访需注意的事项。

4. 跟参与亲子义工家庭正式签订探访服务承诺书。

社工角色

1. 社工作为引导者与鼓励者的角色，要照顾到小组全场，尤其要关注和鼓励较少发言的组员，营造信任的小组氛围，使他们能够更多地主动表达，同时对过分活跃的组员需用小组规则约束，鼓励并强化正面行为，培养其积极倾听他人意见的良好习惯。

2. 引导参与亲子家庭思考：我们可以为老年人提供哪些帮助？可创造现场演练机会，通过角色体验以协助组员更加体会到老年人的感受，提升照顾老年人的技巧。一方面挖掘组员自身能力，另一方面和参与家庭共同讨论分工情况，根据自身特长而做探访准备。

3. 当个别参与孩子之间出现矛盾与冲突时，或者不遵守规则，或与家长不配合时，可能会影响小组的顺利进行。遇到这种情况时，可运用树立社工、家长的权威，严格强调小组规则，同时一方面给予足够爱的鼓励与支持，另一方面也需要严格给予"惩罚"。

探访注意事项

去做探访，是一项很有意义，很有挑战性的工作，与被探访者交谈应注意：

1. 态度：要和蔼可亲，平易近人，脸上常带微笑，让对方能感受到你的诚意。

2. 位置：不要让对方抬起头或远距离跟你说话，那样对方会感觉你高高在上和难以亲近，应该近距离弯下腰去与对方交谈，对方才会觉得与你平等和受到重视。

3. 用心交流：你的眼睛要注视对方眼睛，你的视线不要游走不定，原则让对方觉得你不关注他。同性间可以摸着对方的手交谈。

4. 语言：说话的速度要相对慢些，语调要适中，还要看对方表情和反应，去判断对方的需要。

5. 话题选择：要选择对方喜爱的话题，如日常生活情况、健康情况等，但家庭情况尽量不要主动提问，因可能会触及被访者的情绪；避免提及对方不喜欢的话题，也可以先多说一下自己，让对方信任你后再展开别的话题。

6. 真诚的赞赏：人都渴望自己被肯定，喜欢表扬、夸奖，所以，你要真诚、慷慨地赞美他，他就会高兴，那谈话的气氛就会活跃很多。

【探访须知】

1. 探访前须知。

• 穿着整齐轻巧，给予被访者良好印象。

• 须按中心安排做相关准备（节目表演、小游戏、爱心卡祝福语），不宜自作主张及预备太贵重礼物。

• 关怀、尊重及接纳不同背景/家庭环境的被访者。

• 义工尽量带上手机，以作紧急支援之用。

2. 探访中须知。

• 义工在服务时间内，须佩戴中心义工证。

• 在服务过程中，不得擅离岗位。

• 要保持礼貌及展现笑容。

• 请先主动与被访者问好或打招呼，并自我介绍及表明来意。

• 问被访者喜欢别人如何称呼他。

• 切勿随便搬动被访者家居物品及翻阅其私人物品。

• 避免谈及太私隐、太深入及敏感性的问题，可多谈及被探访者的生活习惯。

• 切勿随便做出承诺，可表示会把被访者的期望代为转告中心，寻求协助。

• 如被访者在倾谈过程中，身体不适或发生意外，立刻通知工作人员。

- 切勿接受被访对象任何现金、利是或礼物。

- 如被访者邀请义工进食，应尽量婉拒。

- 如遇到被访者不合理的要求或违反义工本人意愿的情况，义工可礼貌地拒绝。

- 若有个别问题及需要，请与社工联络及寻求协助，将有关情况做好记录，以便做出跟进。

3. 探访后须知

- 探访谈话内容必须保密，服务过后不可随便讨论。

- 作探访后服务感想。

服务承诺书

 深圳市妇联景田阳光家庭综合服务中心

亲子义工家庭基本信息表

家长姓名		性别		出生年月	
孩子姓名		性别		年龄	
	家庭住址				
	联系电话				
家庭简历	家长是否有从事义工的经验 □是　□否				
	孩子是否有从事义工的经验 □是　□否				
	家长特长：（请注明）＿＿＿＿＿＿＿＿＿＿				
	孩子特长：（请注明）＿＿＿＿＿＿＿＿＿＿				

亲子义工家庭服务承诺书

我们志愿成为阳光家庭亲子义工小组队伍的一员，尽己所能，不计报酬，回报社会，志愿服务，提升自我，为建构和谐社会贡献力量。

1. 我们愿意接受《深圳市义工服务条例》中的各项内容，认真遵守阳光家庭亲子义工小组的各项规则。

2. 我们愿意在阳光家庭亲子义工小组所安排的服务时间及服务岗位

上，提供义工服务。

3. 我们愿意维护阳光家庭的形象，以义工的身份去提供义工服务，积极配合阳光家庭社工的组织安排。

4. 在义工服务过程中，我们愿意进行规范、有序的服务，对本人的言行负责，自觉维护义工形象，若因个人过错对团体义工名誉造成损害的，须承担相应的责任。

以上承诺我们将认真履行，通过义工服务来大力弘扬"奉献、友爱、互助、进步"的义工精神！

承诺人：＿＿＿＿＿＿＿＿

日　期：＿＿＿＿＿＿＿＿

请如实并完整填写以上信息，我中心将对您填写的家庭资料进行保密。

附件 2.6　亲子技巧

组员以家庭为单位进行分工，鼓励家长与小孩一起制定负责小环节，彼此尊重、聆听对方的意见，在和谐、轻松气氛下完成任务（社工可先以角色扮演方式示范亲子之间如何互相聆听）。

亲子沟通

1. 什么是亲子沟通

沟通是亲子之间相互了解的重要途径。亲子之间的沟通应该是双向互动的过程，而不是父母填鸭式地对孩子说教。沟通不只有听，还有讲。

沟通在于良好的关系，家长要放下权威的架子，尊重孩子、理解孩子的行为和想法，良好的亲子关系是双向沟通的重要前提。完整的沟通不光要注意对方的讲话内容，更要重视在感受和情绪上的沟通。

2. 聆听的艺术

聆听就是不加任何判断与主见地去接收、理解及明白子女内心的意思和感受。

聆听的目的在于了解。主动聆听（Active listening）是在倾听对方谈话时主动发问、澄清，能够更加明白对方。做到主动聆听要把握以下几点：

- 注视对方。

- 用简单回应或非语言行为表示对对方的兴趣和专注，如："哦"、"嗯"、点头。

- 聆听过程中注意对方的说话内容；找出对方讲话的背后有什么需要，即讲话的目的；关注对方的情绪，即事情发生时的情绪和现在讲述时的情绪。做到这两方面才可真正明白对方。

- 聆听的过程中多发问，多澄清，更多地明白和理解对方。如："你的意思是不是……""你当时的心情怎样？"

- 给予适当的语言鼓励，协助子女更多的表达。

3. 讲的艺术

沟通不单单是聆听，同样重要的还有表达。家长对孩子讲话的方式不对也会阻碍亲子间的沟通。与孩子说话时，家长要留意以下几点：

- 说话的语态。摒弃负面的语态，如："你常常都是……"，"你从来都不会……"；应该多尝试用正面的语态表达，如："告诉妈妈……"，"妈妈很希望听你讲多一些……"，"妈妈很开心看到你能……"。

- 说话时的动作。家长与孩子说话时要避免叉腰、皱眉头、满脸不耐烦或者用手指着孩子等负面的动作；应该多尝试正面的动作，如留心的表情、与孩子的眼神接触、点头、微笑等。

- 多用协商式而不是命令式的语言。与孩子建立良好的关系，明白孩子的内心，需要的是沟通而不是管教。比如，协商式的"如果你主动告诉他你的困难，会不会好些"就比命令式的"我认为你必须向他说明"更容易让孩子接受。

● 避免说教式的说话（太多理性分析）。家长与孩子的沟通，并不是老师教导学生那样较为单向，如果家长太过说教，孩子便会产生反感。一般情况下，若孩子没有严重行为问题，家长用沟通模式即可。

● 说话尽量简单、直接、清楚，切勿长篇大论。当父母在孩子面前把自己真正要讲的意思和一些"废话"，例如抱怨、絮叨或责备都夹杂在一起，效果会适得其反。

● 多给孩子鼓励和支持。

● 不要忘了对孩子表达谢意和欣赏。比如，孩子为你买了一包饼干，虽然不是你喜欢的口味，依旧要对他表示谢意和欣赏："我很欣赏你跑那么远去买这包饼干送给我。"

● 先认同对方感受，后讨论道理。比如，孩子在校际的足球比赛中输了，他很不开心，抱怨同伴。此时家长要先同理孩子"妈妈能够感受到你很失望不开心……同伴也和你一样希望团队能踢赢比赛的对不对，大家都有尽力……不要紧的，下次会有更好的表现"。

● 不可太严肃。家长要建立亲切和蔼的形象使孩子减少畏惧，放心地表达。

在亲子沟通中，要多听少讲，比例约为 2：1。家长聆听孩子说话内容，了解孩子没有说出来的思想感情、内心活动，并且鼓励孩子多表达感受，那么结果就是双赢的局面，即家长可以把情绪感受传达给孩子，孩子也可以将自己的情绪感受表达给家长，做到良好的沟通。

培养孩子的独立

在培养孩子的独立时，要注意：

1. 引导思想。

2. 建立成功感、自信。

3. 降低依赖：有一定程度上的放手，让孩子自己去学习去实践，在实践中获得成就感。

4. 使孩子学习直接面对困难：在实践中遇到困难，在克服困难的时候孩子也获得了成长，使孩子学习独立。

5. 增强责任感。

6. 增强解决问题的能力：当孩子遇到困难时，不宜立刻为其解决问题，而是引导孩子去解决，在过程中提升孩子面对困难的能力与养成其正确态度。

第3节

目的：

提供实地探访服务，让家长和孩子共同关爱老年人，体验和实践亲子义工付出爱心的价值，同时在探访中增进亲子感情交流。

程序：

时 长	目 标	内 容	物 资	备注/技巧
20分钟	集合及相关准备	中心集合 出发 到达	矿泉水若干 义工帽 义工证 探访流程	见附件3.1。 ①前期交通线路需清楚。 ②参与家庭需准时强调小组规则及参与亲子义工代表阳光家庭义工身份参与
10分钟	了解探访相关注意事项	与颐养院相关负责人交流，配合相关安排，初步认识和了解院方情况及需遵守的相关规定	—	协助组员了解被探访对象的基本情况及相关规定，以促使探访活动顺利进行
30分钟	为组员提供实地探访服务平台，为老人付出爱心关怀，实践义工价值；探访过程中增进亲子交流	亲子义工齐伸手，心心相连献公益之老年人探访——献老人一份爱心	爱心卡片 笔	见附件3.2

时　长	目　标	内　容	物　资	备注/技巧
10 分钟	维系探访合作关系	与颐养院相关负责人交流，表示感谢	纪念品若干	巩固探访合作关系，为今后积累相关资源
5 分钟	总结及预告	集合，进行简单的总结，布置家庭作业，并预告下一节活动的时间、地点等	家庭作业	见附件 3.3。可适当邀请组员分享活动感受，但分享时间不宜过长，同时可表扬组员的正面行为，倾听组员的意见
5 分钟	返回阳光家庭	返回	—	—

附件 3.1　探访深圳市福利中心老人颐养院活动流程

（2010 年 4 月 25 日上午 9：25 ~ 11：00，其中实地探访时间为 9：50 ~ 10：50）

带领社工：×××

协助社工：×××

1. 中心集合，出发（9：25）；到达（9：50）。

2. 与颐养院相关负责人交流，配合相关安排，初步认识和了解院方情况及需遵守的相关规定（9：50 ~ 10：00）。

3. 以亲子义工家庭为单位分开探访，探访范围为某一楼（待定），探访老人数量约 30 位（10：00 ~ 10：35）。

方式一：与老人聊天。

方式二：陪老人散步。

方式三：由家庭进行节目表演、小游戏互动、爱心卡制作与派发。

4. 与颐养院相关负责人交流，表示感谢（10：35 ~ 10：45）。

5. 集合，进行简单的总结与预告；布置家庭作业（10：45～10：50）。

6. 返回（10：50）。

深圳市妇联景田阳光家庭综合服务中心

附件 3.2　现场注意事项

1. 个别参与儿童在探访中可能会不遵守小组规则，或不遵守颐养院相关规定，出现如大声喧哗、吵闹、随意走动等情况。针对这种情况，可强调亲子义工小组规则、服务承诺书、颐养院相关守则，运用家长权威约束孩子的行为。

2. 家庭在分开探访活动中，孩子可能会缺少与老人交流的方法，或者由于内向而无法表演节目、进行游戏等，这时需鼓励家长和孩子双方配合，家长需协助带领自己的孩子进行探访。

3. 鼓励参与探访的义工家庭主动去接近老人，问候老人，与老人建立良好的关系，并且在探访过程中尊重、关怀和接纳不同背景的老人，尝试运用探访老年人的技巧。

附件 3.3　家庭作业

"亲子义工齐伸手，心心相连献公益"
亲子义工小组探访篇之老人服务

家长姓名：＿＿＿＿＿＿

孩子姓名：＿＿＿＿＿＿

家长答题（第 1 题）：

1. 作为家长，你在此次探访服务中最大的收获是什么？

＿＿＿＿＿＿＿＿＿＿＿＿＿＿＿＿＿＿＿＿＿＿＿＿＿＿＿＿

孩子答题（第 2 题）：

2. 作为孩子，你在此次探访服务中最大的收获是什么？

＿＿＿＿＿＿＿＿＿＿＿＿＿＿＿＿＿＿＿＿＿＿＿＿＿＿＿＿

家长和孩子共同答题（第 3~6 题）：

3. 你们在此次探访过程中为老人做了哪些有意义的事情？

_____

4. 在这次探访活动中，有没有让你们印象最深刻的一位老人？为什么？

_____

5. 在探访过程中，你们有没有遇到什么困难？又是如何配合去共同解决的？能否达到互相尊重、聆听的效果？

_____

6. 通过此次探访，你们觉得你们的准备是否充足？如果准备不足，你们觉得还可以做哪些努力？

_____

第 4 节

目的：

1. 分享到颐养院探访老人服务感想，作相关收获与反思交流，以强化关爱社会的意识。

2. 检视探访过程，改进组员亲子相处的技巧。

3. 学习探访残障人士相关技巧及注意事项，为下一节探访活动做准备。

程序：

时 长	目 标	内 容	物 资	备注/技巧
5 分钟	建立联系，巩固小组学习内容	开场白：介绍本次小组活动的目的和内容；社工就阳光家庭及小组的内容与组员互动问答	矿泉水若干互动问题	见附件 4.1。需留意组员是否准时参与活动
5 分钟	①活跃现场气氛，促进组员之间的互动。②促进亲子关系	热身游戏：大小西瓜	抽签盒抽签条	见附件 4.2。需清楚说明游戏规则

续表

时 长	目 标	内 容	物 资	备注/技巧
35 分钟	强化关爱社会的意识 改进组员亲子相处的技巧	献老人一份爱心，心声话大家知： ①将现场参与家长和孩子各分为 4 组，每组约 3 人。孩子组内部选出各组组长，以汇报小组讨论分享情况，家长组可自由进行。鼓励孩子留意到他人的需要，强化义工服务的重要性，并学习关爱他人。 ②针对以上分享，适当邀请部分家庭进行角色扮演，接着其他家庭分享和温习情景中学到的探访知识及注意事项，并改善亲子相处的技巧	工作纸 油性笔 白板 白板笔 木偶 音乐	见附件 4.3。 社工在此留意及使用解说技巧，协助组员将探访经验转化为个人成长的学习
20 分钟	初步认识与了解关于残障人的基本知识	残障人优点与困难大发现： ①交换家长：根据到场的组员人数，取相同牌各两张，将牌分为两组，子女和家长分别抽取一张牌，持相同牌的组员组成一个新的家庭。 ②每个新家庭将获得一张工作纸，在 5 分钟内共同配合完成一份工作纸填写任务（残障人的特点与优点、残障人可能面临的困难），协助组员认识和了解残障人的基本情况。 ③完成之后，邀请两个家庭进行分享	扑克牌 工作纸 油性笔 PPT 音乐	见附件 4.4。 ①社工以教育者的角色帮助组员学习相关知识，同时运用互动讨论的方式，引导组员思考，增进组员对所学知识的理解。 ②个别家庭可能因参与不够主动，且社工无法顾及而会觉得受冷落，社工需尽量照顾全场，关注小组动力

续表

时 长	目 标	内 容	物 资	备注/技巧
35分钟	学习探访残障人相关技巧及注意事项	①做足准备去探访。社工对残障人心理特点、特征进行具体分析讲解，主要是视力残障人、聋哑残障人、肢体残障人三种类型群体，并对其某些优点结合起来讲解协助组员学习与上述三种类型的残疾人沟通的技巧及探访中的注意事项。②就以上三种技巧及须知，分别给出参考情景，各邀请一个家庭进行现场角色扮演，接着其他家庭分享和回馈情景中学到的探访知识。③以新家庭为单位，邀请家庭在工作纸上自由设计探访残疾人服务内容（即我们能够提供哪些帮助?），接着邀请一至两个家庭进行分享。④社工分享近期实地探访资源联络情况，表达寻求参与家庭的协助与资源提供	工作纸水性笔木偶PPT	见附件 4.5、附件4.6。小组秩序可能有些混乱，个别参与孩子过分活跃、调皮捣蛋，而其家长可能不予理会，或无效管教。针对这种情况，可借用辅助性器材如麦克风，在适当时候可用其放大音量控制小组活动秩序，同时也加速社工权威的建立，利用团队压力（鼓励、赞赏、表扬等），鼓励其他家长分享有效管教的方法，互相给予支持需注意活动方式的多样性使用，促使组员积极投入
5分钟	总结及预告	总结与预告：①邀请组员分享本次活动的感受；②部分新家庭成员之间评价在小组活动过程中双方各自的表现（优点与不足）；③社工总结，并预告下一节活动的时间、地点等	—	社工可反映家庭组员的互动情况，引导与总结

附件 4.1　互动问题

1. 亲子义工小组第三节探访地点是哪里？

2. 老年人的优点有哪些？

3. 在第二节小组中，在学习"探访时，请先主动与被访者问好或打招呼，并自我介绍及表明来意"这一探访内容时，现场进行角色扮演的家庭有哪几个？

4. 今晚哪个义工家庭最早到达中心？

5. 母亲节是每年的什么时候？

附件 4.2　热身游戏：大小西瓜

游戏内容

小组成员围成一个圈，选出 1 名参与者做发指令者，任意发"大西瓜"和"小西瓜"中的一个指令。由发令者开始，按一定顺序往下一位参与者传递做发令者，每位发令者发令时，组员需做相反的指令动作：

大西瓜：双手在头上做抱西瓜状；

小西瓜：双手在胸前做抱西瓜状。

游戏"惩罚"

若参与者反应不过来，不能跟上整体速度，或做错动作，则接受"奖赏"。

- 为妈妈轻轻捶背 10 下。

- 扮演"海军"，向妈妈敬一个礼！

- 跟妈妈说一声温馨的祝福："妈妈，您辛苦了，节日快乐！"

- 送给妈妈一个深情的拥抱。

- 给妈妈唱一首《世上只有妈妈好》。

- 握着妈妈的双手，大声说："妈妈，我爱你！"

- 给妈妈轻轻按摩 10 下。

附件 4.3 献老人一份爱心，心声话大家知

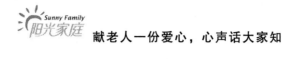

献老人一份爱心，心声话大家知

每小组约 3 位小朋友，讨论以下 2 个问题，由其中一位小朋友担任小组长，负责汇报，其他小朋友可担任记录员、秩序维持员。

`孩子组讨论主题`

●作为孩子，你在此次探访服务中最大的收获是什么？

●此次到市社会福利中心进行探访老人服务活动，你们在探访过程中为老人做了哪些有意义的事情？

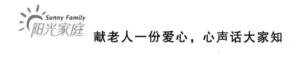

献老人一份爱心，心声话大家知

每小组约 3 位家长，自由分享以下 2 个问题，由小组中一位家长负责汇报。

`家长组讨论主题`

●作为家长，你在此次探访服务中最大的收获是什么？

●在这次探访活动中，有没有让你们印象最深刻的一位老人？为什么？

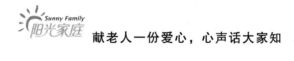

献老人一份爱心，心声话大家知

`以家庭为单位，进行主题分享`

●在探访过程中，你们有没有遇到什么困难？又是如何配合去共同解决的？

●通过此次探访，你们觉得你们的准备是否已经充足了？如果准备不足，你们觉得还可以做哪些努力？

附件 4.4　残障人优点与困难大发现

 "亲子义工齐伸手，心心相连献公益"

（新）家长姓名：_____
（新）孩子姓名：_____

残障人的优点

　　亲爱的家长和孩子们，请想一想，日常生活体验与观察中，你们觉得残障人有哪些优点？

残障人可能会遇到的困难

　　亲爱的家长和孩子们，请想一想，你们觉得残障人在日常生活中可能会遇到哪些困难？

附件 4.5　做足准备去探访，助残障人一个完美的生命

"亲子义工齐伸手，心心相连献公益"

（新）家长姓名：_____
（新）孩子姓名：_____

亲爱的家长、孩子们：

　　请想一想，我们能够为残障人做哪些探访服务？我们可以具体为他们做些什么呢？经过集体思考和讨论后，在水果拼盘里执笔，作相应的记录。

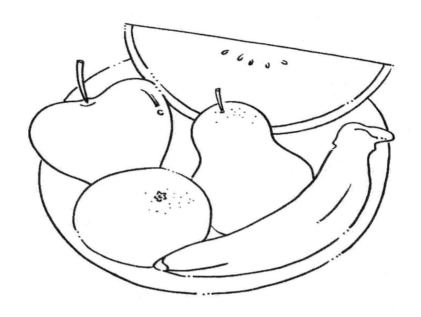

附件 4.6 残疾人相关知识与注意点

残疾人分类

1. 肢体残疾
2. 语言、听力残疾
3. 视力残疾
4. 智力残疾
5. 精神残疾
6. 残疾程度：以上两种或两种以上残疾

残疾人类型

主要是以下三种类型群体：视力残疾人、聋哑残疾人、肢体残疾人。

视力残疾人

视力残疾人士（又称：盲人）由于视力障碍，尤其是先天视力残疾，缺乏甚至没有视觉空间概念，没有视觉形象，没有周围事物的完整图像。同时，由于没有视觉信息的干扰，形成了爱思考、善思考的习惯，相应地抽象思维和逻辑思维就比较发达，而且，由于他们的语言听觉能力较发达，而且记忆力比较好，所记的词汇比较丰富，也形成了盲人语言能力强的特点，许多盲人给人们一种语言生动、说理充分的印象。

1. 听觉功能有所增强

俗话说："盲人的耳朵特别灵"，实际上并不是他们的听力比健全人好，而是视力残疾人士更加注意获取听觉信息，因而形成较高的听觉注意力。长年累月的听觉经验积累，形成较高的听觉记忆力。

2. 触觉感受性高于普通人群

由于视力残疾人士主动积极地利用双手，使得他们的触觉感受性比普通人群要高些。视力残疾人士通常依靠触知觉分辨物体的各种不同属性（如大小、形状、结构、温度、光滑度、硬度、重量、比例、距离、方向等）。

3. 听觉想象丰富

视力残疾人常常将常人所不注意的声响信息或语词连贯起来，展开丰富的想象。譬如通过对话、音效的倾听以及专业人士的解说，视力残疾人完全可以欣赏一部电影。

4. 口语发展好

视力残疾人由于听觉功能正常，因而语言表达能力完全可以达到同龄健全人的水平。在书面语方面，全盲人需要使用盲文，有残余视力的人可以凭借助视器阅读印刷体文字。

5. 盲文

盲文又称点字，国际通用的点字由 6 个凸起的圆点为基本结构组成，是专供盲人摸读、书写的文字符号。

聋哑残疾人

聋哑人因缺乏或丧失听力，他们和别人交往不是靠听觉器官和有声语言，而是靠手势。他们的形象思维非常发达，逻辑思维和抽象思维就相对受到影响，特别是先天失聪者。聋哑人视觉十分敏锐，对事物形象方面的想象力极为丰富。

肢体残疾人

肢体残疾人在感知、注意、记忆、思维等认知过程方面与常人并无明显的区别，但由于本身形体的损伤，某些能力的丧失和随之而来的社会角色、经济收入等的改变，以及社会上某些不正确的价值观所带来的不公正的态度，使得肢体残疾人在个性特征方面存在着不同于健全人的特点。

1. 独立与依赖。

2. 孤独与交往。

3. 自尊与自卑。

事实上，只要条件允许，肢体残疾人可以从事许多想从事的工作和活动，从中得到成功和奋斗的喜悦。在雅典残奥会上夺得 4 块金牌的传奇式射击选手乔纳斯·雅各布森是瑞典射击协会会员，平时和健全选手一起训练，而且还总是打得比别人都好。他说："如果将残疾人打入另类，才真会有问题。我们和健全人真的没有很大不同。我们其实并不想让别人管得太多，我们能照顾好自己。"

残疾人的共同心理特点

情感方面：孤独感、自卑情结、敏感、自尊心强、富有同情心。

性格方面：孤僻和自卑是残疾人性格的普遍特点，每一种不同的残疾又有其特殊的性格特点。

盲人：一般都比较内向、温文尔雅，内心世界丰富，情感体验深刻而含蓄，很少爆发式地外露情感，善思考探索。

聋哑人：比较外向，情感反应比较强烈，豪爽耿直，看问题容易注意表面现象。

肢体残疾人：主要表现为倔犟和自我克制，他们具有极大的耐心和忍辱精神。

智力残疾人：由于整个心理水平低下，难以形成较完整的性格特征。

如何与残疾人进行沟通

对待残疾人与对待一般健全人有相同之处，也有不同之处。相同之处是，要用正常的心态和平等的态度与他们交往，这是人与人交往的前提。不同之处是，对他们要更多一些理解、关心和耐心，并掌握与其沟通的正确、恰当的基本方法与技巧。

1. 与残疾人沟通的前提

由于残疾人比健全人在某些方面具有敏感等特征，与残疾人沟通时，除了举止形态、言语谈吐外，还应该把握好沟通的前提条件。

（1）不要受自己意识的心理制约，突破自我的局限，平等与他们交流在与残疾人交往过程中，我们必须要自问：是否已经把自己和他区分开？是否感觉不同？认为自己是健全人，面对残疾人有着过多的怜悯与同情，而忽视残疾人的能力？义工在与残疾人接触时，往往第一个意念就是"他们是弱者"或"他一定需要我的帮助"，这些想法深深地印在人们的脑海里，让人们忽略了残疾人的自身能力。

（2）保持积极乐观的心态。

不论是与健全人还是残疾人沟通，人都是可以被感染和引导的。比如，在残奥会中，运动员们都是积极的，他们用自己对生命的理解拼搏与奋斗。

义工是正面地看待残疾人的优势还是在他们身体的问题上打转？一个人的心态，会直接影响到交流的品质。

2. 与视力残疾人沟通的技巧与注意事项

与视力残疾人相处的几个误区。

（1）视力残疾就是看不见。有些义工一听说"视力残疾"马上就联想到"眼前漆黑一片""暗无天日"的景象，而实际情况并非如此。视力残疾包括盲和低视力两种，低视力有部分视力是毋庸置疑的。即使在"盲"类中，真正"全盲"的也只是极少数，大多数"盲人"都还有一些剩余视力。

（2）困惑。由于许多视力残疾人眼部残疾使得外貌异常，或者在公共场合总是戴一副墨镜，加之行动不便，自己又看不到，有些视力残疾人坐、立、行姿势带有"盲态"。会让少数义工对接近视力残疾人心存疑虑。

其实视力残疾人和健全人一样，并不可怕；相反，他们作为视力有残疾的人生活在视觉社会里，处处都感到不方便，他们对这个世界也有一种恐惧心理，因此，双方的交流和理解非常重要。

（3）过度怜悯。视力残疾人"生活在黑暗之中"，失明导致对环境信息获得的丧失和对环境有效控制能力的丧失，视力残疾人学习不便、生活艰辛、求职不易……使得视力残疾人这一弱势群体中的弱势群体更易为人们所怜悯与关注。其实，视力残疾人与健全人一样有自尊心，非常要强，并非处处事事依赖他人。对视力残疾人的同情是理解、关心、帮助他们的基础，但义工不能出于怜悯，以一种施舍的态度提供帮助，那样将会适得其反。

掌握与视力残疾人的沟通技巧

1. 对盲人避讳"瞎说""瞎猜""瞎想""瞎……"等不文明不尊重的词句，免得刺伤他们的隐痛。

2. 第一次见面可以尽量多地告知对方关于你的信息，让他有信任和安全感。

3. 来到他们的身边和离开他们的身边一定要有声音或动作示意。

4. 对他（她）讲话时先说他（她）的名字，提示正在对他（她）说，并保持正常的语调和语音与他们讲话。

5. 指示方位要清楚准确。如"把水杯放在你自己的前面"，而不是"把水杯放在那儿"；"在你左前方一米左右"，而不是"在这里"。

6. 别因为他们看不见而有时做些"小动作"——其实他们有可能"看到"，有可能听到，有可能猜到。

7. 不断向他（她）解释你所看到的一切或他关心的物品。

八大沟通技巧

1. 态度：要和蔼可亲，平易近人，脸上常带微笑，让对方能感受到你的诚意。

2. 位置：不要让对方抬起头或远距离跟你说话，那样对方会感觉你高高在上和难以亲近，应该近距离弯下腰去与对方交谈，对方才会觉得与你平等和你重视他。

3. 用心交流：你的眼睛要注视对方眼睛，你的视线不要游走不定，否则对方觉得你不关注他，同性间可以摸着对方的手交谈。

4. 语言：说话的速度要相对慢些，语调要适中，还要看对方表情和反应，去判断对方需要。

5. 了解情况：要了解对方的脾气、喜好，可以事先打听或在日后的相互接触中进一步慢慢了解。

6. 话题选择：要选择对方喜爱的话题，如日常生活情况、健康情况等，但家庭情况尽量不要主动提问，因可能会触及受访者的情绪；避免提及对方不喜欢的话题，也可以先多说一下自己，让对方信任你后再展开别的话题。

7. 真诚的赞赏：人都渴望自己被肯定，喜欢表扬、夸奖，所以，你要真诚、慷慨地多赞美他，他就会高兴，那谈话的气氛就会活跃很多。

8. 应变能力：万一有事谈得不如意或对方情绪有变时，尽量不要劝说，先用手轻拍对方的手或肩膀作安慰，稳定情绪，然后尽快扯开话题。

思考与分享

1. 残疾人是弱者吗？一定需要我们的帮助吗？

2. 在你们身边，有没有让你们印象很深刻的一位残疾人，为什么？

3. 与残疾人有关的书籍、文章、歌曲有哪些？

第5节

目的：

1. 通过学习残友集团自强不息的奋斗精神，培养参与儿童爱的意识和能力，帮助儿童建立与他人的良好关系。

2. 培养和发展亲子义工家庭具有爱心和奉献精神的义工精神。

程序：

时 长	目 标	内 容	物 资	备注/技巧
15分钟	介绍本次活动及相关注意事项	开场白：社工介绍小组活动的目的和内容，说明活动的规则及需注意的事项，并发放相关活动物资	矿泉水若干 工作纸	见附件5.1。需说明活动规则，提升组员参与活动的意识
15分钟	了解社区残疾人就业基地的工作环境	参观社区残疾人就业基地：由残友集团相关工作人员引领、介绍社区残疾人就业基地情况，亲子义工家庭参观	—	注意组员的秩序，如排队、保持安静等
20分钟	相互认识，建立关系	互相认识环节：先由残友集团残疾人朋友作介绍，接着以参与亲子义工家庭为单位，由参与儿童做代表简单介绍自己的家庭，彼此之间相互认识	桌椅	①鼓励孩子为代表介绍自己的家庭，如有孩子较内向，可运用其家长、团体动力支持。②尊重与倾听

时 长	目 标	内 容	物 资	备注/技巧
30分钟	了解残疾人的励志历程，学习残疾人自强不息的奋斗精神	残疾人朋友分享自己的故事：由残疾人朋友作自己的励志故事分享	—	尊重与倾听，积极营造爱的鼓励气氛
50分钟	促进组员与残疾人的互动，表达问候与祝福，提升组员的价值感	越爱越美丽： ①参与亲子义工家庭做才艺展示表演（唱歌、跳舞、走模特秀、魔术表演等）。 ②组员制作爱心祝福卡，并赠送爱心礼物给新朋友	心形卡片20张水性笔若干（由组员自备）活动纪念品若干	活动过程中可能会出现意外，如参与家庭在介绍、分享或表演环节时，可能会羞涩而放不开。针对这种情况，可注重平等、谦虚的态度，并鼓励组员不断以正面积极的心态共同推动活动的开展
15分钟	总结及预告	总结与预告：社工进行活动总结，邀请受助者填写意见反馈表，并给参与家庭布置家庭作业，预告下一节活动的时间、地点等，合影留念	相机受助者意见反馈表家庭作业	见附件5.2、附件5.3

附件5.1 工作纸内容

互动交流

问：亲子义工是怎么样的？

答：有爱心的，可爱的。

问：亲子义工会做什么？

答：奉献爱心，帮助别人，关心别人，让自己开心快乐，给别人带去快乐。

问：亲子义工不会做什么？

答：伤害别人，让别人难过，让自己不开心。

与残疾人交流技巧

- 表明身份
- 用心听
- 会微笑
- 礼貌用语
- 衣装整洁
- 让别人快乐

活动说明

1. 残疾人是很棒的人！

他们虽然身体残疾，但是他们能做很多事情，能自己赚钱生活，还能孝敬父母！

他们愿意帮助别人，很开心地生活，用自己的知识为社会做贡献！

2. 我们要尊重残疾人！

因为他们很棒，因为他们为社会做出了贡献，因为他们做义工能去帮助别人！

3. 我们要向残疾人学习！

不怕困难，勇敢地生活，帮助别人很快乐！

4. 国际义工日，我们要祝福残疾人！

祝愿他们生活更美好！

附件5.2　受助者意见反馈表

"亲子义工齐伸手，心心相连献公益"亲子义工小组活动
参加者意见表

这份问卷的目的是收集您对本中心服务的意见，以改善中心的服务质量。请选择最能代表您的意见的答案，中心会对您的意见保密，且您的意见不会影响您现在或将来所接受的服务。现诚邀您仔细阅读并填写问卷，完成后请交予负责社工，谢谢合作！

（请圈出以下最能代表您的意见的答案：以下 5、4、3、2、1 表示由高到低的程度，分别代表非常满意、满意、基本满意、不满意、非常不满意）

请圈出以下最能代表你意见的分数

评估项	非常满意	满意	基本满意	不满意	非常不满意
1. 我对深圳市妇联景田阳光家庭综合服务中心有了认识	5	4	3	2	1
2. 我能感受到来自亲子义工家庭及阳光家庭的支持与关爱	5	4	3	2	1
3. 我满意活动的时间安排	5	4	3	2	1
4. 我满意活动的形式	5	4	3	2	1
5. 我满意活动的内容	5	4	3	2	1
6. 整体来说，我满意此次活动	5	4	3	2	1

7. 我对此次活动的最大感受是：_____

8. 如阳光家庭举办类似活动，我愿意参加吗？　　□愿意　　□不愿意

9. 我对活动的其他意见或建议是：_____

姓　　名：_____

日　　期：_____

附件5.3　家庭作业

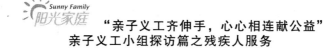

"亲子义工齐伸手，心心相连献公益"
亲子义工小组探访篇之残疾人服务

家长姓名：_____

孩子姓名：_____

家长答题（第1题）：

1. 作为家长，我在此次交流学习活动中最大的收获是什么？

_____

孩子答题（第2题）：

2. 作为孩子，我在此次交流学习活动中最大的收获是什么？

_____

家长和孩子共同答题（第3～6题）：

3. 此次到深圳市残友集团进行残疾人交流学习活动，我们做了哪些有意义的事情？

_____

4. 在这次交流学习活动中，有没有让我们印象最深刻的一位残疾人朋友？为什么？

_____

5. 在交流学习过程中，我们有没有遇到什么困难？又是如何配合去共同解决的？能否达到互相尊重、聆听的效果？

_____

6. 通过此次探访，我们觉得准备是否充足了？如果准备不足，我们觉得还可以做哪些努力？

_____

第6节

目的：

1. 回顾、总结与检讨整个小组过程，邀请组员分享活动印象最深刻的部分及在探访中的收获。

2. 引导组员积极表达和反思小组主题和理念，轻松结束本小组。

程序：

时　长	目　标	内　容	物　资	备注/技巧
5分钟	介绍本次活动	开场白：介绍本节小组活动内容与目的	矿泉水若干	—
5分钟	活跃现场气氛，促进组员之间的互动	热身游戏：心脏病	抽签盒 抽签条 桌布	见附件6.1。 需清楚地说明游戏规则

续表

时 长	目 标	内 容	物 资	备注/技巧
15 分钟	回顾与分享探访残疾人的心得感受	探访残疾人的心得分享：参与家庭分享到残友集团交流学习的收获	家庭作业 白板 白板笔	①社工鼓励与引导。 ②社工在此留意及使用解说技巧，协助组员将探访经验转化为个人成长的学习
25 分钟	回顾整个小组过程及学习内容	亲子义工知多少？（回顾）通过 PPT，邀请组员分享参加小组以来，记忆、印象最深的事情，或分享参加小组的前后对比以及小组给其带来的变化或启发（在服务上及亲子关系上）	投影仪 电脑	强化组员的收获，巩固小组成果，运用解说技巧
10 分钟	深化组员关系及义工信息	热身游戏：请朋友	抽签盒 抽签条	见附件 6.2
5 分钟	收集组员的活动评估意见	活动检讨：邀请组员填写活动检讨表格，评估目标达成情况，收集建议或意见	笔 意见评估表	见附件 6.3、附件 6.4。 鼓励组员开放地表达，强化个人成长
10 分钟	表彰组员	活动颁奖： ①公布并奖励在整个小组活动中表现优异的家庭（卓越家庭奖、最融洽家庭奖、最佳参与家庭奖、学习风尚奖等），告知组员获奖原因及在小组中的表现。 ②邀请获奖组员简单分享感受	奖状 奖品	见附件 6.5。 总结及评估，并正面强化

续表

时　长	目　标	内　容	物　资	备注/技巧
5分钟	活动总结及对未来的展望	活动总结与预告： ①社工总结，回归和升华本小组活动亲子沟通的主题，引导组员建立对未来的信心。 ②预告亲子义工小组沟通篇、环保篇。 ③全体合影留念	相机	总结及展望
15分钟	庆祝活动圆满结束	茶点	食物	—

附件6.1　游戏：心脏病

游戏内容

　　以家庭为单位，将参与家庭分成两组，蹲下，中间隔着一张布，每组组员一起商量选哪一位组员出来比赛。当社工发号施令，每组被选出来的组员需要尽快说出对方的名字。最快又最准确的才算胜出，说得快但说错名字或说不出名字的组员则受到"惩罚"。（注：某一组有超过一位组员站立或没有组员站立，那组也会被判输。）

附件6.2　热身游戏：请朋友

游戏内容

　　组员围圈而坐，空出一个位子，空位子两边的人要手牵手去邀请其他的组员坐过来。这时又会空出一个位子，空位子旁边的两位组员继续要手牵手去邀请其他组员。背景音乐停，没有请到朋友的组员将遭到"奖赏"。

　　社工注意：

　　1. 需清楚地说明游戏规则。

　　2. 引导及鼓励组员牵手去邀一些未被邀请过的组员，照顾全场。

　　3. 游戏结束时，请带出以下信息：大家能在此活动中建立友谊是很宝贵的，希望大家能继续参与义工服务，一起为社会带来爱与温暖。

附件6.3 参加者意见反馈表（家长）

请圈出以下最能代表您的意见的答案：以下5.4.3.2.1表示由高到低的程度，分别代表非常满意、满意、基本满意、不满意、非常不满意

活动名称："亲子义工齐伸手，心心相连献公益"亲子义工小组之探访篇

评估项	非常满意	满意	基本满意	不满意	非常不满意
1. 我认为活动的目标可达到	5	4	3	2	1
2. 我满意活动的时间安排	5	4	3	2	1
3. 我满意活动的形式	5	4	3	2	1
4. 我满意活动的场地	5	4	3	2	1
5. 我满意活动的内容	5	4	3	2	1
6. 我满意社工的工作表现	5	4	3	2	1
7. 我满意社工的工作态度	5	4	3	2	1
8. 我投入此项活动	5	4	3	2	1

9. 我对活动的其他意见或建议是：＿＿＿＿＿＿＿＿＿＿＿＿＿

＿＿＿＿＿＿＿＿＿＿＿＿＿＿＿＿＿＿＿＿＿＿＿＿＿＿＿＿＿

姓　　名：＿＿＿＿＿＿

日　　期：＿＿＿＿＿＿

附件6.4 参加者意见反馈表（儿童）

你会怎样形容这个小组带给你的感受

1. 请在合适的表情下打"√"，可"√"一个，也可"√"多个，如没有合适的，请在方框内填上你的答案。

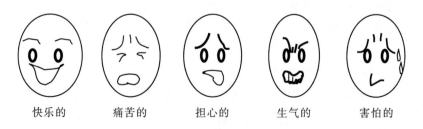

快乐的　　　痛苦的　　　担心的　　　生气的　　　害怕的

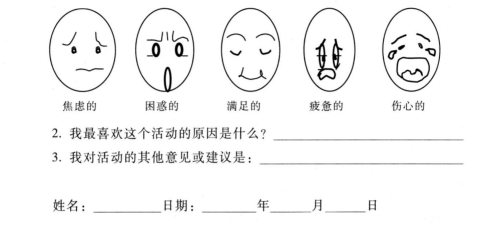

焦虑的 困惑的 满足的 疲惫的 伤心的

2. 我最喜欢这个活动的原因是什么？_____

3. 我对活动的其他意见或建议是：_____

姓名：_____日期：_____年_____月_____日

附件6.5　奖状内容

_____家庭：

  在"亲子义工齐伸手，心心相连献公益"亲子义工小组活动中，经阳光家庭评定，成绩显著，表现突出，荣获<u>最佳参与家庭奖</u>。

  特发此状，以资鼓励。

深圳市妇联景田阳光家庭综合服务中心

年　月　日

🏠 **专业反思**

1. 收获

  （1）专业工作的实践与专业方法的运用。社工在小组带领中适当地发挥了小组角色，运用了小组的方法和技巧，如鼓励、赞赏、回馈、聚焦、总结等，注重加强小组成员的沟通和互动，在控制小组过程中常常提供组员精神支持、给予组员适当的解释、整合小组行动，在整个小组中以扮演引导者、鼓励者、支持者和协调者的角色为多，同时也充当资源联络人角色，充分挖掘组员整合资源的能力，为组员寻找与提供探访资源。

  （2）社工在小组中提高了应对组员亲子冲突问题的能力。参与组员中，有孩子在言语上对家长不尊重，而家长的态度反应一般是不予理会，或是无效管教。对于小组过程中产生的亲子冲突问题，社工给予了直接回应，打断孩子对家长不尊重的言语，减少或避免孩子这种负面行为，让参与孩子明白，如果没有尊重的态度、不与家长合作，很难真心去服务他人。同时运用团体压力（鼓励、赞赏等）强化正面行为，注重经验分享，提供彼此互相学习和帮助的机会，让组员感受到小组的支持和鼓励，更重要的是彼此之间的爱。对于亲子冲突，社工把情况合理化，也需要让参与家长反思孩子产生冲突背后的根源。小组结束后也需跟进冲突家庭情况，并根据实际需要进行情绪疏导、关系调适。

（3）专业价值和专业精神态度的体现。整个小组过程，社工在服务计划的制订与实施过程中，注重社会工作的专业性所在，努力朝着专业方向去实践，并且注重真诚、热情的服务态度，始终抱以耐心去筹备与开展小组，所以能较好地承担统筹者、组织者和带领者的角色，使小组得以顺利进行。

2. 不足与反思

（1）此小组属于义工小组手法运用之新尝试，社工在带领小组活动的实践中经验不足，专业方法和技巧运用不够娴熟。社工需在制订与实施服务计划时，更注重社会工作的价值与专业，以保证小组活动内容和服务主题的连贯性，同时在今后的小组中慢慢锻炼，及时总结与反思，主动加强学习，将所学知识与实践结合，积累和沉淀经验，逐渐使之成为真正系统的、有价值的经验，从而进一步加强和提高自身的带领技巧。

（2）小组参与孩子的男女比例失衡，男组员远多于女组员，小组结构不太合理，这也会影响到小组的秩序。所以，小组成员招募筛选时应考虑男组员与女组员之间的比例平衡问题。

（3）小组活动时间的把握不当，出现延时的问题。小组活动流程需简化，活动内容不宜过多，尤其是类似互相认识环节不宜过多，热身游戏也需与小组目标紧密结合，以保证活动能够按预先计划进行，对组员来说也是一种合理"承诺"。

此次亲子义工探访小组活动是义工小组手法的尝试，通过探访社会上或社区内的弱势群体，一方面既能够让弱势群体感受到义工家庭的关爱，另一方面也满足了亲子义工家庭关爱社会、关心社区的需求，同时也能够促进融洽的亲子关系。总的来说，本小组顺利完成，并且取得了不错的活动效果。组员在活动中的参与度很高，活动基本上达到预期效果。相信今后通过相关专业理论知识的不断充实及小组工作经验的逐渐积累，社工可以取得更大的进步。

参考文献

李郁文：《团体动力学——团体动力的理论、实务与研究》，台北桂冠图书出版公司，2001。

廖荣利：《社会工作理论与模式》，台北五南图书出版公司，1987。

师海玲、范燕宁：《社会生态系统理论阐释下的人类行为与社会环境——2004 年查尔斯·扎斯特罗关于人类行为与社会环境的新探讨》，首都师范大学学报（社会科学版），2005。

曾家达、王思斌，殷妙仲：《21 世纪中国社会工作发展国际研讨会论文集》，中国社会科学出版社，2001。

武中哲：《帮助弱势群体融入社区生活》，《社会工作》，2007。

田恬，赫秋丽：《外来务工者的社区融入现状分析——基于对北京石景山区 Y 小区的调查》，《社会工作》，2008。

周沛：《社区社会工作》，社会科学文献出版社，2002。

王思斌：《中国社会工作研究（第三辑）》，社会科学文献出版社，2005。

王思斌：《社会工作综合能力（中级）》，中国社会出版社，2007。

四点半课堂

阳光家庭初级督导　王　娟

花果山阳光家庭　曾建辉　刘萌萌　陆多梅

🏠 服务背景

四点半课堂是因应部分学生在放学后与家长下班前之间的空隙期缺乏看护者的需要而设立。其主要目的是为社区小学生创造一个完成学校作业、增强学习动力、丰富课外生活的环境，同时通过招募和培训义工做辅导者，实现社区互助的效果。

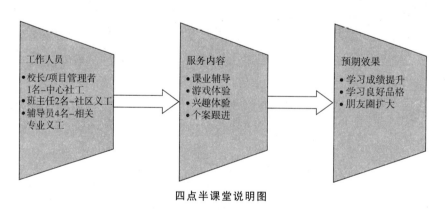

四点半课堂说明图

四点半课堂与商业性辅导班和普通义工活动不同之处在于以下几点：

1. 四点半课堂不收取服务费用，且主要服务对象为经济困难、照顾者缺乏或学习动力不足的学生。

2. 四点半课堂除了辅导学生完成学校布置的作业外，更注重激发学生的学习兴趣。

3. 四点半课堂会根据学生的生理特点和兴趣需要，定期举办各类游戏坊和兴趣班，让学生在游戏中培养良好的品格。

4. 四点半课堂选择经过培训且有持续服务意愿的义工，为学生提供课业辅导、带领游戏等服务，全程由注册社工管理。

🏠 服务对象需求

1. 学生的需求

（1）安静的环境和适当的课业辅导，顺利完成学校布置的作业。

（2）获得关心，帮助解决学习困难，培养其团结、合作、尊重、互助的品格。

2. 学生义工（社工专业的学生）的需求

（1）深化社工技巧，丰富辅导和带领活动的经验。

（2）体现自己的价值。

3. 社区义工（社区居民）的需求

（1）体现自己的价值。

（2）与社区融入，并认识更多的朋友。

（3）学习沟通、带领活动等技巧。

🏠 服务目标

1. 协助学生解决学习上的困难。

2. 给予关心，提升学生的自我价值。

3. 让义工在活动中深化学习辅导、游戏带领等方面的技巧，丰富经验。

4. 为社会上的弱势群体提供服务，改善社会不公平现象。

5. 利用社区义工资源，发扬社区互助精神。

🏠 服务设计

1. 时间安排

（1）每学期的周一至周五 16∶30～18∶00。

（2）活动起始时间与学校开课时间吻合，考虑招募服务对象和义工等原因，活动开始时间也可推迟 1~2 周。

（3）推行时段为每年的 3~6 月和 9~12 月

2. 服务对象

该活动的服务对象分为两类，学生和义工。

（1）学生。

①家庭经济困难的小学生。

②缺乏家庭照顾者的小学生。

③学习成绩差的小学生。

（2）义工。

①辅导者 4 名：社工专业学生①，承诺持续服务一个学期。

②班主任 2 名②：社区居民，承诺持续服务一个学期；有教育子女经验者优先考虑。

③兴趣班导师若干名：社区居民，有一定才艺特长。

3. 场地要求

（1）有桌椅可供学生写作业。

（2）环境安静。

（3）附近有可供活动的场地。

4. 人力资源架构及职能

（1）注册社工 1 名：作为项目管理者，负责撰写计划书、招募和培训义工、设计课程、跟进义工、召集会议、检讨项目成效、活动方向带领等。

（2）辅导者义工 4 名：辅导学生的作业，解答作业中的疑难问题；带领游戏坊；以个案方式跟进有需要的学员。③

（3）班主任义工 2 名：辅导学生的作业；维持纪律。

（4）兴趣班导师若干名：教导学生体验和学习各类兴趣活动，如手工、画画等。

---

① 若招募不到社工专业学生的义工，可考虑心理学义工、退休教师、高学历的全职母亲等，并相应调整其工作方式和内容（减少游戏坊内容，增加课业辅导内容）。

② 根据学生人数确定班主任名额。建议学生在 30 人以内，招募 2 名班主任；学生超过 30 人，可分班级，并增加班主任名额。

③ 个案工作适合社工专业和心理学专业的学生，此项职能亦可由阳光家庭的心理咨询师或社工承担。

5. 课程安排

时间	周一	周二	周三	周四	周五
16：30～17：30	A1 课业辅导	B1 课业辅导	C1 课业辅导	D1 课业辅导	E1 课业辅导
17：30～18：00	A2 游戏坊①		C2 游戏坊		E2 兴趣班② E3 电影院 （每月第一个周五）③

6. 人员安排

活动	目标	内容	负责人
A1、B1、C1、D1、E1 课业辅导	帮助学生解决学业上的困难	看管学生完成作业，学生有疑问时进行解答	2 名班主任义工共同负责
A2、C2 游戏坊	培养学生团结、合作、尊重、互助等良好品格	带领学生玩游戏，若发现有普遍性的疑问，可做整理后集中教授和解答（授课或游戏方式均可）	4 名辅导者义工
E2 兴趣班	培养兴趣爱好	观摩、体验或学习某项兴趣	兴趣班导师（若干人）分期负责
E3 电影院	丰富课余生活	观看电影	班主任义工负责

🏠 各阶段指引

1. 招募学生和义工

（1）招募学生。

---

① A2 与 C2 的游戏坊，也可以根据义工的条件，改为其他形式的辅导内容，如学习兴趣小组等。

② 内容多样，每期可以体验不同的兴趣；可根据学生兴趣和掌握的难易程度，适当延长某个主题兴趣班的期数。

③ 有阳光家庭曾尝试每周五放电影，但效果不太好，电影难找，且人手非常紧张，故建议每个月放一场电影。

①与民办学校合作，学校老师帮助宣传和派发活动宣传单（参考模板见附件1），或在学校内开展招募活动。

②与公立学校的社工或教导处联系，学校帮助宣传和派发活动宣传单（参考模板见附件1），或在学校内开展招募活动。

③与社区民政、残联、司法等领域的社工联系，推荐符合要求的服务对象参加。

④与社区工作站联系，推荐符合要求的居民参加。

⑤开展社区外展、海报、派发宣传单等宣传和招募活动。

为了减少标签化效应，社工应告诉中间联络人（老师、其他领域社工、工作站工作人员等）在宣传时做公开宣传和广发活动宣传单，但在推荐时应"单独"（非公开式）询问被推荐人的意愿。遵守参与者自愿的原则，宣传单张留给学生自己处理，不能由老师或社工代为报名。学生与家长商量后，经家长同意，电话或前往中心报名。

（2）招募班主任义工。

①查找曾经的服务对象和中心义工资源库，寻找合适对象并询问对方意愿。

②与社区工作站、居民骨干等单位和重要个人联系，帮助推荐合适对象。

③开展社区外展、海报、派发宣传单等宣传和招募活动。

（3）招募辅导者义工。

①与大学联系，派发《义工招募宣传单》（参考模板见附件2）。

②与招募班主任义工相同的方式。

优先考虑大学社工专业学生；其次是心理学专业、教育学专业和其他专业的学生；最后是社区内退休教师、接受过高等教育的全职母亲。要求初步具备辅导者的素质（尊重、接纳、同理、关心等）。

（4）招募兴趣班导师义工。

①与招募班主任义工相同的方式，在社区招募。

②常年接受报名。

2. 义工前期培训

（1）特别说明。

①本培训针对的义工包括班主任义工和辅导者义工。

②对义工的前期培训，采用小组工作的方式，使义工明确自己的职能和遵守的规范、了解学生的常见问题及其应对方法、学习常用的技巧，同时促进团队融合和合作。

③对义工的培训，不仅仅局限于前期培训，在服务开展的中后期，根据学生变化和义工团队的变化，亦适当安排培训、交流和反思会，以帮助义工胜任工作。

（2）义工前期培训小组计划书。

参考方案详见附件3。

3. 开学典礼

参考方案详见附件4。

《知情同意书》参考模板见附件5。

4. 日常运作

（1）做好服务记录。

①常用记录包括：日志式记录、会议记录、个案跟进记录、月/周课程安排表。

②日志式记录：为了方便社工和义工团队的每位成员了解学生的成长信息，需每位当值人员填写《活动日志》（参考模板见附件6），记录重要信息，供所有工作人员查阅。

③个案跟进记录：供社工和辅导者义工使用，且义工在个案跟进方面，需要接受社工的督导。

④记录管理：各项记录定期上交并存放至项目管理者处，项目结束后项目管理者上交至中心存档。

（2）定期召开检讨会议。

定期检讨会议是社工跟进项目的途径之一，也是工作团队协调配置资源的重要平台。

①会议内容：了解学生情况、工作总结与计划、简短培训、对义工的情感支持、对义工工作的点评和指导。

②会议参与人员：工作团队，即项目管理者（社工）、班主任、辅导员，也可以视实际情况邀请兴趣班导师参加。

③会议频率：每月一次。

④会议记录：记录会议讨论的要点，包括对学生的跟进建议。填写会议记录表（参考模板见附件7）。

（3）做好课程管理。

①每个月列出课程表，主要包括本月游戏坊、兴趣班和电影院的主题，假期停课安排等。

②课程表公示：将课程表公示于课堂显眼处或中心网站上，供学生和家长们了解。

（4）设置学生奖励。

设定学生奖励制度，是增强学生外在驱策力的方法。项目管理者或工作团队可以根据实际情况设定学生奖励制度。以下建议供参考：

①印花积分：班主任和辅导员义工有印花授予权，若学生表现良好，给予印花一枚（"反应"的应用）；学生积攒印花，根据不同的印花数量，兑换相应的奖品（"物质加强作用"的应用）。

②期末评奖：学期结束时，工作团队评选各奖项获得者（如优秀学员、最佳进步奖、最具创意奖等），并选择公开的场合（建议邀请家长参加），举行颁奖仪式（"社会性加强作用"的应用）。

服务评估

评估项	评估指标	权重
服务人数	平均每节的出席学员不少于15人	20%
目标操作化	至少有70%的学员学习兴趣有所提升，此项打分在3分或以上，占15%	
	至少有70%的学员自信心有所提升，此项打分在3分或以上，占10%	
	至少有70%的学员交友圈扩大，此项打分在3分或以上，占10%	

续表

评估项	评估指标	权重
	至少有70%的学员学到了良好品格，此项打分在3分或以上，占10%	75%
	至少有70%的义工认为自己的服务技巧得到了提升，此项打分在3分或以上，占15%	
	至少有70%的义工认为此次活动能够体现社区互助的精神，此项打分在3分或以上，占15%	
其他	至少有70%的参与者（学员和义工）对活动的场地及形式，工作员的表现打分在3分或以上	5%

附件

附件1　活动宣传单

四点半课堂活动宣传单（参考模板）

"四点半课堂"活动开始招募学员啦！

"四点半课堂"是由××阳光家庭设计，为××社区内有需要的小学生提供场地以完成学校作业，并通过课业辅导、游戏坊、兴趣班、电影院等活动，增强学生的学习动力、丰富课外生活、学习良好品格。

如果参加这个活动，您需要：

1. 打电话或现场报名。

2. 承诺遵守课堂纪律。

如果参加这个活动，您可以获得：

1. 作业答疑和功课辅导。

2. 和其他学生一起玩游戏。

3. 体验手工、绘画等各类兴趣。

4. 观赏电影（每月一期）。

活动开展时间：×年×月×日至×年×月×日，周一至周五 16：30～18：00（法定节假日除外）

开学典礼时间：××

活动地点：×××

活动费用：免费

报名方式：电话报名或现场报名

电话：××××××××

地址：×××

报名截止日期：×××

深圳市妇联××阳光家庭综合服务中心

年　月　日

附件2　义工招募宣传单

"四点半课堂"义工招募宣传单（参考模板）

"四点半课堂"开始招募义工啦！

"四点半课堂"是由××阳光家庭设计，为××社区内有需要的小学生提供场地以完成学校作业，并通过课业辅导、游戏坊、兴趣班、电影院等活动，增强学生的学习动力、丰富课外生活、学习良好品格。

现在，我们需要招募以下义工，共同帮助儿童成长。

1. 辅导者义工4名

任务：（1）辅导学生的作业，解答作业中的疑难问题。

　　　（2）带领游戏坊。

　　　（3）以个案方式跟进有需要的学员。

任职要求：（1）优先考虑社会工作专业、心理学、教育学专业的大学生。

　　　　　（2）具备一定的辅导者素质（尊重、接纳、同理、关心等）。

　　　　　（3）每周能有一个时段（某一天的16：30～18：00）来阳光家庭工作。

2. 班主任义工2名

任务：（1）辅导学生的作业。

（2）维持课堂纪律。

任职要求：（1）有意愿照顾和教育儿童。

（2）有耐心，接纳性强。

（3）有过教育和抚育孩子的经验，或预备教育和抚育孩子。

（4）每周能有一个时段（周一至周五的 16：30～18：00）来阳光家庭工作。

3. 兴趣班导师若干名

任务：教导学生体验和学习各类兴趣活动，如手工、画画等。

任职要求：（1）有一定特长。

（2）有意愿免费教孩子。

若您成为我们的义工，您将获得：

1. 学习辅导儿童、与儿童有效沟通、游戏带领技巧等方面的培训。

2. 参与中心义工奖励计划。

3. 体验团队合作的乐趣。

我们期待您的报名！

报名方式：电话报名或现场报名

电话：×××××××××

地址：×××

报名截止日期：×××

深圳市妇联××阳光家庭综合服务中心

年　月　日

附件 3　义工前期培训

义工前期培训小组服务计划书

活动背景及理念：

四点半课堂是因应部分学生在放学后与家长下班前之间的空隙期缺乏看护者的需要而设立。其主要目的是为社区小学生创造一个完成学校作业、增强学习动力、丰富课外生活的环境，同时通过招募和培训义工做辅导者，实现社区互助的目的。

为了提升义工的服务能力，与社工合作，及时处理四点半课堂学员的各类问题，阳光家庭特为义工设置前期培训小组，通过小组的形式，使义工融合，并掌握相关知识和技巧。

活动目标：

1. 让义工彼此熟悉团队成员，并了解自己和他人的岗位职责，增进团队合作。

2. 让义工了解儿童的基本心理需要以及四点半课堂中义工会运用到的技巧。

3. 学习辅导儿童的基本技巧及注意事项。

4. 学习与儿童的沟通技巧及游戏带领技巧。

举办时间：

前 3 节在四点半课堂开学典礼前举行，后 2 节随"四点半课堂"开展后进行。

服务对象：

义工团队。

服务人数：

6 ~ 10 人。

活动设计：

共五节，每节约 90 分钟。

活动内容：

节次	主题/内容
第 1 节	义工团队起航：破冰，职责说明、了解儿童基本心理需要
第 2 节	如何与儿童沟通：基本理论和沟通技巧的掌握
第 3 节	如何辅导儿童功课
第 4 节	带领游戏技巧
第 5 节	如何留意和处理儿童的需要

服务评估：

评估项	评估指标	权重
服务人数	每节实际出席组员人数不少于 6 人	10%
目标操作化	90％以上的组员成绩为合格	70%
其他	85％组员打分的平均分在 3 分以上	20%

第 1 节　义工团队起航

目的：

1. 使组员了解四点半课堂的目的与内容。

2. 使组员了解各自的角色和职能。

3. 了解儿童基本心理需要。

4. 制定工作守则。

程序：

时　长	目　标	内　容	物　资	备注/技巧
5 分钟	建立关系，消除陌生感	①开场白。 ②进行自我介绍、阳光家庭介绍。 ③介绍小组目的及小组内容	—	—
10 分钟	促进组员之间相互认识，活跃团队气氛	互动游戏：神仙棒	工作纸 8 张	见附件 1.1
20 分钟	使组员了解四点半课堂的目的、内容、实际运作	社工介绍四点半课堂的运作模式和意义	PPT	参看计划书详尽资料
10 分钟	活跃团队气氛	热身游戏：大风吹	—	见附件 1.2

续表

时 长	目 标	内 容	物 资	备注/技巧
30 分钟	了解儿童基本心理需要	社工讲解儿童基本心理需要	PPT	见附件 1.3
10 分钟	制定工作守则	带领讨论、整理工作守则	—	社工先有范本，讨论时略作修改
5 分钟	总结及预告	总结与预告： ①邀请部分组员分享本次活动的感受。 ②社工总结，并预告下次活动时间及内容	—	社工回应组员的感受

附件 1.1　互相认识游戏：神仙棒

游戏规则

参加者各人手执笔一支作"神仙棒"，主持人一声："神仙棒"，各人须尽快用"神仙棒"触碰其中一位参加者身体，首先触碰者可先发问对方一条能认识对方的问题。主持人第二声："神仙棒"，各人随即再找寻另一位对象。

提示：身体接触可拉近距离，但主持人亦可幽默地要求参加者要顾及安全，或指定身体三点可触碰的地方。

附件 1.2　热身游戏：大风吹

游戏规则

小组成员围成一个圆圈坐下，主持人根据各小组成员的一些相同特点，发出号令，如刮大风啊刮大风，有头发的就要走，所有组员动起来，组员必须互换位置，主持人这时就可以去抢一个位置，最后肯定有一人没位置，他就要出来当主持，继续发出号令。如超过三次抢不到位置者，最后就要受罚。

附件1.3　参考资料

8~12岁儿童注意力的特点

8~12岁儿童的注意力不稳定、不持久，难以长时间地注意同一件事物，容易为一些新奇刺激所吸引。凡是生动、具体、形象的事物，形式新颖、色彩鲜艳的对象，都比较容易引起学生的兴趣和吸引他们的注意。

8~12岁儿童注意的范围较小，不善于分配自己的注意，这主要是因为8~12岁儿童的经验少。实验表明，8~12岁儿童只能同时注意到2~3个客体，而成人能同时注意4~6个客体。孩子集中注意某一事物时，经常出现"顾此失彼"的现象，不善于分配自己的注意。比如当他聚精会神写字时，又会忘了正确的坐姿要求。

8~12岁儿童感知觉的特点

8~12岁儿童感知事物的特点比较笼统、不精确，往往只注意到一些孤立的现象，看不出事物之间的联系和特点，对时间和空间的概念也比较模糊。比方做作业时，由于孩子的感知觉发展不够充分，经常看错题、计算出错或是把方向搞错了。一年级的孩子学写数字"8"，很可能写成卧倒的"∞"；四五年级的学生做家庭作业，本来要做第二题，结果却完成第三题，这些现象在孩子身上或多或少都出现过。8~12岁儿童知觉和观察发展的趋势是从无意性、情绪性、不精确性向有意性、目的性、精确性和有组织性方向发展。

8~12岁儿童记忆发展的特点

8~12岁儿童记忆发展的特点是从无意识记忆向有意识记忆发展。从小学三年级开始，孩子的有意识记忆逐渐占据主导地位，即使是抽象材料也能下功夫努力记住，并能自觉检查记忆的效果。

8~12岁儿童记忆发展的另一特点是从机械识记向意义识记发展。低年级学生仍是机械识记为主。随着知识的增长，理解能力的提高，中高年级学生意义识记逐渐占据主导地位。小学阶段正是记忆迅速发展的黄金时代，家长要激发孩子记忆的积极性，促进他们记忆力的发展。

六七岁到10岁左右的孩子的记忆力大多是无意识记忆，即通常我们所说的机械记忆。这个年龄阶段的孩子很容易背熟诗歌，尤其是配有生动情节或鲜艳图片的学习内容，哪怕是他们还不太理解一些词句的内容，也能很快地重复再现出来。比方一首《鹅》，其中"曲项向天歌"一句，未必所有学生都懂得其中的含义，只是因为形象生动、朗朗上口，所以很容易记忆。到了小学中末期，11岁、12岁的孩子就具备了有意识记忆，他们会把记忆内容的主要思想记牢，并把重要的情节与一般的细节区分开来，并能够逐步摸索出适合本人特点的记忆方法。

8~12岁儿童想象发展的特点

1. 8~12岁儿童想象发展是向正确地、完整地反映现实过渡，低年级学生的想象与学龄前儿童有点类似，仍以无意想象为主，而中高年级学生再造想象趋于完整，有意想象的成分大为增加。

2. 具有直观性和具体性。

3. 想象的形象还具有片断、模糊的特点。

4. 高年级学生想象的创造成分增多。随着他们生活范围的扩大，知识经验逐渐丰富以及认识能力的提高，高年级学生的想象力具有更多的创造成分。

周围环境对孩子想象力的发展具有很大的影响，孩子的全部印象和感受都与现实联系着，都是来源于生活。比方想象力丰富的孩子能单独一个人玩复杂的游戏，如建房子、机场、战壕，也能玩有一定主题的游戏，如想象自己是教师、医生或解放军战士，在自己周围看到与游戏发展相切合的背景。一根树枝，既能被孩子当做冲锋枪，也能当马骑。想象力丰富的孩子学习起来会更省劲一些，能较快地掌握所学的内容。

8~12岁儿童思维发展的特点

8~12岁儿童思维发展的特点是：从以具体形象思维为主要形式向以抽象逻辑思维为主要形式的过渡，他们的抽象逻辑思维在很大程度上仍然是直接与感性经验相联系，仍有很大的不自觉性和具体形象性。

小学阶段培养孩子的思维能力尤其重要，要从以下几个方面着手：①培养孩子独立思考、独立解决问题的能力。②提高孩子的语言表达能力。语言是思维的外壳和工具，思维过程离不开语言，家长要引导孩子正确使用词语，训练儿童养成把话说完整的习惯，并培养孩子的朗读、默读和复述的能力。③教给孩子科学正确的思维方法，包括分析、综合、比较、抽象、概括等。

8~12岁儿童的具体形象思维是指他最容易掌握的那些能以直观形象作

支柱的特征。10岁左右到十三四岁，孩子开始能理解自然现象一些复杂的因果关系，掌握没有直观形象作支柱的概念，即抽象逻辑思维能力得到发展。比如，一二年级在学习简单的词汇时，都要辅以形象直观的图片，到了五六年级，孩子不需要借助图片都理解诸如社会、制度、纪律等较为抽象的词汇。

8~12岁儿童个性发展的特点

8~12岁儿童的情感逐步发展，从情感的表现方式来看，仍然显得比较外露、易激动、不够稳定持久；喜怒哀乐很容易通过面部表情表现出来；从情感反映的内容来看，变得越来越丰富，出现了与学习兴趣、学习成绩相联系的理智感；热爱班集体，进而扩展到学校集体的荣誉感、友谊感、责任感、审美感；控制情感能力逐步增强。

8~12岁儿童的意志还比较薄弱，主动性、独立性和坚持性比较差，很容易受外界的干扰。小学阶段正是意志品质形成的关键时期，家长要重视孩子意志的培养。8~12岁儿童的自我意识迅速发展，由于思维能力发展的局限性，使得他们自我评价的水平较低，这表现在：①他们善于评价别人，但还不能正确评价自己；②他们很容易看到自己的优点，但不大容易看到自己的缺点；③他们的评价标准是变化的，昨天的好朋友，今天就可能翻脸。

第2节 如何与儿童沟通

目标：

1. 使组员掌握基本的沟通技巧。

2. 使组员明白何谓"同理心"。

程序：

时 长	目 标	内 容	物 资	备注/技巧
5分钟	建立关系，回顾及预告	开场白：欢迎组员，回顾上节活动内容，介绍本次活动内容	椅子8把	肯定组员参与活动持续性，回顾并强化上一节活动的重点

续表

时 长	目 标	内 容	物 资	备注/技巧
10 分钟	活跃团队气氛	热身游戏：说不动就不动	音乐	见附件 2.1。实时观察组员能否做到专注、聆听
5 分钟	介绍沟通的定义	社工讲解：沟通	PPT	见附件 2.2
15 分钟	带出双向沟通的重要性	游戏：绘声绘色	纸笔	见附件 2.3
20 分钟	带出聆听的真正意思和目的	游戏：聆听的艺术	—	见附件 2.4
15 分钟	使组员掌握基本的沟通技巧	社工讲解：沟通技巧	PPT	见附件 2.5
15 分钟	使组员明白什么是"同理心"	社工讲解：同理心 角色扮演	PPT	见附件 2.6
5 分钟	总结及预告	总结与预告：①邀请部分组员分享本次活动的感受。②社工总结，并预告下次活动时间及内容	—	—

附件 2.1　热身游戏：说不动就不动

游戏内容

　　放节奏感较强的音乐，让全体组员随着音乐做动作。当音乐突然停止时，大家的动作也要立即停止，保持姿势不变，直到下次音乐响起。如：组员正在做踢腿动作时，音乐突然停止，那么就保持这个姿势不动，看其能否立即静止不动并保持身体平衡。

附件 2.2　PPT：沟通的定义

沟通是相互了解的重要途径。沟通应该是双向互动的过程，沟通不只有听，还有讲。完整的沟通不光要注意对方的讲话内容，更要重视在感受和情绪上的沟通。

附件 2.3　游戏：绘声绘色

游戏内容

将参加者 2 人一组分 A、B 作配对，每人派纸笔各一份，2 人背对背而坐。A 首先在纸张上画上任何图案或图画，然后将图画内容用口述传递给 B，而 B 则不可做声和发问，随即将 A 口述的图画在自己的纸上。完毕后 2 人可分享口述与绘画的过程、感受、困难和技巧等，也可选出图案最接近的一组为优胜者。如时间许可，可调换角色再做一次，而这次 A、B 可以背对背互相对话完成绘图，效果自然较佳。

游戏目的

● 让参加者尝试体验表达与接收信息的有效方法，其中传递的效果除运用语言的能力外，更需注意文化、家庭背景等，因为后者都会影响个人对事物的观感和表达的方式。

● 尽量消除沟通的障碍，多做互相交流与对话，细心澄清疑问，这对促进彼此的沟通更为有效。

附件 2.4　游戏：聆听的艺术

游戏内容

将参加者 3 人一组分 A、B、C 作配对进行角色扮演，主持人静静地告诉 A 要求他回想最近发生的一件不愉快/伤心的事情，准备向 B 诉说；另一方面静静地告诉 B 要求他聆听 A 诉说时表现漠不关心或不专心聆听；而 C 则扮演观察者，细心观察 A 和 B 的对话及身体语言表达，他们三者均不知道彼此的角色要求。每组倾谈后，随即调换角色由 B 向 A 诉说一件快乐开心的事情，而 A 则表现开心的回应及专注聆听，C 仍扮演观察者的角色。倾谈完毕后，由各人分享当中的感受和比较两次不同谈话方式的分别。可进行小组/大组讨论形式。

【游戏目的】

• 让参加者体验聆听的技巧，包括专注力、同理心/感同身受、支持鼓励的重要性。

• 在分享过程中，也考验参加者的观察力、敏锐力和分析力。

【提示】

须营造认真及投入的气氛；练习方式可选择不同倾诉内容，而聆听者可扮演主观批判的角色等；或可以示范的方式，即由其中1组作示范，其他参加者作观察，然后大组讨论。

附件2.5 PPT：沟通的技巧

【什么是沟通】

沟通是相互了解的重要途径。沟通应该是双向互动的过程，沟通不只有听，还有讲。完整的沟通不光要注意对方的讲话内容，更要重视在感受和情绪上的沟通。

【聆听的艺术】

聆听就是不加任何判断与主见地去接收、理解及明白对方内心的意思和感受。聆听的目的在于了解。主动聆听（Active listening）是在倾听对方谈话时主动发问、澄清，能够更加明白对方。做到主动聆听要把握以下几点：

• 注视对方。

• 用简单回应或非语言行为表示对对方的兴趣和专注，如："哦""嗯"、点头。

• 聆听过程中注意对方的说话内容；找出对方讲话的背后有什么需要，即讲话的目的；关注对方的情绪，即事情发生时的情绪和现在讲述时的情绪，做到这两方面才可真正明白对方。

• 聆听的过程中多发问，多澄清，更多地明白和理解对方。如："你的意思是不是……""你当时的心情怎样？"

• 给予适当的语言鼓励，协助对方更多地表达。

【讲的艺术】

沟通不单单是聆听，同样重要的还有表达。导师在表达时，要留意以下几点。

- 说话的语态。摒弃负面的语态，如："你常常都是……"，"你从来都不会……"；应该多尝试用正面的语态表达。

- 说话时的动作。导师与孩子说话时要避免叉腰、皱眉头、满脸不耐烦或者用手指着学生等负面的动作；应该多尝试正面的动作，如留心的表情、与学生的眼神接触、点头、微笑等。

- 多用协商式而不是命令式的语言。比如，协商式的"如果你主动告诉他你的困难，会不会好些?"就比命令式的"我认为你必须向他说明"更容易让学生接受。

- 避免说教式的说话（太多理性分析）。导师与学生的沟通太过说教，学生便会产生反感。一般情况下，若学生没有严重行为问题，导师采用沟通模式即可。

- 说话尽量简单、直接、清楚，切勿长篇大论。当导师在学生面前把自己真正要讲的意思和一些"废话"，例如抱怨、絮叨或责备都夹杂在一起，效果会适得其反。

- 多给孩子鼓励和支持。

- 不要忘了对学生表达谢意和欣赏。比如，学生为你清洁台面，虽然不太干净，你仍可对他表示谢意和欣赏："我很欣赏你那么努力为我清洁台面。"

- 先认同对方感受，后讨论道理。比如，孩子与你分享他在足球比赛中输了，他很不开心，抱怨同伴。此时导师要先同理学生"我能够感受到你很失望不开心……同伴也和你一样希望团队能踢赢比赛的对不对，大家都有尽力……不要紧的，下次会有更好的表现的"。

- 不可太严肃，导师要建立亲切和蔼的形象，使学生减少畏惧，放心地表达。

总结

在良好的沟通中，要多听少讲，比例约为 2∶1。导师聆听学生说话内容，了解他们没有说出来的思想感情、内心活动，并且鼓励他们多表达感受，那么结果就是双赢的局面。

附件 2.6 PPT：同理心

什么是同理心

同理心就是感同身受，就是站在对方的立场，将你对他／她的经验、行为、感觉的了解与体会，传达给对方知道。将自己放在当事人地位和处境中来感受他的喜怒哀乐，经历面对的压力，并体会他做决定和导致行动表现的因由。辅导员对当事人的内心世界逐步有更深切和正确的了解，犹如感受自己内心的一样。

如何促进同理心

要达到同理心，包括以下三个步骤和条件：

• 受助者乐意让辅导员或治疗员进入他的内心世界，而且尝试将他个人的看法和感受向辅导员传达；同时，辅导员亦必须对他所传达的抱着接纳的态度。

• 辅导员愿意站在受助者的位置，扮演受助者的角色。故此，他可以准确地感受到受助者的内心世界，可以从受助者的观点角度来看事物和感受事物。

• 通过语言或是非语言的表达，辅导员必须能表达出自己对受助者的了解。

同理心的层次

辅导员	同理心的层次	五个不同的层次	感受	程度	内容
一	5	你一向成绩很好，从来没想过会考不合格，故此特别失望和难过，也有点气愤；与父母相谈后，似乎非重读不可，但自己实在有点不甘心，故此内心很矛盾	√	√	√
二	4	因为会考不合格，所以你感到很失望、很难过，也不清楚前面的路该如何走，心中很混乱	√	√	√

续表

辅导员	同理心的层次	五个不同的层次	感受	程度	内容
三	3	因为会考不合格，所以你感到很失望、很难过	√	○	√
四	2	你一向成绩很好，但想不到会考却失败了	○	○	√
五	1	你为什么感到如此悲伤呢	○	○	○

表达同理心的技巧

- 敏锐及观察。
- 使用非语言技巧。
- 主动聆听。
- 语句重整。
- 简单概括受助者故事。
- 准确地使用问题。
- 有耐性地接纳与跟着受助者步伐。
- 体会受助者的需要而不过分地感情投入。
- 使用个人经验作为参考以更深了解受助者。

观察力与敏感度训练

- 从受助者之（语言及非语言）行为寻找线索。
- 从受助者的说话、用词、语调着手。
- 加强和丰富个人的词汇。
- 学习做逻辑推断。
- 在日常生活中多练习。

同理心的重要

通常受助者被理解，就会产生一种舒畅、满足和被接纳感，这种感受会促使他继续表达和剖白。

欠缺同理心的弊端

- 要是受助者觉得辅导员不明白自己时，就会觉得他并不关心自己，于是会感到很失望、很没趣，自我表达就会减弱，甚至终止。
- 辅导员没有同理心，往往是未能放下主观，结果就会对受助者产生批评，导致受助者的反感和受伤害，以致辅导关系不能继续发展。

● 当辅导员不能充分了解受助者时，会做出不适当的响应，影响了受助者的自我检讨，结果往往将他扯离重要的课题，无法促进他的自我了解。

● 基于主观和缺乏了解，辅导员结果可能为受助者提供不适当的方向和数据。

● 倘若受助者察觉辅导员对他没有同理心和了解时，他可能决定不再来接受辅导。

第3节　如何辅导儿童功课

目标：

1. 让组员掌握功课辅导的技巧及方法。

2. 让组员掌握一些方法提升儿童的学习兴趣。

程序：

时　长	目　标	内　容	物　资	备注/技巧
10分钟	活跃团队气氛	热身游戏：捉泥鳅	—	见附件3.1
30分钟	让组员掌握功课辅导的技巧及方法	社工讲解：功课辅导的技巧及方法	PPT	见附件3.2
10分钟	活跃团队气氛带出辅导学生时信任的重要性	热身游戏：背对背	—	见附件3.3
30分钟	让组员掌握一些提升儿童学习兴趣的方法	社工讲解：提升儿童的学习兴趣	PPT	见附件3.4
10分钟	总结及预告	总结与预告： ①邀请部分组员分享本次活动的感受或可对本节提出问题，互相讨论。 ②社工总结，并预告下次活动时间及内容	—	社工可对组员的发问或感受分享做出重点式响应，带出教导儿童的正确态度及推动服务儿童的热诚

附件 3.1　热身游戏：捉泥鳅

游戏内容

以"捉泥鳅"的儿歌为背景音乐，组员围成一个圈朝着逆时针方向走动，当歌词唱到"泥鳅"二字时，全部组员需要向后转身，然后朝着相反方向走动，以此类推，直到歌曲全部结束。

附件 3.2　PPT：功课辅导的技巧及方法

认识功课辅导的对象

了解影响学生学习的因素，有助义工明白学生失去学习兴趣的原因，从而对症下药。如学生的居住环境；父母对子女的期望；功课压力对学生心理及精神的影响程度等。认清问题所在，以便选择适当的方法，教导及辅导他们。

辅导的技巧

- 观察敏锐。留意学生的表现及学习态度，从交谈中获悉他们的兴趣、长处、弱点等。一位良好的辅导员必须是一位听众、观察员和分析者。

- 备课。义工在每次辅导前必须有充分的准备，如课程内容及次序，辅导时以一些较容易的问题去启发及指引，才能引起学生的学习兴趣。

- 耐性。学生的领悟力各异，义工有时需多次解释，学生才能明白，所以有耐性地去鼓励学生学习和与他建立良好关系极其重要。

- 准时。准时是表现义工的责任感及对学生的诚意、重视，他们会更加信任义工。

- 与有关人士保持联络。如果义工发觉学生在心理、家庭或学习上有些特别的问题，而不知如何解决时，应立刻与有关人士联络，如老师、社工等，切勿擅作主张。

- 遵守诺言。答应学生的事必须履行，否则学生会对义工渐失信心。

- 赞美。成功感是每一个人都需要的。当学生有进步时，可给他一些适当的赞赏与鼓励，但切勿过分，免得他觉得这些赞赏毫无价值。

- 培养学生的自信心。自信心在学习过程中很重要，义工要把握各种机会去帮助学生建立正确的自我价值观及自信心。

●使学生明白学习的意义。学习是一个充实自己的途径，而非为考试而学习，义工须引领他们体会学习的乐趣。

●合理的期望。义工要清楚了解学生，不要高估或低估他们的能力，因此，课程的进度要根据学生的具体程度而设定，勿操之过急。

【导师的角色】

●辅导员。主要任务在协助学生处理学习时遇到的问题，例如建立学生学习的兴趣和信心，协助解决功课上的疑问与难题等。

●大哥哥或大姐姐。促进学生在身心各方面的成长及发展。

●社工与学生及其家长之间的桥梁。通过义务导师，社工能更了解学生及其家庭的问题，从而协助解决。

附件3.3 热身游戏：背对背

【游戏内容】

参加者两人一组，背对背绕手站着，然后由A背负B向前弯腰后须停留三秒，再由B背负A向前弯腰后停留三秒，两人轮流继续直至主持人叫停止为止。

提示：当两人配对时，可提示参加者寻找体形相似的作配对，还须提及安全问题。

【游戏目的】

让义工们明白在辅导学生过程中，学生极需要我们对其信任，而信任是关怀、表达爱的先决条件，只有在爱、关怀、信任的情况下，才能促使学生健康地成长及积极面对自己的学习问题。

附件3.4 PPT：如何提升儿童的学习兴趣

要知道如何提升儿童的学习兴趣就要先了解背后的影响因素。

【影响儿童学习的因素】

影响儿童学习的因素有饥饿、疲乏、情绪，而最主要的因素是儿童的需要，而需要又产生驱动力，也就是促使孩子学习某种事情的动力。

驱动力有两种：一是内在驱动力；二是外在驱动力。

内在驱动力：由儿童本身产生，例如他自己的奋斗目标，他自己要达成的愿望。导师可协助儿童知道自己所学的知识如何有用，如何学以致用。

外在驱动力：是别人加在孩子身上，例如家长奖励、朋友怂恿等。要是儿童不觉得学习是一种内在需要，便须进行加强作用（reinforcement），促进他们学习，这种奖励也就成了外在需要。加强作用有积极及消极两种。

积极加强作用令孩子有满足感，积极加强作用有五种：

• 物质加强作用，如文具、小礼物等。

• 社会性加强作用，用赞赏、奖状作为奖励。

• 反应，在做完一件事后，对他的表现做出反应。例如做得好或坏，美丽或整洁等。

• 间接鼓励，如用小组压力，或奖励某一个学生，而间接引起其他学生反应。

• 直接鼓励。消极之加强作用便是体罚、责骂或蔑视等手法。学生因害怕被人如此对待，所以宁愿温习，但肯定会味如嚼蜡。所以在学习过程中，用奖励增强个人满足感，是更有效促进学习动机的方法。

那么惩罚孩子可以吗？若经过多次奖励而未见成效，导师可尝试采用惩罚方法，但采用时要注意：①惩罚是协助孩子改善，因而最好尽量针对孩子的不良行为而设计惩罚的方法；②让孩子有选择，才不会伤害他们的自尊心；③让孩子清楚地知道自己需要改善的地方或被罚的原因。

提升儿童的学习兴趣的方法

针对儿童成长的特征（好奇心强、爱玩耍、有竞争心、喜欢参加团体性活动、希望得到朋辈的欢迎等），孩子的学习应不只在课堂之内，他们还可在游戏及群体活动中学习到做人和处事的道理。一位心理学家曾说："孩子从做事、工作中学习"（Children learn by doing）。

游戏是什么

对孩子来说，游戏是很认真的事。通过游戏，他能够得到"学"与"做"的经验，故游戏是"工作"，不是消遣。如他在游戏中扮演"先生"的时候，他不仅从中得到乐趣，事实上他也觉得他的"学生"是真实的，他有责任去教懂他们。所以游戏是一种知识文化传递的工具，以其教育的作用，促进孩子思考力及想象力；帮助他们适应社交生活；增进他们的体格发展，更让他们有机会发泄不愉快的情绪，及欣赏本身的成就。游戏是为儿童过渡到成人做好准备所必要的活动。

对工作者来说,从观察儿童在游戏中的表现,她可以知道哪个孩子害羞、哪个臂力好,哪个有领袖素质或哪个爱撒娇或爱抵赖,输了不认账。而社工可以根据儿童的特征及学习上的需要,通过游戏帮助他们解决功课上的困难。

游戏式的功课辅导又是什么

事实上,游戏最重要的一个作用,就是规定游戏规则,让自己的潜能接受挑战,希望在达到目标时,得到达至成功的快感。基于此点,如社工能确定游戏的目的,将游戏规则加以改良,游戏本身便可成为既不沉闷又极富刺激、生动而有效的辅导方法,提高那些对学业已失去信心或不感兴趣的孩子的学习兴趣。通过这些特别设计的游戏,组员可以有机会改变被动的态度、无助的感受和不求谅解的沟通方式。这些改变将会令他对学习产生新的体验和态度。

第4节 带领游戏技巧

目标:

使组员了解带领游戏的基本技巧。

程序:

时 长	目 标	内 容	物 资	备注/技巧
5 分钟	建立关系,回顾及预告	开场白:欢迎组员,回顾上节活动内容,介绍本次活动内容	—	—
20 分钟	使组员了解带领游戏的基本技巧	讲解:游戏带领技巧	PPT	见附件 4.1
10 分钟	使组员了解带领游戏的基本技巧	社工示范:游戏带领技巧	PPT	社工示范带领游戏的 8 个步骤
40 分钟	使组员掌握带领游戏的技巧	小组练习:每人带领一个游戏,然后参与组员回馈,以改善带领游戏的技巧	—	重点:采用带领游戏的 8 个步骤

续表

时　长	目　标	内　容	物　资	备注/技巧
10 分钟	使组员掌握带领游戏的技巧	大组分享练习中的感受与疑问	—	社工可对组员的发问或感受分享做出重点式响应
5 分钟	小结	社工总结	—	—

附件 4.1　PPT：游戏带领技巧

游戏的意义

根据华里斯坦（Harvey Wallerstein）的定义，游戏是一种身体或头脑的活动，其主要目的是取悦参与活动者，至于活动本身通常并无任何严肃的目标需要达到，所以游戏本身只是一种活动媒介，活动者可按其意愿进行各式各样的游戏，而不应受到强迫或诸多限制。

带领游戏者的必备条件

- 活泼大方、热情奔放。
- 声调明朗清晰，运用丹田气广播。
- 预先妥善准备好游戏时所需的一切物资。
- 对游戏玩法要熟悉。
- 能有幽默感更佳。

带领游戏的技巧

- 除了事先设计好一些在预定时间内的游戏外，应多准备几个后备游戏，以备不时之需。
- 为集中众人，最好围成圆圈。
- 确保所有人都能望到你，切忌背向任何一位游戏者。
- 不要问大家是否愿意玩游戏，要用肯定的语气，如："让我们现在一起玩游戏吧。"
- 以简单、受欢迎的游戏开始，第一个热身游戏的讲解时间最好能在半分钟内完成。

●解释游戏之前，将参加者排好队伍，使其更容易明白所解释的游戏内容。

●用简短的说话介绍游戏的名字、目的、玩法、规则、计分等，如能以动作来示范更佳；给予游戏者发问的机会，然后才开始玩。

●如要进行一些比较复杂及需计分的游戏，最好有三至五轮热身的示范，才开始正式比赛或计分。

●先从一些反应灵敏的人开始，其他的人就会受其影响而投入游戏中。

●保持游戏进行流畅，不要拖沓。

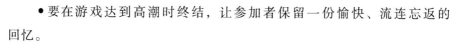

●尽可能使游戏多变化，动静交替，不要连续做太多激烈的游戏。

●要在游戏达到高潮时终结，让参加者保留一份愉快、流连忘返的回忆。

总结带领游戏的八个步骤

●将组员分配队形及阵容。

●说出游戏名称。

●用简单字眼介绍游戏。

●如有需要示范一次。

●立刻开始游戏（试玩一次）。

●留意观察游戏进行，根据情形或组员能力作适当修改。

●为所有组员打气。

●当游戏进行至最高潮时停止，不要拖至大家没兴趣才停止。

游戏后之检讨

●所选择的游戏是否适合众人？他们乐于参与吗？

●游戏可达到什么既定或非既定的目标？

●每人都有机会参加吗？

●游戏者有机会提出建议吗？

●带领技巧上有什么可改善的地方？

第5节　如何留意和处理儿童的需要

目标：

1. 让组员了解如何处理儿童在课堂上各种常见的行为问题。
2. 让组员学习简单咨询面谈技巧。

程序：

时　长	目　标	内　容	物　资	备注/技巧
10分钟	热身、活跃气氛	热身游戏：造反运动	—	见附件5.1
30分钟	让组员了解如何处理儿童在课堂上各种常见的行为问题	①组员分享工作感受，社工适当做一些疏导。②总结一些常见儿童行为问题	—	见附件5.2
25分钟	让组员学习简单咨询面谈技巧	社工讲解：咨询面谈技巧	PPT	见附件5.3
20分钟	让组员掌握简单咨询面谈技巧	分组练习：咨询面谈技巧	PPT	两人一组，轮流扮演导师及学生，互相给予意见，社工从旁观察，最后给予意见
5分钟	小结	社工总结	—	—

附件5.1　热身游戏：造反运动

游戏方法

- 参加者围成一个圆圈，社工站在圆圈中间。
- 社工发号施令，全部人都要按照相反的方向做动作。如社工说"右"，全部人都要将头或手"左"转，以此类推。
- 社工及协助者要仔细观察，发现做错的，要宣判出局。
- 最后剩下的人即为胜者。

附件 5.2　常见问题与应对

如何协助学生提升学业成绩

可以考虑的方面有：奖励制度、读书技巧培训、增强学习兴趣、提升自信心、提升 AQ 能力、个别关心等。

可以考虑的措施有以下几方面。

- 制定并实施奖励制度，增强外在驱策力。
- 举办读书技巧培训活动（例如，与学校联系，邀请成绩优秀的中学生向四点半课堂的学生介绍学习经验，邀请小学优秀老师介绍学习方法等）。
- 个案辅导以增强内在驱策力。例如，了解学生自己的奋斗目标，要达成的愿望，协助儿童知道自己所学的知识如何有用，如何学以致用。
- 赞赏。赞赏的方法和注意事项请参看 PPT《如何赞赏孩子》。

如果出现学生打架的情况怎么办

如果出现打架的情况，那么尽快将打架者分开，并安排义工分头跟进。有必要的话，找当事人进行解决，方式是让他们描述打架的过程和原因，让他们自己想解决的方法，以合适的态度和方式引导这个过程。

怎么看待学生中带头人的问题

有一些学生明显有影响其他小朋友的倾向，这是正常的现象。小群体内部会有一些类似于领袖角色的人，我们需要在活动中认真观察和合理利用这样的现象，以促进活动的开展。同时也应该有意识地去培养和促进这些人的成长，发掘他们这方面的潜质。

在活动中出现男女生抱团现象怎么处理

这是一种正常的现象，也是我们在设计活动时需要考虑的重要因素。我们希望能通过活动设计，自然地使男生和女生之间有交流和合作的机会，巧妙地进行分组游戏，而不是采取强制的手段进行分组，强制的手段可能导致回弹。

课堂纪律不好，大声喧哗引起居民投诉怎么办

- 制定课堂纪律，让学生明白需要保持课堂安静。
- 通过提醒、赞赏等方式，让大声喧哗的学生安静。

● 做完作业的学生可留在课堂看书或去室外玩耍。

● 游戏坊尽量安排在室外进行，若是室内游戏，尽量选择喧哗声小的游戏。

附件5.3　咨询面谈技巧

基本条件

● 自然

● 放松

● 真诚

● 正面支持

观察

● 声线

● 坐姿

● 眼神

● 身体移动

● 不一致表现

专注行为

● 声线

● 笔记

● 骚扰性动作

● 眼神

● 坐姿及位置

● 面部表情

● 言语响应

● 非言语响应

● 个人空间

有效聆听

● 集中精神

● 暂停个人判断

● 留意非语言表达

- 适当环境及坐姿
- 避免演绎
- 避免假装了解
- 避免反应过分迟滞

鼓励发言

- 打开话题
- 使用沉默
- 聚焦 Focusing
- 避免不恰当的话题转换
- 减少个人分享

发问技巧

- 有效的发问
- 开放式问题
- 探索性问题
- 回应性探索
- 限制式问题
- 比较性问题
- 不理想的发问
- 引导性问题
- 避免使用 "Why" questions
- 复合的问题
- 问题类似结论

社工在初次面谈须做到

- 使当事人感觉安全
- 了解及处理自己内心的焦虑
- 多让当事人表达自己
- 保持敏锐触觉
- 细心聆听当事人的讯息
- 响应及处理当事人的感受
- 避免存有偏见

附件 4　开学典礼

四点半课堂开学典礼计划书

目的：

1. 让学生和工作人员之间相互认识。
2. 让学生了解此活动的课程安排和意义。
3. 让学生了解在活动中应遵守的纪律规定以及奖惩制度。

程序：

时　长	目　标	内　容	物　资	备注/技巧
10 分钟	让学生和工作人员之间相互认识	社工致辞并介绍各位工作人员	—	—
20 分钟	热身 活跃气氛 相互认识	破冰游戏：大风吹、爱心传球	康乐球 1 个	见附件 4.1、附件 4.2
15 分钟	让学生了解此活动的课程安排和意义	社工介绍此活动的课程安排和各环节的内容和意义	PPT	参看计划书详尽资料
10 分钟	让学生了解在活动中应遵守的纪律规定	游戏：制作纪律树——我们要遵守哪些规定	白板 白板笔 工作纸 油性笔	见附件 4.3。 ①与组员说明什么是规则？为什么要制定规则。 ②与组员达成小组契约，不仅达成一致意见，也需现场提出如果违反规则应如何处理，增强组员遵守小组规则的意识
10 分钟	让学生了解在活动中的奖惩制度	介绍奖惩制度	—	见附件 4.4
5 分钟	小结	社工总结	—	—

附件 4.1　热身游戏：大风吹

〔游戏规则〕

　　小组成员围成一个圆圈坐下，主持人根据各小组成员的一些相同特点，发出号令，如刮大风啊刮大风，有头发的就要走，所有组员动起来，组员必须互换位置，主持人这时就可以去抢一个位置，最后肯定有一人没位置，他就要出来当主持，继续发出号令。如超过三次抢不到位置者，最后就要受罚。

附件 4.2　热身游戏：爱心传球

〔游戏规则〕

　　●组员手拿康乐球，首先自我介绍（包括姓名、年龄、就读年级），然后将球抛给其他的组员，接到球的组员同时进行自我介绍，以此类推，所抛的对象不能重复，直到所有组员全部接到球，最后将球传到社工的手中。

　　●社工手拿康乐球，叫出任意一位组员的名字，然后抛球给他，接到球的组员叫出其他另一位组员的名字（不能重复），再抛出去，直到全部的组员都接到球，最后抛回给社工，从第二轮开始可重复进行，但在叫组员名字之前，先给他一句简单祝福语，并计算游戏的时间，增强刺激性。

附件 4.3　小组规则订立

〔规则如何订立〕

　　●将学生分组，每位义工带领一个小组，讨论在课堂上，我们要遵守哪些纪律规定？

　　●派发卡片，义工写上讨论结果。

　　●社工选择合适的卡片，并补上欠缺的卡片。

　　●让学生将这些卡片粘贴在"树"（图画）上，保存在课堂内。

〔规则建议〕

　　●要认真听别人讲话。

　　●要使用礼貌用语。

　　●要尊重别人。

　　●发言之前要举手。

- 别人说话的时候要保持安静。
- 请注意活动秩序。
- 活动不能乱动，不要影响别人。

附件4.4　奖惩制度

- 印花积分：班主任和辅导员义工有印花授予权，若学生表现良好，给予印花一枚（"反应"的应用）；学生积攒印花，根据不同的印花数量，兑换相应的奖品（"物质加强作用"的应用）。

- 期末评奖：学期结束时，工作团队评选各奖项获得者（如优秀学员、最佳进步奖、最具创意奖等），并选择公开的场合，举行颁奖仪式（建议邀请家长参加）（"社会性加强作用"的应用）。

附件5　知情同意书

四点半课堂知情同意书（参考模板）

四点半课堂是由××阳光家庭举办的公益活动，旨在为社区小学生创造一个完成学校作业、增强学习动力、丰富课外生活的环境，同时通过招募和培训义工做辅导者，实现社区互助的效果。

1. 活动时间：××××
2. 地点：××××
3. 特别说明/温馨提示：
（1）此活动不收取费用。
（2）学员需遵守课堂纪律，在活动期间听从老师的安排。

参加者_____（学生签名）及_____（家长签名）已了解活动内容和说明事项，_____（自愿/非自愿）参加此活动，并遵守活动规定。

家长签名：_____

_____年___月___日

附件6 活动日志

四点半课堂活动日志（参考模板）

时间：_____年_____月_____日 星期_____	记录人：
活动内容：　□作业辅导　　□游戏坊　　□兴趣班　　□电影院　　□其他_____	
主要记事（课堂情况、学生情况）	
特别说明（需提醒其他工作人员注意的地方）	

附件7 会议记录

四点半课堂会议记录（参考模板）

时间：_____年_____月_____日 星期_____	记录人：
参会人员	
会议内容：	
跟进事项：	

附件8 义工意见调查表

参加者意见表（义工）

　　这份问卷的目的是收集您对阳光家庭服务的意见，以改善阳光家庭的服务。请选择最能代表您的意见的答案。您的意见将会被保密，而您给予的意见并不会影响您现时或将来所接受的服务。现诚意邀请您抽空填写问卷，完成后请交予有关职员。多谢合作！

活动名称：_____

编　　号：_____

活动目标：_____

　　（请圈出以下最能代表您的意见的答案：以下 5、4、3、2、1 表示由高到低的程度，分别代表非常满意、满意、基本满意、不满意、非常不满意）

　　我对此次服务的评价

名称	四点半课堂		编号		
评估项	非常满意				非常不满意
1. 我认为活动达到如下目标：					
1.1 跟半年前相比，我认为自己的服务技巧有所提升。	5	4	3	2	1
1.2 我认为此次活动能够体现社区互助的精神	5	4	3	2	1 1
2. 我满意活动的场地	5	4	3	2	1
3. 我满意活动的形式	5	4	3	2	1
4. 社工表现：					
4.1 我满意社工的工作表现。	5	4	3	2	1
4.2 我满意社工的工作态度	5	4	3	2	1
5. 我投入此活动	5	4	3	2	1

　　6. 其他意见：

_____

_____

参加者姓名		电话	

附件9 学生意见调查表

名称	四点半课堂		编号		
评估项	非常满意				非常不满意
1. 我认为活动达到如下目标:					
1.1 跟半年前相比,我认为自己对学习更有兴趣了。	5	4	3	2	1
1.2 跟半年前相比,我认为自己更棒了。	5	4	3	2	1
1.3 跟半年前相比,我认识了更多的朋友。	5	4	3	2	1
1.4 我认为自己在四点半课堂中能学习到团结、勇敢、关爱等良好品格	5	4	3	2	1
2. 我满意活动的场地	5	4	3	2	1
3. 我满意活动的形式	5	4	3	2	1
4. 社工表现:					
4.1 我满意社工的工作表现。	5	4	3	2	1
4.2 我满意社工的工作态度	5	4	3	2	1
5. 我投入此活动	5	4	3	2	1

6. 其他意见:

参加者姓名		电话	

专业反思

1. 收获

（1）专业态度与技巧的提升。社工能较好地承担统筹者、组织者和带领者的角色，在小组活动过程中坚定社会工作专业价值，始终保持专业态度，以尊重、接纳、包容、个别化等原则对待组员，与组员建立了良好的专业关系，保障了小组的顺利举行。

（2）义工与社工之间的沟通与配合。足够的配合与沟通确能帮助参与的儿童更好地成长，因此社工必须担负推动者的角色，主动联络义工，提供渠道，让彼此坦诚地沟通，以达互补不足之效。

（3）资源整合。社工在整个小组活动过程中发挥资源联络人角色，整合有相关功课辅导经验的义工以及具有各种专长的义工当导师，为小组的开展提供了多元化资源的支持，更显示了社工的一个重要角色——资源整合者。

（4）后续跟进及时把握。在课堂中个别组员的"捣乱"行为，破坏课堂纪律，在课堂结束后，导师及时与其个别面谈跟进，背后的原因涉及亲子关系、家庭关系问题，在组员及家长的意愿下，以个案形式跟踪服务。

（5）社区功课辅导服务经验得以进一步探索与积累。一方面，采用"功课辅导"的形式，让孩子在巩固课业知识的同时，提升学习的兴趣、减轻学业压力；另一方面，通过游戏、手工兴趣班培养儿童的其他才能，建立自信、自尊。通过家长的合作，以更有效的方式解决儿童的家庭或成长问题，增进亲子之间的相互了解和沟通，促进融洽和谐的亲子关系。因此这类服务有其继续推行的价值。

2. 不足

（1）义工招募困难。义工招募不容易，招募到有能力、有素质、有志向的义工更不容易！社工需花很多时间、心思去解决这个问题。从一开始就必须大力宣传招募，在社区、学校、网站等张贴招募海报、公告，派发宣传单。倘若最后仍然没有招募到足够的义工，社工须自己承担起所有工作，而中心人手少、工作量大，将是社工的一大困扰。

（2）儿童的课堂秩序给了导师们较大的压力。部分儿童的行为问题在活动中表现明显，一方面扰乱正常课堂秩序，另一方面也开始对导师提出新的要求，此时导师们的权威受到挑战。作为社工，应从旁协助或为导师们争权，但鉴于社工之经验不足，只有边做边学，与导师们彼此支持、一起商讨对策，共同成长，并报以爱心、真诚对待参与的儿童。结果看到我们的爱心真的打动了儿童，他们的行为、学业成绩都有进步。

参考文献

理卢幼慈：《寓学习于游戏》，青田教育中心，1997。

图书在版编目（CIP）数据

阳光家庭实务手册／蔡立主编 . —北京：社会科学文献
出版社，2013.6
ISBN 978 - 7 - 5097 - 4629 - 5

Ⅰ.①阳… Ⅱ.①蔡… Ⅲ.①家庭生活 - 社会服务 -
中国 - 手册 Ⅳ.①D632 - 62

中国版本图书馆 CIP 数据核字（2013）第 098240 号

阳光家庭实务手册

编　　者／深圳市妇女联合会
主　　编／蔡　立

出 版 人／谢寿光
出 版 者／社会科学文献出版社
地　　址／北京市西城区北三环中路甲 29 号院 3 号楼华龙大厦
邮政编码／100029

责任部门／皮书出版中心（010）59367127	责任编辑／丁　凡
电子信箱／ pishubu@ ssap. cn	责任校对／李海云
项目统筹／丁　凡	责任印制／岳　阳

经　　销／社会科学文献出版社市场营销中心（010）59367081　59367089
读者服务／读者服务中心（010）59367028

印　　装／北京季蜂印刷有限公司	
开　　本／787mm×1092mm　1/16	印　　张／23
版　　次／2013 年 6 月第 1 版	彩插印张／0.5
印　　次／2013 年 6 月第 1 次印刷	字　　数／358 千字
书　　号／ISBN 978 - 7 - 5097 - 4629 - 5	
定　　价／69.00 元	